2017-2018年中国工业和信息化发展系列

The Blue Book on the Integration of Informationization
and Industrialization in China (2017)

中国信息化与工业化融合发展水平评估蓝皮书（2017年）

中国电子信息产业发展研究院 编著

主 编／卢 山

副主编／杨春立 姚 磊

人民出版社

责任编辑：邵永忠

封面设计：黄桂月

责任校对：吕 飞

图书在版编目（CIP）数据

中国信息化与工业化融合发展水平评估蓝皮书 . 2017 年／中国电子信息产业
发展研究院 编著；卢山 主编 . —北京：人民出版社，2019.3
ISBN 978 - 7 - 01 - 020564 - 9

Ⅰ. ①中… Ⅱ. ①中… ②卢… Ⅲ. ①信息化—经济发展水平—研究报告
—中国—2017 ②工业化—经济发展水平—研究报告—中国—2017

Ⅳ. ①G202 ②F424

中国版本图书馆 CIP 数据核字（2019）第 052584 号

中国信息化与工业化融合发展水平评估蓝皮书（2017 年）
ZHONGGUO XINXIHUA YU GONGYEHUA RONGHE FAZHAN SHUIPING PINGGU LANPISHU 2017NIAN

中国电子信息产业发展研究院 编著

卢山 主编

人 民 出 版 社 出版发行

（100706 北京市东城区隆福寺街 99 号）

北京市燕鑫印刷有限公司印刷 新华书店经销

2019 年 3 月第 1 版 2019 年 3 月北京第 1 次印刷

开本：710 毫米×1000 毫米 1/16 印张：25

字数：400 千字 印数：0,001—2,000

ISBN 978 - 7 - 01 - 020564 - 9 定价：100.00 元

邮购地址 100706 北京市东城区隆福寺街 99 号

人民东方图书销售中心 电话（010）65250042 65289539

前　言

大力推进信息化和工业化深度融合，是党中央准确把握全球新一轮科技革命和产业变革趋势，站在历史和现实的高度，统筹经济社会发展全局做出的重大战略决策。加快新旧发展动能和生产体系转换，提高供给体系的质量效率层次，是推动我国制造业转型升级的重要抓手，也是重塑国际竞争新优势的重要途径。

近年来，党中央、国务院高度重视推进和发展两化融合，先后出台《中国制造2025》《关于积极推进"互联网＋"行动的指导意见》《关于深化制造业与互联网融合发展的指导意见》《国家信息化发展战略纲要》《信息化和工业化融合发展规划（2016—2020）》《智能制造发展规划（2016—2020年）》等系列政策文件，两化融合顶层设计明显加强，政策支撑体系日臻完善，协同工作机制逐步形成。

2017年，我国两化融合度显著提升，互联网、大数据、人工智能与制造业融合发展取得阶段性进展。制造业"双创"步入全面实施、百花齐放的发展阶段，工业互联网平台、工业大数据、人工智能、工业云等新型工业基础设施加快构建，推动两化融合向更深层次拓展。《信息化和工业化融合发展规划（2016—2020）》（简称《规划》）正式印发实施，各地纷纷加快落实《规划》，上海、浙江、江苏、广东、陕西、宁夏等省市陆续印发了两化融合规划，结合本地区发展实际，提出"十三五"期间推动信息化与工业化深度融合的总体思路、发展目标和实施路径。2017年，我国两化融合指数得到显著提升，达到79.18，较上年增长了3.43。制造业"双创"步入全面实施、百花齐放的发展阶段，在《制造业"双创"平台培育三年行动计划》的指导下，不少骨干企业发挥自身优势，通过多种方式助推中小微企业发展，形成了大中小微企业协同创新的良好局面。2017年以来，互联网平台加快从商业领域向制造业领域扩展，GE、西门子、航天云网、树根互联、海尔、东方国信等一批领军企业加快工业互联网平台建设。工业大数据发展驶入快车道，一批国内企业积极探索多种技术和解决方案，破解工业大数据采集瓶颈。人工智能等新一代信息技术加速与制造业融合，国家层面制定出台了《新一代人工智能发展规划》，北京、江苏等省市出台了实施方案和行动计划。制造企业和互联网企业加快跨界融合步伐，协同推进人工智能和制造业融合发展。工业企业上云步伐明显加快，中国商飞、中石油等制造企业纷纷推动研发工具、核心业务系统、硬件设备向云端迁移，以此推动企业数字转型。

两化融合区域发展水平评估是推进两化融合的有力抓手，也是各地摸清两化融合现状、发现问题、把握发展趋势和规律的重要手段，有利于引导、推动工业转型升级和转变经济发展方式。自2012年以来，在工信部软件和信息化服务司指导下，中国电子信息产业发展研究院信息化研究中心连续四年开展了全国两化融合区域发展水平评估。评估工作得到了各地的肯定和支持，部分省市还借鉴评估指标体系和工作方法，对本省地市级两化融合发展水平开展评估。2017年，在前五年评估的基础上，中国电子信息产业发展研究院信息化研究中心开展了第六次两化融合区域发展水平评估。

为确保评估的连贯性和可比性，2017年评估沿用了之前的指标体系和评估方法，指标体系包括1个两化融合发展指数，基础环境、工业应用、应用效益3个分指数和23个具体指标。其中，15项指标数据来自《中国统计年鉴》、《中国信息产业年鉴》、《中国通信统计年度报告》、《中国互联网络发展状况统计报告》、国家新型工业化产业示范基地评估数据库、工信部相关统计公报等官方统计渠道，工信部规划司和运行监测协调局在数据采集工作中给予了大量支持和帮助。此外，8项指标数据来自抽样调查，在各省（自治区、直辖市）工业和信息化主管部门的帮助下，中国电子信息产业发展研究院信息化研究中心组织开展了大规模企业调查工作，企业样本采集量已由首次评估的2300多家扩大到6000多家。最后，采用综合评分法，借助指数测算软件，计算得出各省（自治区、直辖市）两化融合发展指数，并进行纵向分析和横向区域对比分析。根据数据分析结果，结合各省（自治区、直辖市）两化融合的进展情况和发展特点，编写完成《中国信息化与工业化融合发展水平评估蓝皮书（2017）》。

《中国信息化与工业化融合发展水平评估蓝皮书（2017）》对2017年全国

区域两化融合发展水平进行了评估分析，同时总结归纳了我国区域两化融合发展的特点，点评了 31 个省（直辖市、自治区）两化融合的优劣势，并对全国及各省市区如何加快推进两化深度融合、进一步完善区域水平评估提出了具体建议。全书共分为 34 章：

第一章主要介绍区域两化融合水平评估指标体系和计算方法。区域两化融合发展水平评估指标体系主要由基础环境、工业应用、应用效益三类指标构成（包括三类 23 个指标）。

第二章对区域两化融合水平评估结果进行综合分析。通过年度对比分析和区域横向比较，深入分析了 2016 年和 2017 年 31 个省（直辖市、自治区）两化融合发展综合指数及其排名情况，总结归纳出我国区域两化融合发展特点。

第三章至第三十三章分别对 31 个省（直辖市、自治区）两化融合发展情况进行剖析。首先对基础环境、工业应用和应用效益三类指标进行分项比较和定量评价，然后对 2017 年 31 个省（直辖市、自治区）的两化融合优劣势进行评析，总结其基本特征，并对各省推进两化融合提出相关建议。

第三十四章主要从夯实两化融合基础支撑、推进制造业与互联网融合试点示范、优化制造业"双创"发展环境、提高中小企业融合创新能力和水平、建立制造业与互联网融合发展新机制、提升工业应用集成创新能力、强化工业信息安全保障体系建设等方面对下一步推进我国两化深度融合提出具体建议。

加快信息化和工业化的融合，是面对当前经济下行压力，突破发展瓶颈，提升国际竞争力、产业竞争力、产品竞争力的关键，也是我国现代化进程中艰巨的历史任务。今后，我们将继续开展两化融合发展水平评估，进一步扩大和规范样本采集，优化调查企业的数量和企业规模的构成比例，使区域两化融合发展水平评估更加真实、准确地反映各地的水平，引导全行业开展区域性两化融合评估实践，建立形成有效的两化融合统计、监测、评估体系，促进各地科学务实推进两化深度融合。

目　　录

第一章　信息化与工业化融合指标体系

一、评估指标体系

信息化与工业化融合指标体系包括 1 个发展指数 3 个分指数、23 个具体指标（见表 1－1）。第一类是基础环境，共 8 个指标，涵盖网络基础设施建设、移动电话和互联网应用普及、两化融合政策环境建设、中小企业信息化服务体系建设及工业企业信息化环境建设等方面；第二类是工业应用，共 8 个指标，涵盖工业企业重要信息系统应用、电子商务应用、生产装备信息技术应用及工业园区信息化应用等方面；第三类是应用效益，共 7 个指标，涵盖工业生产效益和水平、创新能力、节能减排水平及信息产业发展水平等方面。

表 1－1　区域两化融合发展水平评估基本指标体系

类别	指标及权重	单位	数据来源	计算方法	指标说明
基础环境（25.0）	城（省）域网出口带宽（1.0）	Gbps	工信部运行局统计数据		反映当地网络基础设施建设水平；这里统计省级国内和国际互联网出口带宽总和
	固定宽带普及率（4.0）	个/人	工信部运行局统计数据、《中国统计年鉴》	互联网宽带接入用户数/年平均人口；年平均人口为当年年底人口与当年年初（上年年底）人口的平均数	反映当地宽带网络基础设施覆盖率；互联网宽带接入用户数为工信部运行局统计数据，人口数据来自统计年鉴
	固定宽带端口平均速率（4.0）	Mbps	工信部运行局统计数据		反映当地居民宽带网络享有水平；这里统计宽带用户购买带宽的平均速率

类别	指标及权重	单位	数据来源	计算方法	指标说明
基础环境（25.0）	移动电话普及率（4.0）	部/百人	工信部运行局统计数据		反映当地居民移动信息化应用水平
	互联网普及率（4.0）	%	《中国互联网络发展状况统计报告》		反映互联网在当地居民工作生活中的渗透率
	两化融合专项引导资金（2.0）	–	当地工业和信息化主管部门	是则记为该项满分，否则记为零分	反映当地两化融合财政支持力度；这里以是否设立省级两化融合专项引导资金来计分
	中小企业信息化服务平台数（3.0）	个	当地工业和信息化主管部门		反映当地面向中小企业信息化服务体系建设水平；这里统计省级以上中小企业信息化服务平台的个数
	重点行业典型企业信息化专项规划（3.0）	%	调查数据	制定企业信息化专项规划的企业数/调查企业总数	反映当地企业对信息化建设的重视程度
工业应用（50.0）	重点行业典型企业ERP普及率（6.0）	%	调查数据	广泛应用ERP的企业数/调查企业总数	广泛应用ERP是指物料需求计划、采购计划、主生产计划、销售执行计划、财务预算、人力资源计划等功能基本实现
	重点行业典型企业MES普及率（6.0）	%	调查数据	广泛应用MES的企业数/调查企业总数	广泛应用MES是指应用MES实现自动排产计划生成、生产过程监控、设备状态监控的车间比例均在80%以上
	重点行业典型企业PLM普及率（6.0）	%	调查数据	广泛应用PLM的企业数/调查企业总数	广泛应用PLM是指应用PLM基本落实企业产品研发管理制度

续表

类别	指标及权重	单位	数据来源	计算方法	指标说明
工业应用(50.0)	重点行业典型企业 SCM 普及率 (6.0)	%	调查数据	广泛应用 SCM 的企业数/调查企业总数	广泛应用 SCM 是指供应链信息和协作管理、供应链业务执行等功能基本实现
	重点行业典型企业采购环节电子商务应用 (6.0)	%	调查数据	电子商务产生的采购额占采购总额30%以上的企业数/调查企业总数	反映当地工业企业电子商务应用水平
	重点行业典型企业销售环节电子商务应用 (6.0)	%	调查数据	电子商务产生的销售额占销售总额30%以上的企业数/调查企业总数	
	重点行业典型企业装备数控化率① (7.0)	%	调查数据	调查企业的数控装备数量总和/调查企业的生产装备数量总和	反映当地工业企业生产装备信息技术应用水平
	国家新型工业化产业示范基地两化融合发展水平 (7.0)	%	工信部规划司统计数据	由国家新型工业化产业示范基地评估指标体系中"大中型企业数字化设计工具普及率"和"电子商务交易额"两项加权得出	反映当地重点工业园区两化融合发展水平

---

①　装备数控化率是指数控装备占生产装备的比例。

续表

类别	指标及权重	单位	数据来源	计算方法	指标说明
应用效益（25.0）	工业增加值占GDP比重（4.0）	%	《中国统计年鉴》	工业增加值/GDP	反映当地工业发展对GDP增长的贡献率
	第二产业全员劳动生产率（4.0）	元/人·年	《中国统计年鉴》	第二产业增加值/第二产业从业人员年平均人数	反映当地第二产业从业人员的生产效率；第二产业增加值、第二产业从业人员平均人数均为统计局数据，再根据计算公式获得
	工业成本费用利润率（4.0）	%	《中国统计年鉴》	规模以上工业企业利润总额/规模以上工业企业主营业务成本	反映当地工业企业的盈利能力
	单位工业增加值工业专利量（4.0）（备）	件/亿元	《中国统计年鉴》	规模以上工业企业专利申请数/工业增加值	反映当地工业企业创新能力
	单位地区生产总值电耗（3.0）	千瓦小时/万元	《中国统计年鉴》		反映当地工业节能水平
	电子信息制造业主营业务收入（3.0）	亿元	工信部运行局统计数据		反映当地两化融合带动信息产业发展的能力
	软件业务收入（3.0）	亿元	工信部运行局统计数据		

二、指标说明

（一）总体说明

1. 统计指标、统计数据同时存在于《中国统计年鉴》《各省统计年鉴》

《各省国民经济和社会发展统计年度公报》时，以《中国统计年鉴》为准。

2. 2017 年的评估结果反映的是 2016 年全国各地两化融合发展水平，2016 年统计数据计算截止日期为 2016 年 12 月 31 日。

（二）指标分项说明

1. 城（省）域网出口带宽

该指标反映本地区在数据和互联网业务上与国内和国际其他地区数据传输服务能力。

数据来源：取自工信部运行局 2016 年 12 月互联网省际出口带宽数据。

2. 固定宽带普及率

该指标反映本地区人均固定宽带使用水平。

数据来源：互联网宽带接入用户数统计数据取自工信部运行局。地区常住人口数（包括户籍人口和持居住证人口）采用当地人口统计部门 2016 年年初（2015 年年底）和 2016 年 12 月份统计数据的平均值。

计算方法：互联网宽带接入用户数/地区常住人口数。

3. 固定宽带端口平均速率

该指标反映本地区宽带平均接入速率。

数据来源：取自工信部运行局。

计算方法：统计本地区各大互联网宽带服务提供商卖出的固定互联网宽带服务中平均每个宽带端口的名誉速率（不是指实际下载速率）。统计数据以截止到 2016 年 12 月 31 日仍在有效服务期范围内的固定宽带端口的平均速率为准。

4. 移动电话普及率

该指标反映本地区移动电话普及应用水平。

数据来源：取自工信部运行局《2016 年 12 月电话用户分省情况》。

5. 互联网普及率

该指标反映本地区互联网普及应用水平。

数据来源：取自《中国互联网络发展状况统计报告》统计数据。2016 年数据统计取自中国互联网络信息中心 2017 年 1 月份发布的第 39 次《中国互联网络发展状况统计报告》。

6. 两化融合专项引导资金

反映本级政府对本地两化融合推进资金支持力度。

数据来源：一般为当地工业和信息化主管部门。

计算方法：统计本级政府各职能部门设立的面向两化融合引导专项资金，不包括电子信息产业发展基金、技术改造资金等各类面向其他用途的专项资金。统计数据以截止到 2016 年 12 月 31 日本级政府各职能部门该年度累计投入的两化融合引导专项资金总和为准。

7. 中小企业信息化服务平台数

反映本级政府面向中小企业的信息化服务体系建设情况。

数据来源：一般为当地工业和信息化主管部门。

计算方法：统计本级政府投资或合作建立的面向中小企业信息化服务的公共平台数，包括行业协会建立的信息化服务平台，但不包括商业性质的平台。统计数据以截止到 2016 年 12 月 31 日仍有效服务的中小企业信息化服务平台数量为准。

8. 重点行业典型企业信息化专项规划

该指标反映本地区重点行业典型企业在对企业自身信息化发展上的统筹规划能力。

数据来源：企业调查数据。

计算方法：受调查的本地区重点行业典型企业中制定企业信息化专项规划的企业数/受调查的本地区重点行业典型企业总数。该规划不一定要求在统计年度制定，只需要在 2016 年度仍然有效执行即可。统计数据以截止到 2016 年 12 月 31 日是否仍有有效执行的企业信息化专项规划为准。

9. 重点行业典型企业 ERP 普及率

该指标反映本地区重点行业典型企业 ERP 应用情况。

数据来源：企业调查数据。

计算方法：受调查的重点行业典型企业中广泛应用 ERP 的企业数/受调查的重点行业典型企业总数。

工业企业广泛应用 ERP 是指物料需求计划、采购计划、主生产计划、销售执行计划、财务预算、人力资源计划等功能基本实现。

10. 重点行业典型企业 MES 普及率

该指标反映本地区重点行业典型企业 MES 应用情况。

数据来源：企业调查数据。

计算方法：受调查的重点行业典型企业中广泛应用 MES 的企业数/受调查的重点行业典型企业总数。

工业企业广泛应用 MES 是指应用 MES 实现自动排产计划生成、生产过程监控、设备状态监控的车间比例均在 80% 以上。

11. 重点行业典型企业 PLM 普及率

该指标反映本地区重点行业典型企业 PLM 应用情况。

数据来源：企业调查数据。

计算方法：受调查的重点行业典型企业中广泛应用 PLM 的企业数/受调查的重点行业典型企业总数。

工业企业广泛应用 PLM 是指应用 PLM 基本落实企业产品研发管理制度。

12. 重点行业典型企业 SCM 普及率

该指标反映本地区重点行业典型企业 SCM 应用情况。

数据来源：企业调查数据。

计算方法：受调查的重点行业典型企业中广泛应用 SCM 的企业数/受调查的重点行业典型企业总数。

工业企业广泛应用 SCM 是指供应链信息和协作管理、供应链业务执行等功能基本实现。

13. 重点行业典型企业采购环节电子商务应用

反映本地区重点行业典型企业采购信息化水平。

数据来源：企业调查数据。

计算方法：受调查的重点行业典型企业中电子商务产生的采购额占采购总额 30% 以上的企业数/受调查的重点行业典型企业总数。统计数据以截止到 2016 年 12 月 31 日受调查的本地区重点行业典型企业电子商务采购占比为准。

14. 重点行业典型企业销售环节电子商务应用

反映本地区重点行业典型企业销售信息化水平。

数据来源：企业调查数据。

计算方法：受调查的重点行业典型企业中电子商务产生的销售额占销售

总额30%以上的企业数/受调查的重点行业典型企业总数。统计数据以截止到2016年12月31日受调查的本地区重点行业典型企业电子商务销售占比为准。

15. 重点行业典型企业装备数控化率

反映本地区重点行业典型企业装备数字化水平。

数据来源：企业调查数据。

计算方法：受调查的本地区重点行业典型企业中拥有数控机床总数/受调查的本地区重点行业典型企业中拥有的机床总数。统计数据以截止到2016年12月31日受调查的本地区重点行业典型企业装备数控化率为准。

16. 国家新型工业化产业示范基地两化融合发展水平

反映本地区重点工业园区两化融合发展水平。

数据来源：取自工信部规划司国家新型工业化产业示范基地指标体系的统计数据。

计算方法：由"大中型企业数字化设计工具普及率"和"电子商务交易额"两项数据量化加权得到。

17. 工业增加值占 GDP 比重

该指标反映本地区工业发展对 GDP 增长的贡献率。

数据来源：工业增加值、GDP 统计数据取自《中国统计年鉴》。

计算方法：工业增加值/GDP。

18. 第二产业全员劳动生产率

该指标反映本地区第二产业从业人员的劳动生产效率。

数据来源：第二产业增加值、第二产业从业人员年平均人数等统计数据取自《中国统计年鉴》。

计算方法：第二产业增加值/第二产业从业人员年平均人数。

19. 工业成本费用利润率

该指标反映本地区工业企业的竞争盈利能力。

数据来源：《中国统计年鉴》。

计算方法：本地区规模以上工业企业利润总额/本地区规模以上工业企业主营业务成本。

20. 单位工业增加值工业专利量

该指标反映本地区工业企业创新能力。

数据来源：《中国统计年鉴》。

计算方法：本地区规模以上工业企业专利申请数/工业增加值。

21. 单位地区生产总值电耗

该指标反映本地区工业节能水平。

数据来源：来自《中国统计年鉴》。

22. 电子信息制造业主营业务收入

该指标反映本地区两化融合带动电子信息产业发展的能力。

数据来源：取自工信部运行局。

23. 软件业务收入

该指标反映本地区两化融合带动软件产业发展的能力。

数据来源：取自工信部运行局。

三、抽样方法

表 1 中所有调查数据均采取抽样调查的方式，调查行业应为当地总产值排名前 5 位的重点工业行业，每个行业中调查企业包括大型和中小型企业各 20 家。企业数不足 20 家的，按实际企业数统计。

需要说明的是，集团型企业〔是指其下属公司具有法人地位（二级法人）的企业集团〕的总部不在调查范围之内，其下属经营实体公司可纳入地方调查范围之内。行业划分按照国家标准（GB/T 4754—2011），中小企业划分标准按照《中小企业划型标准规定》（工信部联企业〔2011〕300 号），规定中的中型企业标准上限即为大型企业标准的下限。

四、指标测算方法

根据区域两化融合发展水平评估基本指标体系，采用无量纲化处理和综合评分法，计算出区域两化融合发展指数。计算方法如下：

（一）指标无量纲化

为了消除各指标单位不同的问题，首先对数据进行无量纲化处理，计算出无量纲化后的相对值。各评估指标原始值记为 X_{ni}（n = 年份，i = 指标），无量纲化后值记为 Z_{ni}。为了避免某年数据变化过大造成无量纲化值突变，消除数值突变对评估效果的影响，这里采用取对数的方式对指标进行无量纲化。考虑到综合计算结果能满足各地自己时间维度上的纵向比较需求，需设定指标基期。选择 2010 年作为基期，将 2010 年的全国各省数据的中间值记为 $\overline{Z}_{(n=2010)i} = 50$。2010 年之后，第 n 年无量纲化后的值为 Z_{ni}（$n \geqslant 2010$）：

正指标计算公式 $Z_{ni} = \left[\mathrm{Log}_2 \left(1 + \dfrac{X_{ni}}{\overline{X}_{(n=2010)i}} \right) \right] * 50$

逆指标计算公式 $Z_{ni} = \left[\mathrm{Log}_2 \left(1 + \dfrac{\overline{X}_{(n=2010)i}}{X_{ni}} \right) \right] * 50$

其中，对指标体系中"两化融合专项引导资金"指标做特殊处理，"有"则 $Z_{ni} = 100$，"无"则 $Z_{ni} = 0$。

（二）指标权重确定

指标权重确定采取专家打分法（即 Delphi 法）。根据专家意见，三类指标的权重中，基础环境占 25%，工业应用占 50%，应用效益占 25%。

（三）分类指数和发展指数的合成

各评估指标首先计算无量纲化值 Z_{ni}，依据各评估指无量纲化值 Z_{ni} 分别计算出基础环境指数、工业应用指数和应用效益指数；最后，根据基础环境指数、工业应用指数和应用效益指数加权计算出两化融合水平指数。

1. 分类指数的合成方法

依据某一类所有指标无量纲化后的数值与其权重计算为：

$$I_{jn} = \frac{\sum\limits_{i=j\min}^{j\max} Z_{ni} W_i}{\sum\limits_{i=j\min}^{j\max} W_i} \qquad (j = 1,2,3)$$

I_{1n}、I_{2n}、I_{3n} 分别代表基础环境指数、工业应用指数和应用效益指数。

2. 区域两化融合水平发展指数合成方法

依据所有指标无量纲化后的数值与其权重计算为：

$$I_n = \sum_{j=1}^{3} \left(I_{jn} \frac{\sum\limits_{i=j\min}^{j\max} W_i}{\sum\limits_{i=1}^{23} W_i} \right)$$

即　　$I_n = \dfrac{\sum\limits_{i=1}^{23} Z_{ni}W_i}{\sum\limits_{i=1}^{23} W_i}$

　　经过上述计算处理后，便可得到参评对象的两化融合发展水平发展指数。最终测算数据既可实现同一地区不同年度之间横向比较，又能实现同一年度不同地区之间纵向比较。

第二章　区域两化融合发展水平总体分析

本报告依据全国 31 个省份两化融合领域基础数据及 6000 多家企业的信息化应用数据，利用区域两化融合发展水平评估指标体系，对全国以及各省份两化融合发展水平进行评估分析。

一、综合分析

2017 年全国两化融合发展总指数为 79.18，与 2016 年相比增长了 3.43，其中基础环境指数为 88.58，同比增长了 3.14，工业应用指数为 70.28，同比增长了 3.48，应用效益指数为 87.59，同比增长了 3.62。从表 2－1 和图 2－1 可见，2011—2017 年我国两化融合总指数及各项分指数每年均有不同幅度增长。

表 2－1　2011—2017 年两化融合各类指数发展比较

	基础环境指数	工业应用指数	应用效益指数	总指数
2011 年	52.93	50.26	57.47	52.73
增长量	5.43	5.87	8.18	6.34
2012 年	58.36	56.13	65.65	59.07
增长量	6.51	1.21	2.62	2.88
2013 年	64.87	57.34	68.27	61.95
增长量	6.84	2.36	5.16	4.19
2014 年	71.71	59.7	73.43	66.14
增长量	3.67	6.34	9.82	6.54
2015 年	75.38	66.04	83.25	72.68
增长量	10.06	0.76	0.72	3.07
2016 年	85.44	66.8	83.97	75.75
增长量	3.14	3.48	3.62	3.43
2017 年	88.58	70.28	87.59	79.18

资料来源：赛迪智库整理，2017 年 12 月。

图 2-1 2011—2017 年两化融合发展总指数及增量

资料来源：赛迪智库整理，2017 年 12 月。

从各省的数据来看，除个别省份以外，2017 年两化融合发展总指数均有提升，其中西藏、宁夏、重庆、陕西、江西发展总指数增长最快，贵州、北京、福建、甘肃、云南、湖南、吉林、浙江发展总指数增速也超过全国平均水平。

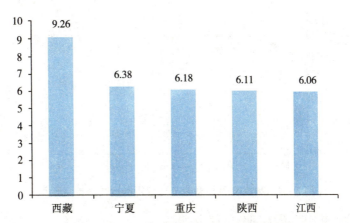

图 2-2 2017 年两化融合发展总指数增长前五名

资料来源：赛迪智库整理，2017 年 12 月。

在基础环境方面，宁夏、天津、甘肃、西藏、湖南增长最快。

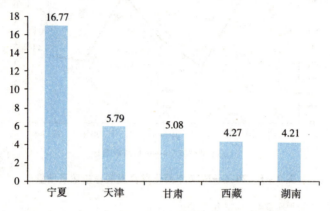

图 2-3　2017 年两化融合基础环境类指数增长前五名

资料来源：赛迪智库整理，2017 年 12 月。

在工业应用方面，陕西、贵州、江西、北京、云南增长最快。

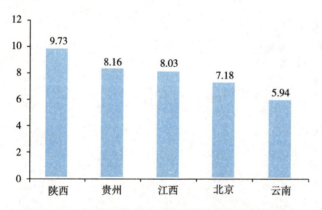

图 2-4　2017 年两化融合工业应用类指数增长前五名

资料来源：赛迪智库整理，2017 年 12 月。

在应用效益方面，西藏、重庆、湖北、广东、青海增长最快。

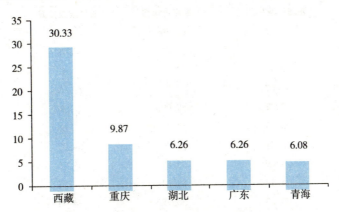

图2－5　2017年两化融合应用效益类指数增长前五名

资料来源：赛迪智库整理，2017年12月。

2017年全国及各省份两化融合总指数、分指数情况参见表2－2及图2－6。

表2－2　2017年各省市两化融合指数

省份	基础环境指数	工业应用指数	应用效益指数	总指数
广东	107.81	89.5	144.01	107.71
浙江	107.99	98.06	119.93	106.01
江苏	98.89	89.82	142.2	105.19
北京	106.81	87.9	124.4	101.75
上海	103.03	86.75	122.89	99.86
山东	103.99	85.76	118.4	98.48
福建	105.44	85.49	109.93	96.59
安徽	86.93	93.73	100.75	93.78
天津	90.56	80.44	94.43	86.47
湖南	76.98	82.08	101.72	85.72
湖北	96.93	63.04	114.97	84.5
四川	87.73	66.43	109.54	82.53
重庆	99.49	73.66	77.69	81.12
河北	81.48	80.71	76.6	79.87
广西	85.4	84.96	60.3	78.9
黑龙江	89.4	68.7	85.28	78.02
辽宁	88.12	67.58	87.84	77.78
河南	94.65	61.68	92.53	77.64
贵州	84.39	80.23	65.5	77.58

中国信息化与工业化融合发展水平评估蓝皮书（2017年）

续表

省份	基础环境指数	工业应用指数	应用效益指数	总指数
江西	94.52	63.59	87.68	77.35
陕西	91.69	65.07	84.78	76.65
吉林	82.72	69.86	73.47	73.98
内蒙古	91.67	53.71	59.99	64.77
新疆	82.21	57.09	57.9	63.57
宁夏	65.27	57.39	53.66	58.43
青海	80.01	48.7	54.57	58
海南	76.69	53.65	47.75	57.94
云南	75.49	53.13	49.77	57.88
山西	73.05	50.72	54.33	57.21
甘肃	77.68	43.88	59.94	56.35
西藏	58.98	35.33	82.54	53.04
全国	88.58	70.28	87.59	79.18

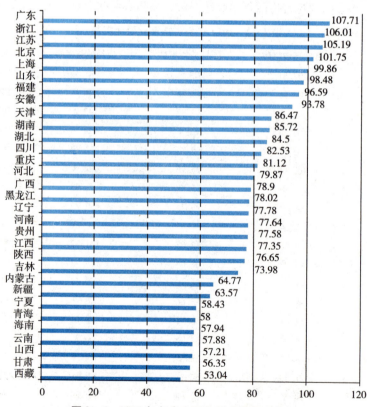

图2-6　2017年各省市两化融合发展总指数

16

可以看出，2017 年全国区域两化融合发展呈现出以下特点：

一是全国两化融合各方面水平均衡提升。2017 年，全国两化融合发展总指数与 2016 年相比增长了 3.43，基础环境、工业应用、应用效益三方面的指数分别增长 3.14、3.48 和 3.62，呈现均衡增长态势。这也表明我国两化融合已步入稳定发展期，基础环境能力和水平已经初步具备，工业应用日益深化，发展成效不断显现，正成为制造强国和网络强国建设的重要推动力。

二是两化融合发展重点正由建设转向应用。2017 年，全国两化融合基础环境指数为 88.58，同比增长了 3.14，为历年最低。这也与各地方发展状况基本吻合，前几年各地方基本都在顶层设计、专项实施、设施建设等出台了一系列措施，2017 年发展重点聚焦在工业应用层面。在大量调研中，我们也发现各地方陆续涌现了工业互联网、制造业"双创"、智能制造、工业电子商务等创新应用模式和业态。

三是区域间两化融合发展水平差距仍然较大。从表 2-3 中可以看出，2017 年东部两化融合平均指数是 92.02，中部是 78.93，西部是 67.58，东中、中西、东西部差值分别为 13.09、11.35 和 24.44，可以看出，我国东中西部两化融合发展水平差距均有所减小，但是幅度不明显。

表 2-3　2011—2017 年我国东中部、中西部、东西部两化融合发展指数差值

年份	东中部差值	中西部差值	东西部差值
2011	10.14	10.73	20.87
2012	10.55	9.41	19.96
2013	11.44	10.83	22.27
2014	11.26	9.16	20.42
2015	12.66	13.47	26.13
2016	13.81	11.64	25.45
2017	13.09	11.35	24.44

资料来源：赛迪智库整理，2017 年 12 月。

东部省份包括北京、天津、河北、辽宁、上海、江苏、浙江、福建、山东、广东和海南，中部省份包括山西、吉林、黑龙江、安徽、江西、河南、湖北和湖南，西部省份包括内蒙古、广西、重庆、四川、贵州、云南、西藏、陕西、甘肃、青海、宁夏和新疆。

二、基础环境分析

2017 年全国两化融合发展水平评估基础环境类指标情况如下。

表 2-4　2017 年全国两化融合发展水平评估基础环境类指标情况

省份	城（省）域网出口带宽指数	固定宽带普及率指数	固定宽带端口平均速率指数	移动电话普及率指数	互联网普及率指数	两化融合专项引导资金指数	中小企业信息化服务平台数指数	重点行业典型企业信息化专项规划指数	基础环境指数
浙江	122.81	130.74	130.95	79.96	78.52	100	145.34	86.72	107.99
广东	224.21	106.46	123.01	80.62	84.4	100	150	81.03	107.81
北京	148.77	97.71	138.21	95.78	86.91	100	132.19	83.49	106.81
福建	121.15	116.1	134.82	71.23	81.45	100	150	83.49	105.44
山东	205.71	102.22	138.77	66.52	68.61	100	150	79.84	103.99
上海	160.84	106.46	127.35	80.03	84.47	100	118.46	88.79	103.03
河北	161.43	97.71	126.42	65.85	68.94	100	150	80.02	99.49
江苏	203.19	122.97	132.51	68.89	71.64	0	150	78.37	98.89
重庆	114.67	104.37	126.36	65.67	67.51	100	150	67.66	96.93
陕西	163.14	95.34	129.89	67.89	68.19	100	150	35.97	94.65
河南	182.59	90.37	137.1	59.89	60.19	100	150	46.72	94.52
辽宁	128.22	97.71	132.32	68.11	76.3	100	86.85	68.55	91.69
内蒙古	138.36	85.02	131.81	66.97	68.02	100	150	32.05	91.67
湖南	124.47	82.19	128.71	55.04	61.12	100	139.5	70.9	90.56
江西	110.9	90.37	127.81	52.48	61.31	100	150	48.73	89.4
四川	181.04	100	131.55	62.63	60.37	100	93.72	40.86	88.12
天津	145.99	90.37	139.52	66.3	77.79	0	112.4	71.37	87.73
安徽	110.57	87.74	133.39	53.5	61.03	100	92.07	81.3	86.93
黑龙江	102.95	79.25	134.63	63.33	64.48	0	150	71.78	85.4
贵州	101.09	72.97	128.66	61.87	60	100	116.1	55.43	84.39
吉林	102.79	82.19	119.22	66.07	66.91	100	86.85	55.72	82.72
宁夏	50.24	90.37	139.09	70.81	66.74	100	66.1	46.22	82.21
广西	109.55	85.02	116.32	57.66	62.68	100	66.1	80.78	81.48
新疆	50.41	92.9	132.77	63.33	70.26	0	140.37	30.59	80.01
海南	51.6	97.71	130.06	69.19	67.51	0	88.63	55.5	77.68

续表

省份	城（省）域网出口带宽指数	固定宽带普及率指数	固定宽带端口平均速率指数	移动电话普及率指数	互联网普及率指数	两化融合专项引导资金指数	中小企业信息化服务平台数指数	重点行业典型企业信息化专项规划指数	基础环境指数
湖北	129.68	90.37	123.87	58.31	67.34	0	66.1	79.02	76.98
甘肃	89.95	87.74	132.42	60.67	59.24	100	52.94	36.08	76.69
青海	39.06	85.02	133.26	63.93	69.93	100	43.72	36.12	75.49
山西	139.38	95.34	132.44	64.03	70.75	0	36.85	42.07	73.05
云南	110.05	76.18	128.07	59.84	56.82	0	43.72	35.6	65.27
西藏	26.07	76.18	135.72	62.11	62.68	0	0	33.86	58.98
全国均值	124.22	94.04	130.87	66.08	68.78	—	108.97	60.79	88.58

资料来源：赛迪智库整理，2017 年 12 月。

图 2 - 7　2011—2017 年基础环境指数及增量

资料来源：赛迪智库整理，2017 年 12 月。

从评估结果看，两化融合基础环境指数由 2016 年的 85.44 提高到 2017 年的 88.58，大部分省份的基础环境指数都超过了 80，这也表明各地方基础环境建设已基本完善。同时，我们也看到，信息通信基础设施建设依然是各地方环境建设的重点，城（省）域网出口带宽均有大幅提升；设立两化融合专项资金的省份与去年持平，但明显少于前些年，资金支持不再是两化融合政策引导的主要倾向。

浙江、广东、北京、福建、山东、上海的两化融合基础环境明显优于全国其他省份，都超过了100，这些地方希望通过持续改善基础环境保持自身在全国的领先地位。云南、西藏的基础环境指数都低于70，远低于全国平均水平，环境建设力度亟待进一步加强。

（一）城（省）域网出口带宽

2017年全国城（省）域网出口带宽指数为124.22，各省情况如下图所示。

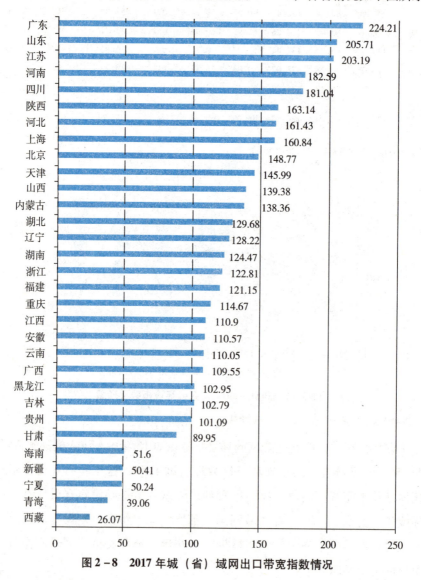

图2-8　2017年城（省）域网出口带宽指数情况

资料来源：赛迪智库整理，2017年12月。

2016 年全国城（省）域网出口带宽指数为 99.65，各省情况如下图所示。

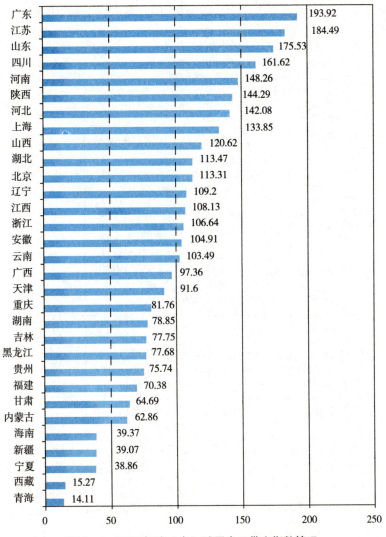

图 2-9　2016 年城（省）域网出口带宽指数情况

资料来源：赛迪智库整理，2016 年 12 月。

（二）固定宽带普及率

2017 年全国固定宽带普及率指数为 94.04，各省情况如下图所示。

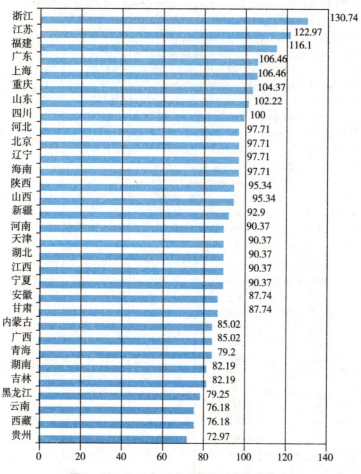

图 2-10　2017 年固定宽带普及率指数情况

资料来源：赛迪智库整理，2017 年 12 月。

2016 年全国固定宽带普及率指数为 90.18，各省情况如下图所示。

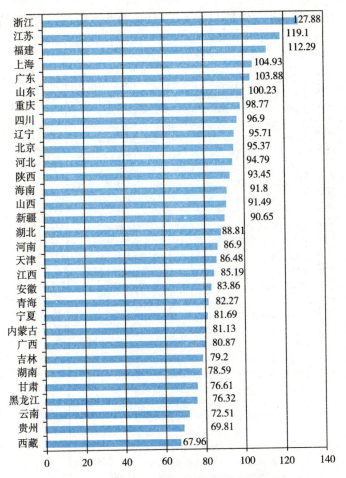

图 2-11 2016 年固定宽带普及率指数情况

资料来源：赛迪智库整理，2016 年 12 月。

（三）固定宽带端口平均速率

2017 年全国固定宽带端口平均速率指数为 130.87，各省情况如下图所示。

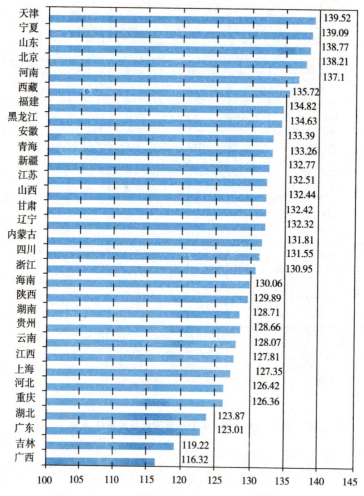

图 2-12　2017 年固定宽带端口平均速率指数情况

资料来源：赛迪智库整理，2017 年 12 月。

2016 年全国固定宽带端口平均速率指数为 124.36，各省情况如下图所示。

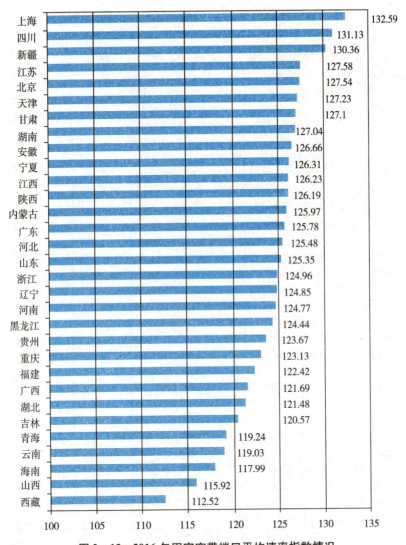

图 2-13　2016 年固定宽带端口平均速率指数情况

资料来源：赛迪智库整理，2016 年 12 月。

（四）移动电话普及率

2017年全国移动电话普及率指数为66.08，各省情况如下图所示。

图2-14 2017年移动电话普及率指数情况

资料来源：赛迪智库整理，2017年12月。

2016 年全国移动电话普及率指数为 65.6，各省情况如下图所示。

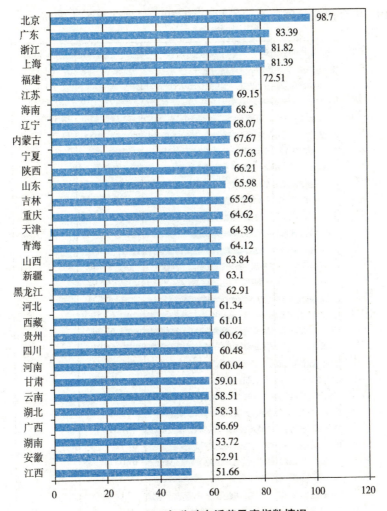

图 2-15 2016 年移动电话普及率指数情况

资料来源：赛迪智库整理，2016 年 12 月。

（五）互联网普及率

2017 年全国互联网普及率指数为 68.78，各省情况如下图所示。

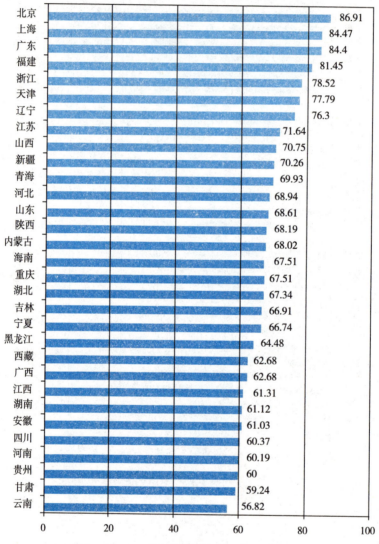

图 2-16　2017 年全国互联网普及率指数情况

资料来源：赛迪智库整理，2017 年 12 月。

2016 年全国互联网普及率指数为 66.61，各省情况如下图所示。

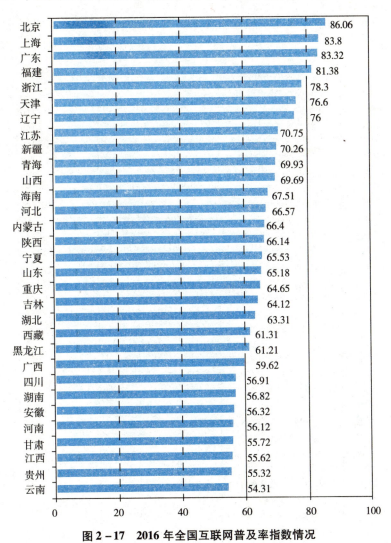

图 2-17 2016 年全国互联网普及率指数情况

资料来源：赛迪智库整理，2016 年 12 月。

（六）两化融合专项引导资金

2017 年有 22 个省份设立了两化融合专项引导资金，其中宁夏增设了两化融合专项引导资金，江苏削减了两化融合专项引导资金，天津、山西、黑龙江、湖北、海南、新疆依然没有再设立两化融合专项引导资金，云南、西藏至今未设立两化融合专项引导资金。

（七）中小企业信息化服务平台数

2017 年全国中小企业信息化服务平台数指数为 108.97，各省情况如下图所示。

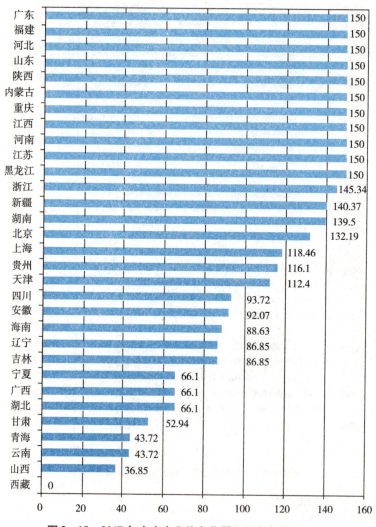

图 2-18　2017 年中小企业信息化服务平台数指数情况

资料来源：赛迪智库整理，2017 年 12 月。

2016 年全国中小企业信息化服务平台数指数为 108.75，各省情况如下图所示。

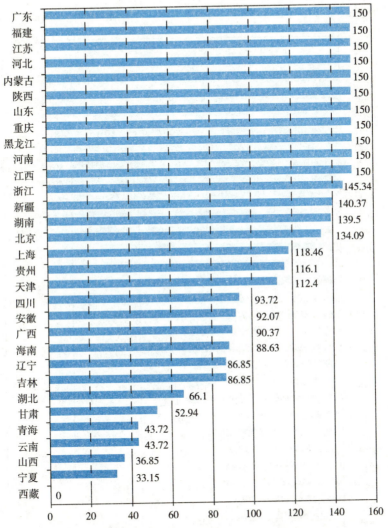

图 2 - 19 2016 年中小企业信息化服务平台数指数情况

资料来源：赛迪智库整理，2016 年 12 月。

（八）重点行业典型企业信息化专项规划

2017年全国重点行业典型企业信息化专项规划指数为60.79，各省情况如下图所示。

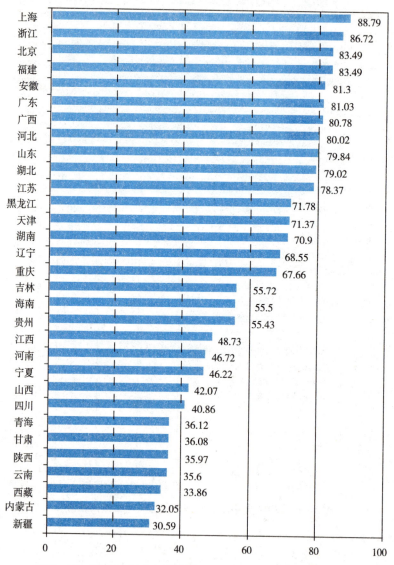

上海	88.79
浙江	86.72
北京	83.49
福建	83.49
安徽	81.3
广东	81.03
广西	80.78
河北	80.02
山东	79.84
湖北	79.02
江苏	78.37
黑龙江	71.78
天津	71.37
湖南	70.9
辽宁	68.55
重庆	67.66
吉林	55.72
海南	55.5
贵州	55.43
江西	48.73
河南	46.72
宁夏	46.22
山西	42.07
四川	40.86
青海	36.12
甘肃	36.08
陕西	35.97
云南	35.6
西藏	33.86
内蒙古	32.05
新疆	30.59

图2-20 2017年重点行业典型企业信息化专项规划指数情况

资料来源：赛迪智库整理，2017年12月。

2016 年全国重点行业典型企业信息化专项规划指数为 60.4，各省情况如下图所示。

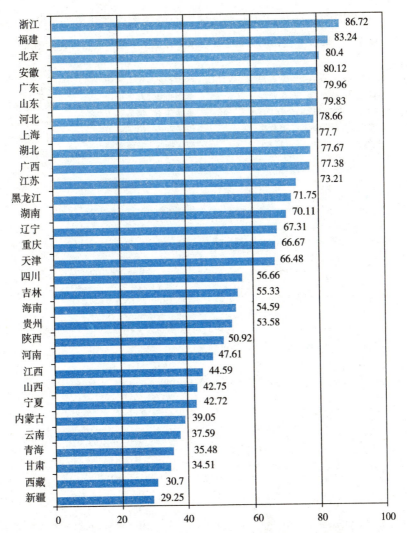

图 2-21 2016 年重点行业典型企业信息化专项规划指数情况

资料来源：赛迪智库整理，2016 年 12 月。

三、工业应用分析

2017年全国两化融合发展水平评估工业应用类评估结果如下所示。

表2-5　2017年全国两化融合发展水平评估工业应用类指标评估结果

省份	重点行业典型企业ERP普及率指数	重点行业典型企业MES普及率指数	重点行业典型企业PLM普及率指数	重点行业典型企业SCM普及率指数	重点行业典型企业采购环节电子商务应用指数	重点行业典型企业销售环节电子商务应用指数	重点行业典型企业装备数控化率指数	国家新型工业化产业示范基地两化融合发展水平指数	工业应用指数
浙江	79.36	110.07	91.05	72.77	135.1	152.9	74.47	76.36	98.06
安徽	77.83	105.53	84.4	73.67	126.22	146.99	65.46	77.16	93.73
江苏	76.09	97.62	73.23	71.83	118.36	133.7	72.37	79.96	89.82
广东	73.54	95.96	84.12	67.79	122.43	138.19	67.62	72.8	89.5
北京	71.86	106.78	83	70.39	106.84	113.4	72.4	82.1	87.9
上海	65.95	102.72	78.01	68.16	89.93	121.7	80.25	88.13	86.75
山东	78.02	79.57	82.77	70.61	113.24	122.84	66.29	77.4	85.76
福建	77.3	98.35	73.32	69.08	104.38	119.41	66.69	79.53	85.49
黑龙江	68.17	92.1	72.55	64.77	119.47	130.25	56.33	81.37	84.96
湖北	76.78	97.27	78.97	72.69	80.77	109.47	71.67	72.37	82.08
广西	73.11	95.03	84.72	67.8	88.68	100.07	71.89	67.95	80.71
湖南	68.98	85.03	67.27	62.05	114.07	124.05	44.81	82.78	80.44
贵州	76.45	91.96	65.24	71.19	83.97	105.19	76.84	72.76	80.23
河北	70.31	74.62	67.97	63.9	74.46	95.72	71.72	71.26	73.66
吉林	64.24	75.46	61.97	63.21	70.96	91.63	46.69	85.92	69.86
江西	71.77	70.17	56.38	66.04	63.45	77.01	55.47	88.24	68.7
四川	71.51	84.19	43.91	66.78	61.3	83.47	56.45	73.86	67.58

续表

省份	重点行业典型企业 ERP 普及率指数	重点行业典型企业 MES 普及率指数	重点行业典型企业 PLM 普及率指数	重点行业典型企业 SCM 普及率指数	重点行业典型企业采购环节电子商务应用指数	重点行业典型企业销售环节电子商务应用指数	重点行业典型企业装备数控化率指数	国家新型工业化产业示范基地两化融合发展水平指数	工业应用指数
天津	56.14	80.93	45.87	61.54	58.26	81.19	69.78	75.68	66.43
辽宁	63.42	74.65	57.04	58.92	64.41	74.47	47.45	80.56	65.07
河南	60.3	64.02	61.62	54.89	67.31	86.27	38.83	77.33	63.59
重庆	60.44	71.07	50.4	63.36	62.71	76	28.54	92.62	63.04
陕西	45.26	61.21	56	44.51	60.96	89.18	50.94	83.57	61.68
云南	56.35	71.07	25.35	58.92	41.23	50.17	53.55	96.6	57.39
宁夏	58.49	53.4	56.38	61.63	36.16	67.67	55.01	66.69	57.09
内蒙古	49.4	60.53	57.04	51.52	32.24	58.44	58.15	60.5	53.71
甘肃	52.07	52.4	51.37	48.58	54.16	47.41	49.18	71.78	53.65
青海	44.67	51.13	58.3	43.73	39.93	53.62	84.68	45.07	53.13
山西	46.84	47.47	50.94	50.26	49.68	57.63	39.13	63.61	50.72
新疆	45.32	53.69	42.89	46.17	37.42	46.77	84.62	29.88	48.7
海南	44.06	45.45	47.05	49.28	47.54	63.31	31.57	27.57	43.88
西藏	51.56	39.21	14.59	49.97	31.42	58.77	40.18	1.75	35.33
全国均值	63.73	77.05	62.06	61.48	76.03	92.80	59.65	71.07	70.28

资料来源：赛迪智库整理，2017 年 12 月。

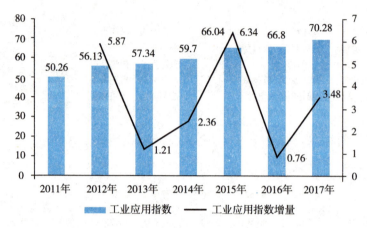

图 2 – 22　**2011—2017 年工业应用指数及增量**

资料来源：赛迪智库整理，2017 年 12 月。

　　从评估结果看，工业应用指数由 2016 年的 66.8 提升到了 2017 年的 70.28，增幅为 3.48，其中重点行业典型企业装备数控化率、国家新型工业化产业示范基地两化融合发展水平两项指数增幅较大，一方面是由于工业互联网和智能制造的发展，工业数据采集和工业设备数字化改造成为行业重点；另一方面，发展较好的新型工业化产业示范基地正在加紧建设具备国际水平的先进制造集群，新增的一批新型工业化产业示范基地在经过一段时间的发展后建设能力和服务水平也都有大幅提升。

　　浙江、安徽、江苏、广东、北京、上海的工业应用指数依然位居全国前列，工业应用各分项指数也呈现均衡发展态势，这说明上述省份得益于自身基础环境建设的优势，两化融合的应用势能正在逐步释放。甘肃、青海、山西、新疆、海南、西藏的工业应用指数与全国平均水平相比依然差距较大，甘肃、青海、新疆、海南、西藏地处边缘，工业发展一直落后于全国，山西正处在转型升级关键阶段，工业应用亟须找到新的突破口。

（一）重点行业典型企业ERP普及率

2017年全国重点行业典型企业ERP普及率指数为63.73，各省情况如下图所示。

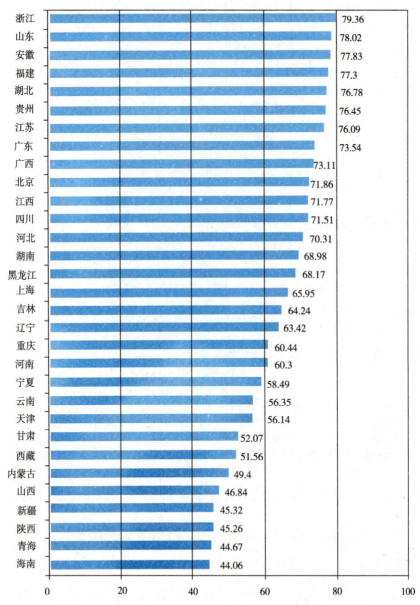

图2-23　2017年重点行业典型企业ERP普及率指数各省情况

资料来源：赛迪智库整理，2017年12月。

2016 年全国重点行业典型企业 ERP 普及率指数为 63.47，各省情况如下图所示。

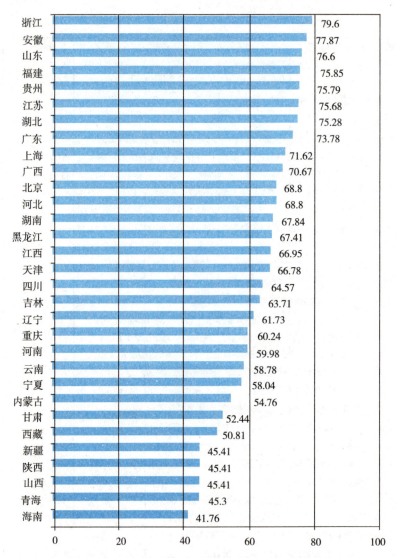

图 2 - 24   2016 年重点行业典型企业 ERP 普及率指数情况

资料来源：赛迪智库整理，2016 年 12 月。

（二）重点行业典型企业 MES 普及率

2017 年全国重点行业典型企业 MES 普及率指数为 77.05，各省情况如下图所示。

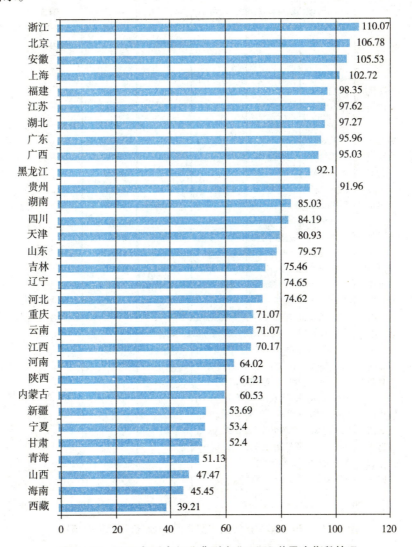

图 2-25 2017 年重点行业典型企业 MES 普及率指数情况

资料来源：赛迪智库整理，2017 年 12 月。

2016 年全国重点行业典型企业 MES 普及率指数为 74.08，各省情况如下图所示。

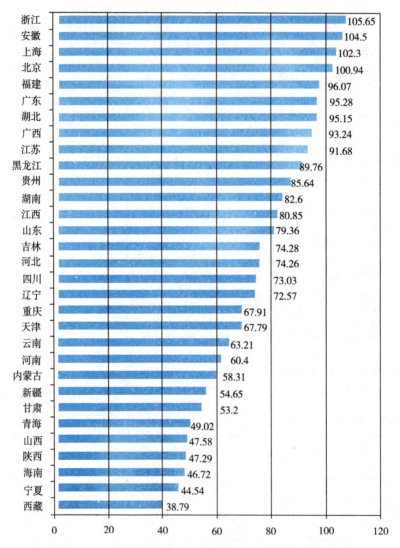

图 2-26　2016 年重点行业典型企业 MES 普及率指数情况

资料来源：赛迪智库整理，2016 年 12 月。

（三）重点行业典型企业 PLM 普及率

2017 年全国重点行业典型企业 PLM 普及率指数为 62.06，各省情况如下图所示。

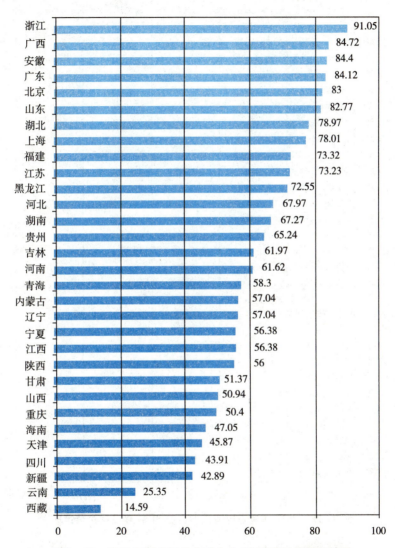

图 2-27　2017 年重点行业典型企业 PLM 普及率指数情况

资料来源：赛迪智库整理，2017 年 12 月。

2016年全国重点行业典型企业PLM普及率指数为62.42，各省情况如下图所示。

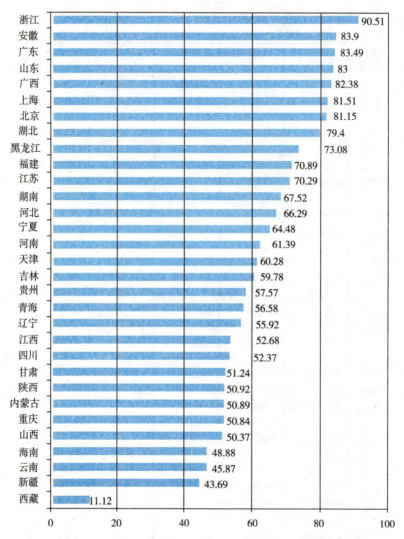

图2-28 2016年重点行业典型企业PLM普及率指数情况

资料来源：赛迪智库整理，2016年12月。

（四）重点行业典型企业 SCM 普及率

2017 年全国重点行业典型企业 SCM 普及率指数为 61.48，各省情况如下图所示。

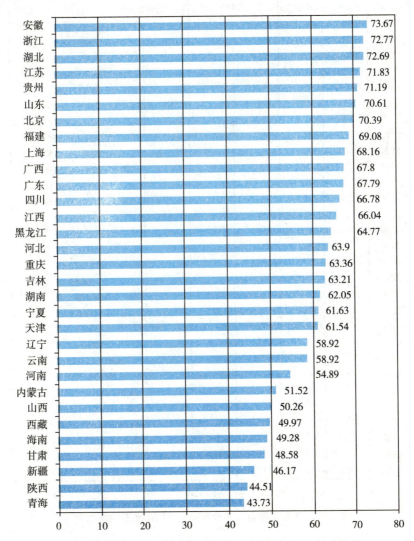

图 2-29　2017 年重点行业典型企业 SCM 普及率指数情况

资料来源：赛迪智库整理，2017 年 12 月。

2016 年全国重点行业典型企业 SCM 普及率指数为 61.38，各省情况如下图所示。

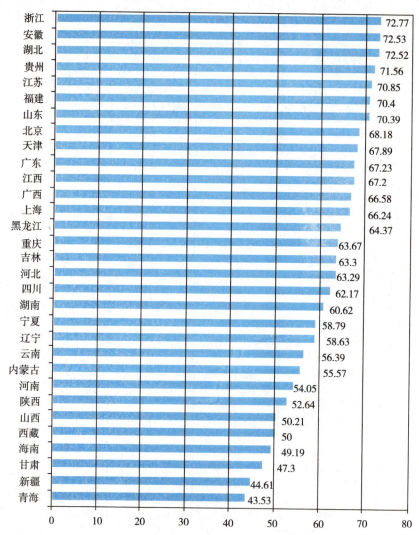

图 2－30　2016 年重点行业典型企业 SCM 普及率指数情况

资料来源：赛迪智库整理，2017 年 12 月。

（五）重点行业典型企业采购环节电子商务应用

2017 年全国重点行业典型企业采购环节电子商务应用指数为 76.03，各省情况如下图所示。

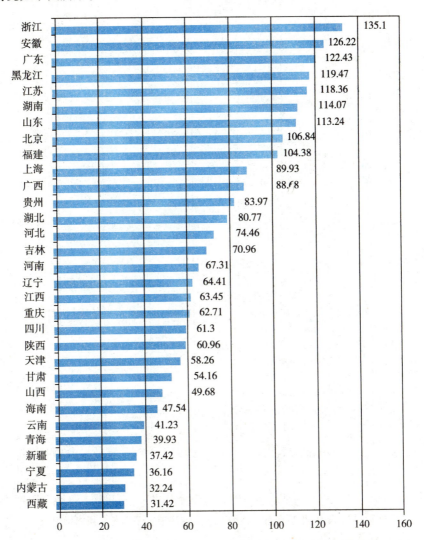

图 2-31　2017 年重点行业典型企业采购环节电子商务应用指数情况

资料来源：赛迪智库整理，2017 年 12 月。

2016年全国重点行业典型企业采购环节电子商务应用指数为76.67，各省情况如下图所示。

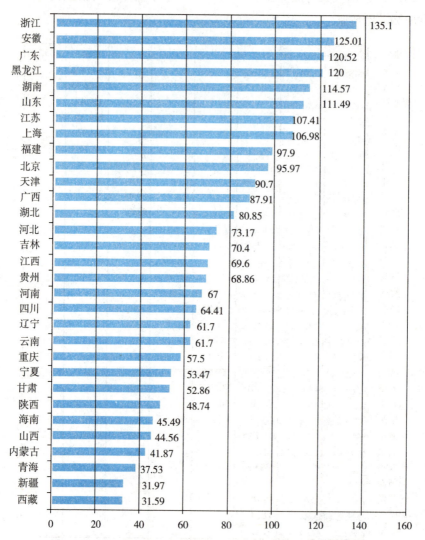

图2-32　2016年重点行业典型企业采购环节电子商务应用指数情况

资料来源：赛迪智库整理，2016年12月。

（六）重点行业典型企业销售环节电子商务应用

2017 年全国重点行业典型企业销售环节电子商务应用指数为 92.80，各省情况如下图所示。

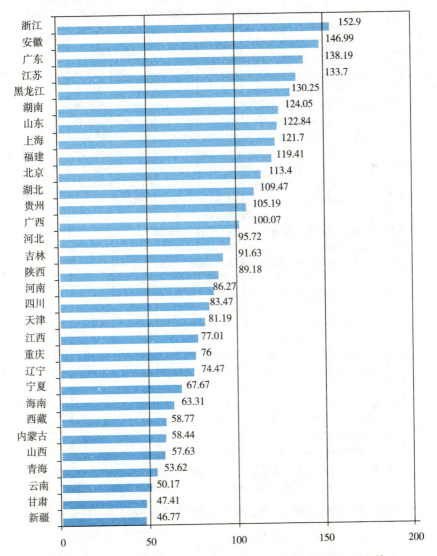

图 2-33　2017 年重点行业典型企业销售环节电子商务应用指数情况

资料来源：赛迪智库整理，2017 年 12 月。

2016 年全国重点行业典型企业销售环节电子商务应用指数为 91.44，各省情况如下图所示。

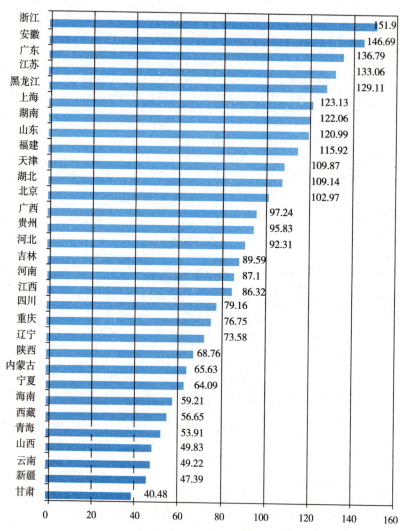

图 2-34　2016 年重点行业典型企业销售环节电子商务应用指数情况

资料来源：赛迪智库整理，2016 年 12 月。

（七）重点行业典型企业装备数控化率

2017 年全国重点行业典型企业装备数控化率指数为 59.65，各省情况如下图所示。

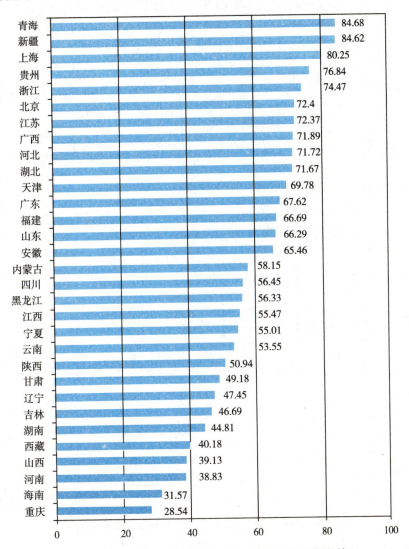

图 2 - 35　2017 年重点行业典型企业装备数控化率指数情况

资料来源：赛迪智库整理，2017 年 12 月。

2016年全国重点行业典型企业装备数控化率指数为54，各省情况如下图所示。

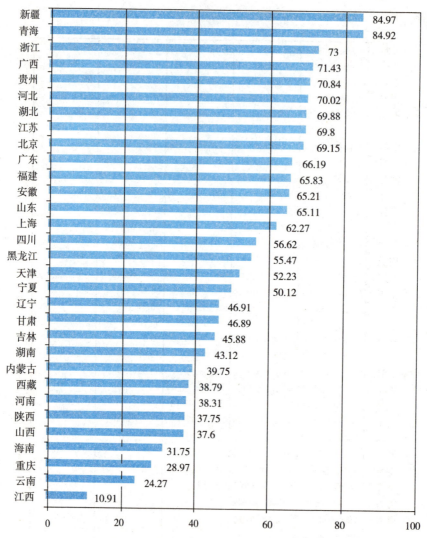

图2-36 2016年重点行业典型企业装备数控化率指数情况

资料来源：赛迪智库整理，2016年12月。

（八）国家新型工业化产业示范基地两化融合发展水平

2017 年全国国家新型工业化产业示范基地两化融合发展指数为 71.07，各省情况如下图所示。

图 2-37　2017 年国家新型工业化产业示范基地两化融合发展水平指数情况

资料来源：赛迪智库整理，2017 年 12 月。

51

2016 年全国国家新型工业化产业示范基地两化融合发展指数为 55.04，各省情况如下图所示。

图 2-38　2016 年国家新型工业化产业示范基地两化融合发展水平指数情况

资料来源：赛迪智库整理，2016 年 12 月。

四、应用效益分析

2017 年全国两化融合发展水平评估应用效益类评估结果如下表所示。

表 2－6　2017 年全国两化融合发展水平评估应用效益类指标评估结果

省份	工业增加值占 GDP 比重指数	第二产业全员劳动生产率指数	工业成本费用利润率指数	单位工业增加值工业专利量指数	单位地区生产总值电耗指数	电子信息制造业主营业务收入指数	软件业务收入指数	应用效益指数
广东	47.38	102.97	46.94	159.22	97.85	324.5	302.38	144.01
江苏	46.49	109.02	47.69	157.17	96.97	305.67	301.88	142.2
北京	22.23	107.53	55.72	166.49	129.63	152.99	284.79	124.4
上海	34.65	114.03	58.97	138.66	113.04	201.07	248.25	122.89
浙江	46.6	106.26	48.83	155.82	89.12	189.45	244.19	119.93
山东	47.54	128.51	42.09	100.33	90.86	215.2	255.97	118.4
重庆	42.47	116.29	49.44	130.98	113.69	175.37	216.8	114.97
福建	47.57	109.54	48.09	121.4	98.67	173.03	208.88	109.93
天津	45.35	134.43	54.08	124.04	122.01	144.72	168.89	109.54
湖北	45.64	120.68	43.46	96.99	111.72	150.52	176.44	101.72
安徽	48.16	128.13	39.56	165.97	94.76	155.07	80.68	100.75
湖南	43.45	135.44	40.44	98.68	119.19	141.29	102.44	94.43
陕西	46.33	123.9	53.84	77.92	97.41	96.08	174.92	92.53
四川	41.28	115.67	42.23	109.51	102.4	167.57	50.46	87.84
河南	48.85	104.86	46.04	75.66	94.53	181.79	87.16	87.68
江西	46.2	111.08	47.12	102.89	102.29	160.82	37.82	85.28
辽宁	38.49	108	22.61	92.03	83.54	74.9	199.89	84.78
西藏	11.49	176.01	67.49	47.33	125.28	0	159.46	82.54
河北	48.54	140.12	42.99	74.27	78.4	90.39	70.71	77.69
广西	44.6	134.79	45.58	65.31	94.27	124.16	32.89	76.6
吉林	48.7	132.39	41.17	42.4	120.8	21.8	116.8	73.47
贵州	39.36	120.19	54.73	82.25	76.72	49.57	24.19	65.5
黑龙江	31.38	107.59	22.24	80.55	107.4	11.7	61.04	60.3
内蒙古	46.97	166.88	48.57	40.18	62.9	19.09	14.43	59.99
海南	17.45	130.39	47.29	77.03	96.71	5.68	34.25	59.94
宁夏	40.99	138.5	31.88	100.65	38.89	20.41	7.18	57.9
新疆	35.61	121.21	37.8	72.37	43.72	22.01	33.05	54.57
山西	39.59	92.11	18.56	70.42	64.71	81.3	12.52	54.33

续表

省份	工业增加值占GDP比重指数	第二产业全员劳动生产率指数	工业成本费用利润率指数	单位工业增加值工业专利量指数	单位地区生产总值电耗指数	电子信息制造业主营业务收入指数	软件业务收入指数	应用效益指数
云南	34.13	110.68	29.42	86.32	81.54	18.19	0	53.66
青海	42.64	135.49	29.65	58.06	42.68	16.97	0.66	49.77
甘肃	32.14	91.54	8.55	94.2	61.69	13.88	20.47	47.75
全国均值	40.40	121.75	42.36	98.87	92.04	113.07	120.31	87.59

资料来源：赛迪智库整理，2017年12月。

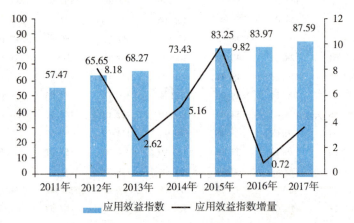

图2-39 2011—2017年应用效益指数及增量

资料来源：赛迪智库整理，2017年12月。

从评估结果看，应用效益指数由2016年的83.97提高到2017年的87.59，除工业增加值占GDP比重以外，第二产业全员劳动生产率、工业成本费用利润率、单位工业增加值工业专利量、单位地区生产总值能耗、电子信息制造业主营业务收入、软件业务收入等分别增长4.40、5.38、5.45、1.31、5.08和5.51，可以看出，经过几年发展，全国两化融合应用成效开始逐步显现。

广东、江苏两省应用效益远超全国其他省份，主要是与两省电子信息制造业和软件业产业发展较好直接相关；北京、上海、浙江、山东等省份也保持全国领先，上述省份在历年评估中两化融合总指数一直保持在第一梯队。

云南、青海、甘肃应用效益指数一直不高，在通过两化融合提升工业发展质量和效益方面亟待寻找合适的发展路径。

（一）工业增加值占 GDP 比重

2017 年全国工业增加值占 GDP 比重指数为 40.40，各省情况如下图所示。

图 2 - 40　2017 年工业增加值占 GDP 比重指数情况

资料来源：赛迪智库整理，2017 年 12 月。

2016 年全国工业增加值占 GDP 比重指数为41.9，各省情况如下图所示。

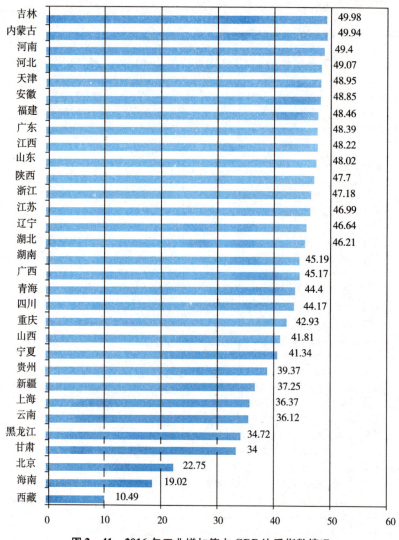

图 2 –41   2016 年工业增加值占 GDP 比重指数情况

资料来源：赛迪智库整理，2016 年 12 月。

（二）第二产业全员劳动生产率

2017 年全国第二产业全员劳动生产率指数为 121.75，各省情况如下图所示。

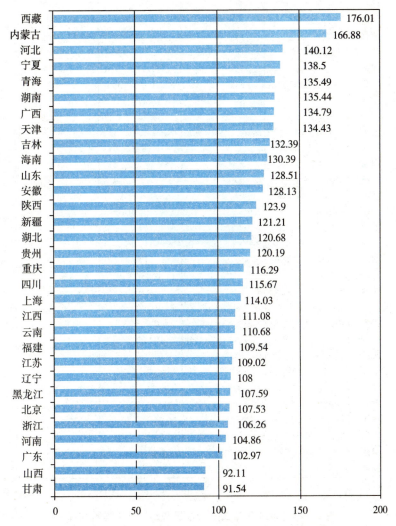

图 2 - 42　2017 年第二产业全员劳动生产率指数情况

资料来源：赛迪智库整理，2017 年 12 月。

2016年全国第二产业全员劳动生产率指数为117.35，各省情况如下图所示。

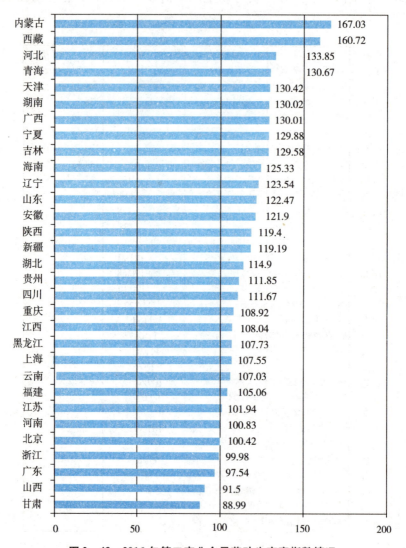

图2-43　2016年第二产业全员劳动生产率指数情况

资料来源：赛迪智库整理，2016年12月。

（三）工业成本费用利润率

2017 年全国工业成本费用利润率指数为 42.36，各省情况如下图所示。

图 2－44　2017 年工业成本费用利润率指数情况

资料来源：赛迪智库整理，2017 年 12 月。

2016 年全国工业成本费用利润率指数为 36.98，各省情况如下图所示。

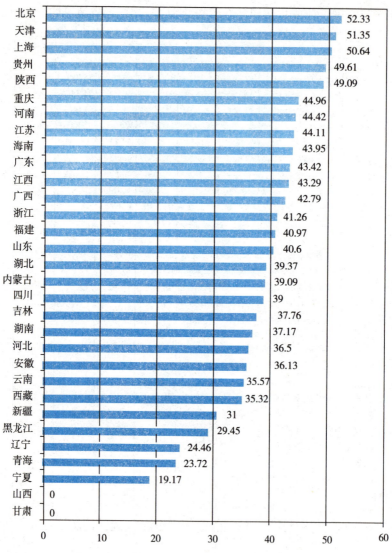

图 2-45　2016 年工业成本费用利润率指数情况

资料来源：赛迪智库整理，2017 年 12 月。

（四）单位工业增加值工业专利量

2017 年全国单位工业增加值工业专利量指数为 98.87，各省情况如下图所示。

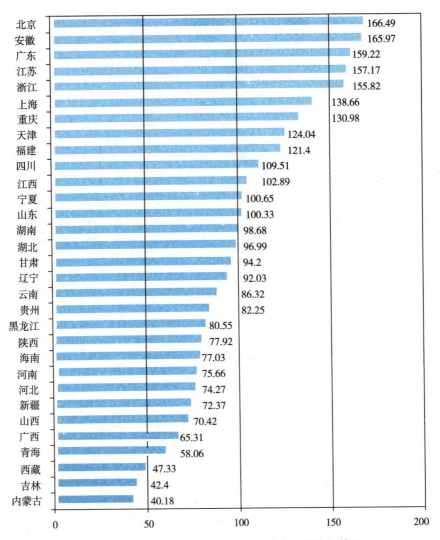

图 2-46 2017 年单位工业增加值工业专利量指数情况

资料来源：赛迪智库整理，2017 年 12 月。

2016年全国单位工业增加值工业专利量指数为93.42，各省情况如下图所示。

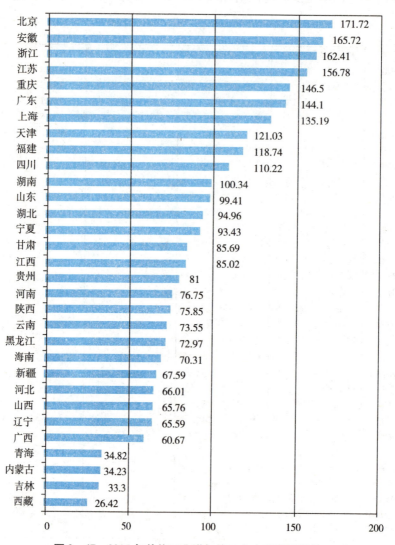

图2—47 2016年单位工业增加值工业专利量指数情况

资料来源：赛迪智库整理，2016年12月。

（五）单位地区生产总值电耗

2017年全国单位地区生产总值电耗指数为92.04，各省情况如下图所示。

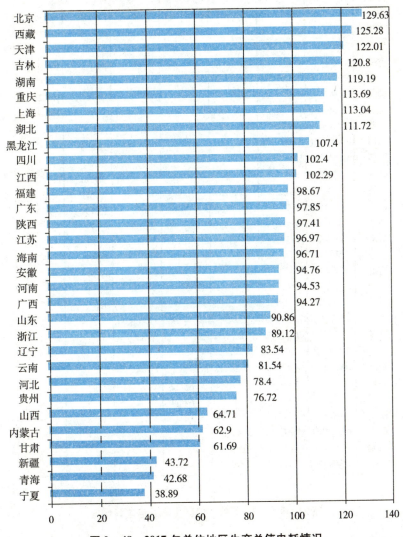

地区	数值
北京	129.63
西藏	125.28
天津	122.01
吉林	120.8
湖南	119.19
重庆	113.69
上海	113.04
湖北	111.72
黑龙江	107.4
四川	102.4
江西	102.29
福建	98.67
广东	97.85
陕西	97.41
江苏	96.97
海南	96.71
安徽	94.76
河南	94.53
广西	94.27
山东	90.86
浙江	89.12
辽宁	83.54
云南	81.54
河北	78.4
贵州	76.72
山西	64.71
内蒙古	62.9
甘肃	61.69
新疆	43.72
青海	42.68
宁夏	38.89

图2-48　2017年单位地区生产总值电耗情况

资料来源：赛迪智库整理，2017年12月。

2016年全国单位地区生产总值电耗指数为90.73，各省情况如下图所示。

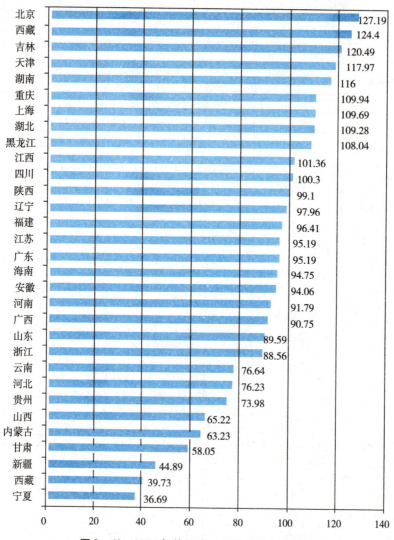

图2-49　2016年单位地区生产总值电耗情况

资料来源：赛迪智库整理，2016年12月。

（六）电子信息制造业主营业务收入

2017 年全国电子信息制造业主营业务收入指数为 113.07，各省情况如下图所示。

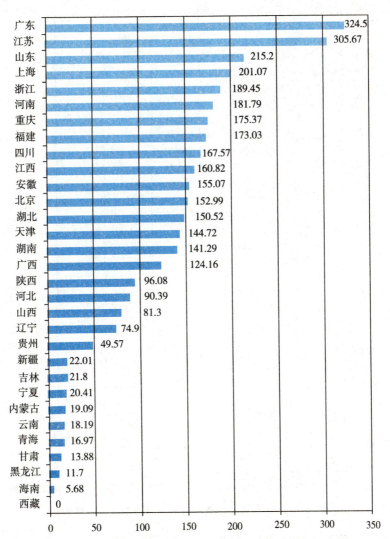

图 2-50　2017 年电子信息制造业主营业务收入指数情况

资料来源：赛迪智库整理，2017 年 12 月。

2016 年全国电子信息制造业主营业务收入指数为 107.99，各省情况如下图所示。

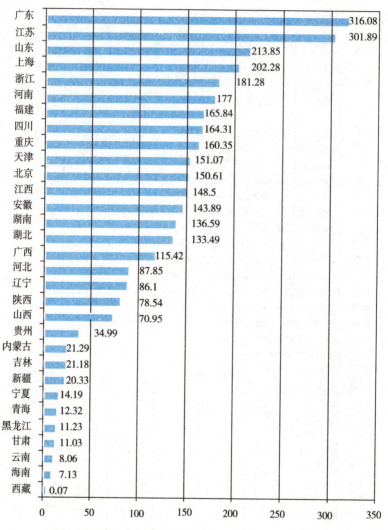

图 2-51　2016 年电子信息制造业主营业务收入指数情况

资料来源：赛迪智库整理，2016 年 12 月。

（七）软件业务收入

2017 年全国软件业务收入指数为 120.31，各省情况如下图所示。

图 2-52 2017 年软件业务收入指数情况

资料来源：赛迪智库整理，2017 年 12 月。

2016 年全国软件业务收入指数为 114.8，各省情况如下图所示。

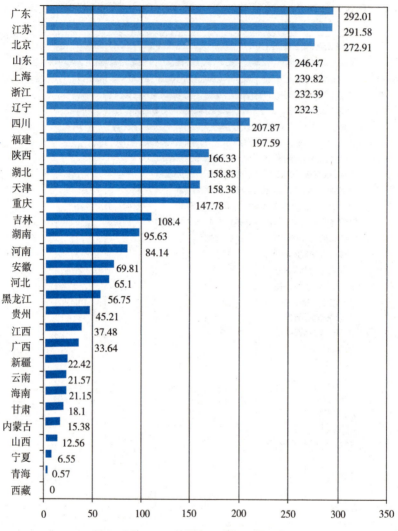

图 2-53　2016 年软件业务收入指数情况

资料来源：赛迪智库整理，2016 年 12 月。

第三章　北京市两化融合发展水平分析

一、总体情况

（一）经济概况

2017 年，北京市全年实现地区生产总值 28000.4 亿元，按可比价格计算，比上年增长 6.7%。其中，第一产业增加值 120.5 亿元，下降 6.2%；第二产业增加值 5310.6 亿元，增长 4.6%；第三产业增加值 22569.3 亿元，增长 7.3%。三次产业构成由上年的 0.5∶19.3∶80.2，调整为 0.4∶19.0∶80.6。全年实现工业增加值 4274 亿元，按可比价格计算，比上年增长 5.4%。其中，规模以上工业增加值增长 5.6%。在规模以上工业中，国有控股企业增加值增长 5.1%；股份制企业、外商及港澳台企业增加值分别增长 7.8% 和 1.9%；高技术制造业、现代制造业、战略性新兴产业增加值分别增长 13.6%、5.0% 和 12.1%。规模以上工业实现销售产值 18269.5 亿元，增长 4.4%。其中，内销产值 17265.5 亿元，增长 4.3%；出口交货值 1004 亿元，增长 6.0%。全年规模以上工业企业实现利润 1992.5 亿元，比上年增长 27.5%。重点监测行业中，电力、热力生产和供应业实现利润 736.6 亿元，增长 50.0%；汽车制造业实现利润 400.6 亿元，增长 7.3%；医药制造业实现利润 196.1 亿元，增长 29.5%；计算机、通信和其他电子设备制造业实现利润 167.8 亿元，增长 90.7%；专用设备制造业实现利润 93.6 亿元，增长 24.7%[1]。

（二）两化融合主要进展

2017 年，北京市出台产业政策，优化发展环境，积极引导企业转型升级，

---

[1]　北京市统计局：《北京市 2017 年国民经济和社会发展统计公报》，2018 年 2 月。

推动项目落地，打造新引擎，培育新动能，加大创新中心建设，构筑创新高地。

1. 积极引导骨干企业转型升级

一批传统企业管理服务软件企业与工业融合转型初见成效，互联网企业加快布局人工智能、大数据等新兴领域，百度牵头筹建首个国家级的人工智能工程实验室。360获批建设两个国家级重点大数据工程实验室项目。全市35家企业入选工信部"2017中国软件业务收入前百强企业"，入选企业数量为历年最高。百度、京东等32家企业入选"2017年中国互联网企业100强"，数量居全国首位。25家企业入选人工智能创新公司50强，入选数量占据全国一半。

2. 推动重大项目落地，引领产业发展

依托龙头企业，在云计算、大数据、自主可控、信息安全等领域，形成以百度开放云、金山云、用友大型企业互联网开放平台、北京可信开放高端计算系统产业化、基于滴滴大脑的新一代智能交通服务平台等为代表的重点项目库，并加速产业化应用落地。持续推进高精尖基金项目投资及新设基金工作，TOP、国科嘉和、盛世泰诺以及智慧云城等基金累计完成17个项目投资，总金额约10.4亿元。

3. 加大创新中心建设，构筑创新高地

与工信部建立联合工作机制，合作共建国家网络安全产业园区，并成功举办首届中国网络安全产业高峰论坛，共商安全产业发展问题。推动产业创新中心的创建工作，已完成北京市人工智能专利创新中心、北京市智能社会创新中心、北京市人工智能基础创新中心、工业技术软件化（北京）创新中心的工商注册；设立北京前沿国际人工智能研究院，形成国际知名的人工智能科研和创新高地。

4. 促进京津冀协同，推动共赢发展

建成并启用京津冀大数据综合试验区应用感知体验中心、京津冀大数据协同处理中心，环京大数据基础设施支撑带初具规模。加快京津冀北斗一体化协同发展，发布《京津冀协同推进北斗导航与位置服务产业发展行动方案（2017—2020年）》；签署《北斗ofo小黄车战略合作协议》，率先在通州优化电子围栏定位技术，并逐步在京津冀地区配备北斗智能锁。政府

采购 1530 万元 "京津冀工业云" 服务，推动 629 家企业上云，节约成本达
1.4 亿元。

二、两化融合发展水平分析

（一）综合分析

2017 年，北京市两化融合发展总指数为 101.75，比 2016 年提高了 4.99
个点，三项指数均稳步提升。其中，基础环境指数为 106.81，比 2016 年提高
了 2.86 个点，工业应用指数为 87.9，比 2016 年提高了 7.18 个点，应用效益
指数为 124.4，比 2016 年提高了 2.76 个点。

表 3 - 1　2016—2017 年北京市两化融合指数情况

指标	2016 年指数	2017 年指数	变化情况
基础环境	103.95	106.81	↑2.86
工业应用	80.72	87.9	↑7.18
应用效益	121.64	124.4	↑2.76
总指数	96.76	101.75	↑4.99

资料来源：赛迪智库整理，2017 年 12 月。

图 3 - 1　2016—2017 年北京市两化融合指数情况

资料来源：赛迪智库整理，2017 年 12 月。

（二）具体分析

1. 基础环境指数

2017年，北京市两化融合基础环境建设取得进一步进展，基础环境指数由2016年的103.95提升至106.81，增长2.86个点。其中，北京市城（省）域网出口带宽指数值为148.77，比2016年提高了35.46个点；固定宽带普及率指数为97.71，比2016年提高了2.34个点；固定宽带端口平均速率有了较大提升，指数达到138.21，比2016年提高了7.85个点；移动电话普及率指数为95.78，比2016年下降了2.92个点。在互联网应用普及方面，北京市互联网普及率指数为86.91，比2016年提高了0.85个点。在两化融合政策环境建设方面，北京市继续设立两化融合专项引导资金，在改善环境指数方面起到了重要作用。中小企业信息化服务平台数量指数132.19，比2016年下降1.9个点；重点行业典型企业信息化专项规划情况指数为83.49，比2016年提高了3.09个点。

表3-2　2016—2017年北京市两化融合基础环境指数情况

指标	2016年指数	2017年指数	变化情况
城（省）域网出口带宽	113.31	148.77	↑35.46
固定宽带普及率	95.37	97.71	↑2.34
固定宽带端口平均速率	130.36	138.21	↑7.85
移动电话普及率	98.7	95.78	↓2.92
互联网普及率	86.06	86.91	↑0.85
两化融合专项引导资金	100	100	—
中小企业信息化服务平台数	134.09	132.19	↓1.9
重点行业典型企业信息化专项规划	80.4	83.49	↑3.09

资料来源：赛迪智库整理，2017年12月。

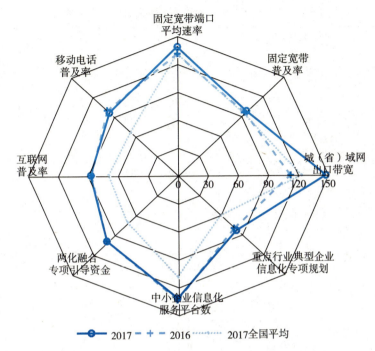

图 3 - 2　2016—2017 年北京市两化融合基础环境指数情况

资料来源：赛迪智库整理，2017 年 12 月。

2. 工业应用指数

2017 年，北京市工业企业各项信息技术应用水平均有不同程度的提升，工业应用指数达到 87.9，比上年提高了 7.81 个点。其中，重点行业典型企业 ERP 普及率指数为 71.86，比 2016 年提高了 3.06 个点。重点行业典型企业 MES 普及率指数为 106.78，比 2016 年提高了 5.84 个点。重点行业典型企业 PLM 普及率指数为 83，比 2016 年提高了 1.85 个点。重点行业典型企业 SCM 普及率指数为 70.39，比 2016 年提高了 2.21 个点。重点行业典型企业采购环节电子商务应用普及率指数为 106.84，比 2016 年提高了 10.87 个点。重点行业典型企业销售环节电子商务应用普及率指数为 113.4，比 2016 年提高了 10.43 个点。重点行业典型企业装备数控化率指数为 72.4，比 2016 年提高了 3.25 个点。相比较而言，国家新型工业化产业示范基地两化融合进展有了大幅提升，发展水平指数为 82.1，比 2016 年提高了 18.68 个点。

73

表 3-3　2016—2017 年北京市两化融合工业应用指数情况

指标	2016 年指数	2017 年指数	变化情况
重点行业典型企业 ERP 普及率	68.8	71.86	↑3.06
重点行业典型企业 MES 普及率	100.94	106.78	↑5.84
重点行业典型企业 PLM 普及率	81.15	83	↑1.85
重点行业典型企业 SCM 普及率	68.18	70.39	↑2.21
重点行业典型企业采购环节电子商务应用	95.97	106.84	↑10.87
重点行业典型企业销售环节电子商务应用	102.97	113.4	↑10.43
重点行业典型企业装备数控化率	69.15	72.4	↑3.25
国家新型工业化产业示范基地两化融合发展水平	63.42	82.1	↑18.68

资料来源：赛迪智库整理，2017 年 12 月。

图 3-3　2016—2017 年北京市两化融合工业应用指数情况

资料来源：赛迪智库整理，2017 年 12 月。

3. 应用效益指数

2017 年，北京市两化融合应用效益有所提升，应用效益指数为 124.4，比 2016 年提高了 2.76 个点。在地区工业生产效益和水平方面，北京市工业增加值占 GDP 比重指数为 22.23，比 2016 年下降了 0.52 个点；第二产业全员劳动生产率指数为 107.53，比 2016 年提高了 7.11 个点，上升幅度较大；工业成本费用利润率指数为 55.72，比 2016 年提高了 43.39 个点；单位工业增加值工业专利量指数为 166.49，比 2016 年减少了 5.23 个点。在工业节能减排水平方面有了较快提升，单位地区生产总值电耗指数为 129.63，比 2016 年提升了 2.44 个点。在信息产业发展水平方面，电子信息制造业主营业务收入指数为 152.99，比 2016 年增加了 2.38 个点；软件业务收入在 2017 年提升较快，指数为 284.79，比 2016 年提高了 11.88 个点。

表 3 – 4　2016—2017 年北京市两化融合应用效益指数情况

指标	2016 年指数	2017 年指数	变化情况
工业增加值占 GDP 比重	22.75	22.23	↓0.52
第二产业全员劳动生产率	100.42	107.53	↑7.11
工业成本费用利润率	52.33	55.72	↑3.39
单位工业增加值工业专利量	171.72	166.49	↓5.23
单位地区生产总值电耗	127.19	129.63	↑2.44
电子信息制造业主营业务收入	150.61	152.99	↑2.38
软件业务收入	272.91	284.79	↑11.88

资料来源：赛迪智库整理，2017 年 12 月。

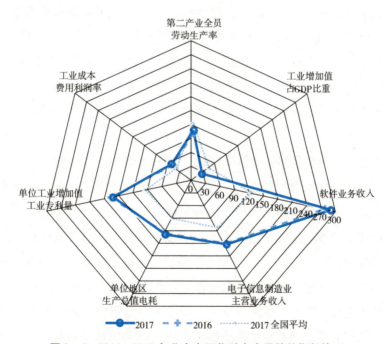

图 3 – 4　2016 – 2017 年北京市两化融合应用效益指数情况

资料来源：赛迪智库整理，2017 年 12 月。

三、优劣势评价

总体来看，北京市两化融合发展水平始终保持在全国前列，大型企业信息化水平较高，依托现代信息技术的平台经济、现代服务业发展较快，在推进工业与互联网融合创新发展、引导工业企业转型升级方面发挥了积极作用。具体来说，北京市在两化融合上的优势如下：

一是软件和信息服务业保持稳中有进，促进产业转型。2017年软件和信息服务业保持稳中有进的发展态势。全年全行业实现增加值为3169亿元，同比增长12.6%；占全市GDP比重达11.3%，创历史新高，为北京市构建高精尖经济结构发挥重要支撑作用；实现营业收入8752.1亿元，同比增长13.9%，超额完成年初目标，增速为近五年最高值；实现利润总额3053.5亿元，同比增长60.8%，产业转型效能明显。

二是多渠道、多方式优化产业服务力度。落实软件企业所得税优惠政策，完成两批共541家企业所得税备案材料的初审，为软件企业减免所得税总计40.79亿元。开展软件和信息服务业"走基层、下企业、强服务"调研活动，共计完成130家重点软件企业调研，做好精准服务。成功举办第21届中国国际软件博览会，以"软件定义世界，智能引领未来"为主题，在形式、内容、参与度等多方面进行创新，创下多个"首次"，极大地提高了北京市产业在国内外的影响力。

北京市两化融合发展总体情况较好，但同时也存在一些劣势：

一是转型升级压力大。当前，落实首都城市战略定位，疏解非首都功能以及构建高精尖经济结构，创建全国科创中心的要求，以及技术变革趋势和市场环境变化使得企业转型升级的发展需求更迫切，同时企业转型发展过程中面临着前期投入大、回报慢、人力等经营成本高、融资难等问题，新业务短期内难以形成创造大量的业务收入造成企业经营压力增大。

二是行业管理需进一步提高效能。随着新业态不断涌现，如O2O、分享经济、人工智能等，涉及多个业态渗透发展，产业的边界逐渐模糊，产业管理服务和运行监测的手段在新常态下亟须调整跟进。

三是企业两化融合工作深入推进受到制约。一方面各业务主管部门两化融合管理体系的宣贯不足，企业对两化融合管理体系的理解和认识不到位；另一方面中小企业尚未形成稳定的成长模式，利润不高，生存压力较大，导致其信息化建设投入严重不足，信息化基础薄弱。

四、相关建议

对北京市两化融合提出以下建议：

一是加速创新型产业集群建设。推动重大项目落地，打造自主可控、云计算、大数据、人工智能等重点创新型产业集群；组织实施祥云工程3.0；积极推进国家网络安全产业园区、北京前沿国际人工智能研究院建设；做好创新中心建设，推进软件企业技术中心建设。

二是加快京津冀协同发展。加快推进京津冀大数据综合试验区建设，推动京津冀北斗卫星导航区域应用示范项目工作，促进北斗导航与位置服务产业联动发展；继续推进京津冀工业云服务采购。

三是切实做好服务工作。进一步落实好软件企业所得税优惠政策。积极推进北斗、信息消费、ITSS等国家试点工作；积极落实人才政策，做好人才服务工作，开展高端人才培训工作。

第四章　天津市两化融合发展水平分析

一、总体情况

（一）经济概况

2017 年，天津市生产总值（GDP）18595.38 亿元，按可比价格计算，比上年增长 3.6%。其中，第一产业增加值 218.28 亿元，增长 2.0%；第二产业增加值 7590.36 亿元，增长 1.0%；第三产业增加值 10786.74 亿元，增长 6.0%。三次产业结构为 1.2:40.8:58.0。全年工业增加值 6863.98 亿元，增长 2.3%；建筑业增加值 747.23 亿元，下降 10.9%。全年规模以上工业增加值增长 2.3%。其中，国有及国有控股企业增加值增长 2.1%；民营企业增加值下降 4.1%；外商及港澳台商控股企业增加值增长 10.7%。装备制造业增加值增长 3.6%，占规模以上工业的 35.6%。消费品制造业增加值增长 3.2%，占规模以上工业的 15.9%。规模以上工业出口交货值增长 9.3%。全年规模以上工业企业主营业务收入增长 5.3%，利润总额增长 22.4%。全市 39 个行业大类中，38 个行业盈利。消费品制造业实现利润占全市的 15.3%，增长 22.0%，拉动全市工业利润增长 3.4 个百分点[①]。

（二）两化融合主要进展

2017 年，天津市在积极拓宽制造业与互联网融合发展的深度与广度。一方面，重点提升关键环节信息化综合集成和创新应用水平，推广个性化定制、网络化协同制造、服务型制造等互联网制造新模式。另一方面，引导大型工业企业充分应用云计算、大数据、移动互联网等现代信息技术，整合线上线下资源，提高供应链与电子商务、现代物流协同水平，推动重点行业电子商

---

① 天津市统计局：《2017 年天津市国民经济和社会发展统计公报》，2018 年 3 月。

务向一体化、精细化和专业化发展。

1. 加强顶层设计和政策资金引领

发布了《关于加快云计算和大数据发展实施意见》，落实制造业转型升级和大数据行动计划，加快推进信息化与工业化深度融合，促进传统产业转型发展等工作提供政策保障。天津市利用信息化专项资金、工业企业发展专项资金，支持两化融合管理体系贯标、互联网制造新模式应用、工业云平台、制造业"双创"平台等试点示范项目的建设，通过年度项目指南引导企业明确两化融合的发展趋势和重点，发挥财政资金"四两拨千斤"的作用。探索将两化融合相关工作纳入市区两级年度绩效考核以及全市中小企业转型升级子路径，引导各区加大对两化融合工作的推动力度，滨海新区、西青区、北辰区、静海区等纷纷制定相关政策措施，加大对区内企业信息化典型应用的奖励和支持力度，各区对两化融合工作重要性认识显著提升。

2. 充分发挥试点示范引领带动作用

天津市已有4家国家级两化深度融合示范企业，6个项目入选国家电子商务集成创新试点工程，4家企业入选工信部制造业与互联网融合发展试点示范，2个项目获评中德智能制造合作试点示范项目，北辰区成为国家工业电子商务区域试点，"天津滨海工业云公共服务平台及应用推广项目"获得工信部工业转型升级资金支持。同时利用财政资金，加强对项目建设的支持和引导。通过发挥示范企业的带动作用，总结提炼示范经验和成果，形成行业共性解决方案，全面推进企业对标和示范推广，带动行业、区域两化融合向更高阶段跃升。

3. 积极推动制造业"双创"平台建设

围绕"双创"平台＋要素汇聚＋能力开放＋模式创新＋区域合作等4个领域，开展了制造业"双创"试点示范项目遴选工作，"天津市国资系统创新创业服务平台"等7个项目入选工信部制造业"双创"平台试点示范，加速激发制造企业创新活力、发展潜力和转型动力。组织我市各区县、工业集团参加了全国制造业"双创"工作电视电话会议，召开了制造业"双创"平台建设工作座谈会。通过工作交流和经验分享，拓宽了"双创"工作思路，引导企业"双创"工作开展，重点行业骨干企业"双创"平台普及率71.4%。

二、两化融合发展水平分析

（一）综合分析

2017 年，天津市两化融合发展总指数为 82.53，比 2016 年降低了 0.09 个点。其中，基础环境指数为 87.73，比 2016 年提高了 5.79 个点，工业应用指数为 66.43，比 2016 年降低了 4.06 个点，应用效益指数为 109.54，比 2016年增长 1.97 个点。

表 4-1　2016—2017 年天津市两化融合指数情况

指标	2016 年指数	2017 年指数	变化情况
基础环境	81.94	87.73	↑5.79
工业应用	70.49	66.43	↓4.06
应用效益	107.57	109.54	↑1.97
总指数	82.62	82.53	↓0.09

资料来源：赛迪智库整理，2017 年 12 月。

图 4-1　2016—2017 年天津市两化融合指数情况

资料来源：赛迪智库整理，2017 年 12 月。

（二）具体分析

1. 基础环境指数

2017 年，天津市两化融合基础环境建设取得进一步进展，基础环境指数由 2016 年的 81.94 提升至 87.73，低于全国平均值 88.58。在信息基础设施建设方面，天津市城（省）域网出口带宽指数值为 145.99，比 2016 年大幅提高了 54.39 个点；固定宽带普及率指数为 90.37，比 2016 年提高了 3.89 个点；固定宽带端口平均速率指数为 139.52，比 2016 年提高了 11.94 个点；移动电话普及率指数为 66.3，比 2016 年提升 1.91 个点。在互联网应用普及方面，2017 年天津市互联网普及率略有上升，指数达到 77.79，比 2016 年提高了 1.19 个点。在两化融合政策环境建设方面，由于 2017 年天津市未设立两化融合专项引导资金尚未落实，指数为 0 点；中小企业信息化服务平台数量指数为 112.4，与 2016 年持平；重点行业典型企业信息化专项规划指数为 71.37，比 2016 年提升了 4.89 个点。

表 4 - 2 2016—2017 年天津市两化融合基础环境指数情况

指标	2016 年指数	2017 年指数	变化情况
城（省）域网出口带宽	91.6	145.99	↑54.39
固定宽带普及率	86.48	90.37	↑3.89
固定宽带端口平均速率	127.58	139.52	↑11.94
移动电话普及率	64.39	66.3	↑1.91
互联网普及率	76.6	77.79	↑1.19
两化融合专项引导资金	0	0	——
中小企业信息化服务平台数	112.4	112.4	——
重点行业典型企业信息化专项规划	66.48	71.37	↑4.89

资料来源：赛迪智库整理，2017 年 12 月。

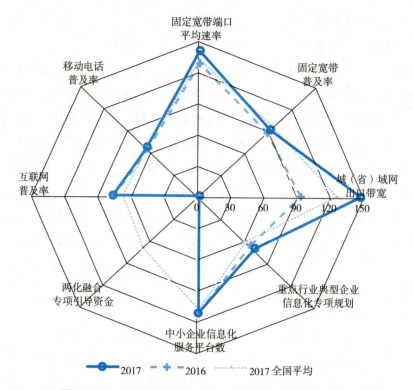

图 4-2　2016—2017 年天津市两化融合基础环境指数情况

资料来源：赛迪智库整理，2017 年 12 月。

2. 工业应用指数

2017 年，天津市工业应用指数为 66.43，比 2016 年降低 4.06 个点。具体来看，2017 年天津市重点行业典型企业 ERP 普及率指数为 56.14，比 2016 年大幅降低了 10.64 个点。重点行业典型企业 MES 普及率指数为 80.93，比 2016 年大幅提高了 13.14 个点。重点行业典型企业 PLM 普及率指数为 45.87，比 2016 年降低了 14.41 个点。重点行业典型企业 SCM 普及率指数分别为 61.54，比 2016 年降低了 6.35 个点。重点行业典型企业采购和销售环节电子商务应用普及率指数分别为 58.26 和 81.19，分别比 2016 年大幅降低了 32.44 个点和 28.68 个点。重点行业典型企业装备数控化率指数为 69.78，比 2016 年大幅提高了 17.55 个点。国家新型工业化产业示范基地两化融合发展取得显著进展，发展水平指数为 75.68，比 2016 年大幅提升了 21.55 个点。

表 4 – 3 2016—2017 年天津市两化融合工业应用指数发展情况

指标	2016 年指数	2017 年指数	变化情况
重点行业典型企业 ERP 普及率	66.78	56.14	↓10.64
重点行业典型企业 MES 普及率	67.79	80.93	↑13.14
重点行业典型企业 PLM 普及率	60.28	45.87	↓14.41
重点行业典型企业 SCM 普及率	67.89	61.54	↓6.35
重点行业典型企业采购环节电子商务应用	90.7	58.26	↓32.44
重点行业典型企业销售环节电子商务应用	109.87	81.19	↓28.68
重点行业典型企业装备数控化率	52.23	69.78	↑17.55
国家新型工业化产业示范基地两化融合发展水平	54.13	75.68	↑21.55

资料来源：赛迪智库整理，2017 年 12 月。

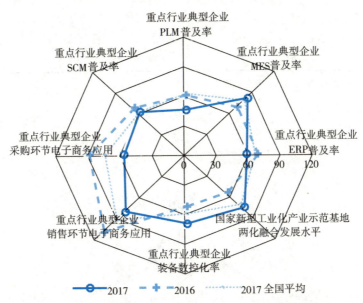

图 4 – 3 2016—2017 年天津市两化融合工业应用指数情况

资料来源：赛迪智库整理，2017 年 12 月。

3. 应用效益指数

2017 年，天津市两化融合应用效益指数为 109.54，比 2016 年增长 1.97 个点，两化融合推动第二产业全员劳动生产率显著提升。在地区工业生产效益和水平方面，2017 年天津市工业增加值占 GDP 比重指数为 45.35，比 2016 年减少 3.6 个点；第二产业全员劳动生产率指数为 134.43，比 2016 年提升 4.01 个点；工业成本费用利润率指数为 54.08，比 2016 年增加 2.73 个点；单位工业增加值工业专利量指数为 124.04，比 2016 年增加 3.01 个点。在工业节能减排水平方面，单位地区生产总值电耗指数为 122.01，比 2016 年提高了 4.04 个点。在信息产业发展水平方面，电子信息制造业主营业务收入指数为 144.72，比 2016 年降低了 6.35 个点；软件业务收入指数为 168.89，比 2016 年提高了 10.51 个点。

表 4 - 4　2016—2017 年天津市两化融合应用效益指数情况

指标	2016 年指数	2017 年指数	变化情况
工业增加值占 GDP 比重	48.95	45.35	↓3.6
第二产业全员劳动生产率	130.42	134.43	↑4.01
工业成本费用利润率	51.35	54.08	↑2.73
单位工业增加值工业专利量	121.03	124.04	↑3.01
单位地区生产总值电耗	117.97	122.01	↑4.04
电子信息制造业主营业务收入	151.07	144.72	↓6.35
软件业务收入	158.38	168.89	↑10.51

资料来源：赛迪智库整理，2017 年 12 月。

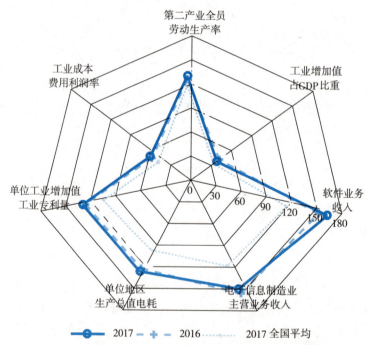

图 4 - 4　2016—2017 年天津市两化融合应用效益指数情况

资料来源：赛迪智库整理，2017 年 12 月。

三、优劣势评价

天津市两化融合发展水平提升领先于全国其他地区，发展中存在着突出优势：

一是发力工业云平台建设与推广。以平台建设为抓手，加快工业云服务平台建设，"e企云"平台开通运营，"天津工业云"进入试运行阶段，有效提升了工业企业协同设计、研发、制造能力，满足中小企业降低信息化投入成本的需求。"天津滨海工业云2.0版"正式上线，通过整合高性能计算、云计算和大数据框架，提供包括多个行业云平台、供需对接、企业展示、工业库、基础云服务、新闻资讯、产业联盟七大核心功能。构建各具特色专业化的云服务体系。"电气行业云服务平台"面向行业企业提供资源服务、协同服务和应用服务，建立了30万种工控与电气产品资源库，用户6000多家。推动工业集团、骨干企业探索建设基于混合云模式的协同设计、网络化生产和一体化管理新模式，大港油田搭建了勘探开发协同研究云，软件资产利用率提高30%。

二是发挥信息消费示范城市优势。作为国家首批信息消费试点城市和国家25个信息消费示范城市之一，天津市在印发了《关于促进我市信息消费扩大内需的实施意见》《天津市进一步扩大和升级信息消费实施方案》的基础上，加大信息基础设施建设，推动信息技术应用、新业务新模式探索，完善公共信息服务，信息产品和信息服务有效供给持续增加，为两化融合夯实发展台阶。创建了15个市级信息消费体验中心，覆盖了智慧城市建设、民生服务、公共服务、信息基础设施服务、物联网、云计算等技术应用等方面，面向企业和消费者提供智能终端产品感性体验。

同时，天津市两化融合发展也存在一些劣势：

一是政策支持力度和投入上略显不足，连续两年未设立两化融合专项引导资金，企业和地方主管部门领导在思想认识高度不够，缺少两化融合示范龙头领军企业，整体应用水平还存在着明显差距，支撑服务体系有待加强。

二是复合型专业人才短缺。企业普遍缺少既懂IT又懂内部管理复合型人才，人才的培训和储备不够，大部分企业没有建立首席信息官（CIO）制度，部分企业甚至没有设立专门的信息化管理部门。

四、相关建议

对天津市两化融合提出以下建议：

一是完善两化融合协同推进机制。进一步加强市、区协调联动，将两化融合重点工作持续纳入年度市区两级绩效考核内容，协同开展政策宣贯、需求对接、企业服务等，协调各级加大对两化融合的政策资金支持，提升各区、各工业集团对两化融合工作的重视程度，形成工作合力。

二是推动试点示范项目建设。积极发挥试点示范引领和带动作用，争取配套资金支持，在两化融合管理体系贯标、网络化智能化制造新模式、工业大数据应用、制造业"双创"平台建设、工业电子商务等重点方面选树一批试点示范，扩大大项目好项目的示范影响。

三是加快工业互联网平台建设和应用。推进建设支撑制造业转型升级的各类互联网平台，推动"天津工业云"等工业云和工业大数据平台上线运营，培育建设工业互联网平台、制造业互联网"双创"平台、工业电子商务平台等服务平台，积极发展云生态。

第五章　河北省两化融合发展水平分析

一、总体情况

（一）经济概况

2017 年，河北省生产总值实现 35964.0 亿元，比上年增长 6.7%。其中，第一产业增加值 3507.9 亿元，增长 3.9%；第二产业增加值 17416.5 亿元，增长 3.4%；第三产业增加值 15039.6 亿元，增长 11.3%。第一产业增加值占全省生产总值的比重为 9.8%，第二产业增加值比重为 48.4%，第三产业增加值比重为 41.8%。全省人均地区生产总值为 47985 元，比上年增长 6.0%。全部工业增加值 15325.8 亿元，比上年增长 3.0%，其中规模以上工业增加值增长 3.4%。在规模以上工业中，分经济类型看，国有控股企业增加值下降 0.7%，集体企业下降 14.8%，股份制企业增长 3.8%，外商及港澳台企业增长 2.7%。分门类看，采矿业下降 2.5%，制造业增长 3.8%，电力、热力、燃气及水生产和供应业增长 7.2%。规模以上工业中，装备制造业增加值比上年增长 12.1%，装备制造业可比价增加值占规模以上工业的比重为 27.0%，比钢铁工业高 2.2 个百分点；钢铁工业增加值下降 0.1%；石化工业增加值下降 3.6%；医药工业增加值增长 7.9%；建材工业增加值下降 1.3%；食品工业增加值增长 6.5%；纺织服装业增加值增长 1.2%。六大高耗能行业增加值下降 2.1%。其中，煤炭开采和洗选业下降 28.4%，石油加工、炼焦及核燃料加工业下降 8.1%，黑色金属冶炼及压延加工业下降 3.0%，化学原料及化学制品制造业下降 2.0%，非金属矿物制品业增长 3.6%，电力、热力的生产和供应业增长 5.8%。高新技术产业增加值增长 11.3%，占规模以上工业的比重为 18.4%。其中，新能源、生物、电子信息、高端装备技术制造领域增加值分别增长17.2%、15.3%、14.9%和13.9%[①]。

（二）两化融合主要进展

1. 培育新模式，发挥引领作用

实施"互联网＋"协同制造工程和智能工厂（车间）培育工程，培育了110个省级"制造业＋互联网"重点项目、智能工厂4个、数字化车间68个，唐山成联、中信戴卡列为国家级融合应用类试点示范，神威药业、君乐宝乳业等7个项目列为国家级智能制造类试点示范，中钢邢机、科林电气等8个项目列为国家级服务型制造类试点示范，对34个通过验收的"互联网＋"制造业试点示范项目进行了总结推广。

2. 发展新业态，实施系列工程

启动工业云与工业大数据试点示范工程，发布2017年试点项目及目标任务（冀工信两化〔2017〕65号），陶瓷、水泥、电机、医疗器械、钢材深加工等8个行业或区域云平台投入运行，3个云平台入选全国工业云案例集。组织工业云平台试点示范项目企业、燕山大学工业设计服务平台与国内知名工业云平台对接合作，上海明匠、神州数码、深圳广通等云服务企业在唐山落地。推动"互联网＋"产业集群试点示范工程。实施行业电子商务推广工程，截至2017年年底，全省电子商务交易额22250亿元，同比增长约23%。

3. 打造新支撑，促进转型升级

推动制造业互联网"双创"平台建设工程，制造业互联网"双创"支撑能力大幅提升。围绕两化融合关键技术创新，制造业与互联网融合发展支撑能力明显增强。推进"宽带河北"建设，网络基础设施支撑能力进一步增强。

4. 夯实新基础，构建融合环境

开展两化融合管理体系贯标和评估工程，重点对省内80个200亿元以上省级开发区的规上企业进行两化融合水平评估，组织召开了全省两化融合管理体系宣贯培训会暨贯标经验交流会。实施融合发展系统解决方案能力提升工程，成功举办纺织、电子行业"互联网＋"及两化融合解决方案推广培训

---

① 河北省统计局：《2017年河北省国民经济和社会发展统计公报》，2018年2月。

会。探索实施国家工业控制系统安全保障能力提升工程，组织召开了全省工业控制系统信息安全防护指南宣贯培训会，承办了全国工业控制系统信息安全事件应急演练活动。加快京津冀两化融合服务体系建设工程建设，圆满完成工信部 2017 年"制造业＋互联网"深度行活动（宣化站）任务，两化融合发展环境进一步优化。

5. 谋划新发展，加强政策引导

按照党的十九大关于"加快建设制造强国，加快发展先进制造业，推动互联网、大数据、人工智能和实体经济深度融合"的战略部署，起草编制了《河北省推动互联网、大数据、人工智能和制造业深度融合行动计划（送审稿）》和《河北省人民政府关于推动互联网与先进制造业深度融合发展工业互联网的实施意见（送审稿）》。组织钢铁行业 74 家在产企业开展两化融合水平评估，起草编制了《河北省钢铁企业两化融合"一企一策"指导意见（审议稿）》。

二、两化融合发展水平分析

（一）综合分析

2017 年河北省两化融合发展总指数为 81.12，比 2016 年提高 3.05 个点。其中，基础环境指数为 99.49，比 2016 年提高了 2.58 个点，保持增长态势。工业应用指数为 73.66，比 2016 年提高了 2.56 个点。应用效益指数为 77.69，比 2016 年提高了 4.52 个点，成为三项指数中增长最快的一项。

表 5–1　2016—2017 年河北省两化融合指数情况

指标	2016 年指数	2017 年指数	变化情况
基础环境	96.91	99.49	↑2.58
工业应用	71.1	73.66	↑2.56
应用效益	73.17	77.69	↑4.52
总指数	78.07	81.12	↑3.05

资料来源：赛迪智库整理，2017 年 12 月。

图 5-1　2016—2017 年河北省两化融合指数情况

资料来源：赛迪智库整理，2017 年 12 月。

（二）具体分析

1. 基础环境指数

2017 年，河北省基础环境指数有了较大提升，由 2016 年的 96.91 提升至 99.49。在信息基础设施建设方面，城（省）域网出口带宽指数值为 161.43，比 2016 年大幅提高了 19.35 个点；固定宽带普及率指数为 97.71，比 2016 年提高了 2.92 个点；固定宽带端口平均速率指数为 126.42，比 2016 年提升了 0.45 个点。移动电话普及率指数为 65.85，比 2016 年提高了 4.51 个点。在互联网应用普及方面，河北省互联网普及率指数为 68.94，比 2016 年提高了 2.37 个点。在两化融合政策环境建设方面，2017 年河北省首次设立两化融合专项引导资金，对于引导各领域两化融合发展起到了至关重要的作用；中小企业信息化服务平台数量为 150，与 2016 年持平。和重点行业典型企业信息化专项规划指数 80.02，比 2016 年提升 1.36 个点。

表 5-2　2016—2017 年河北省两化融合基础环境指数情况

指标	2016 年指数	2017 年指数	变化情况
城（省）域网出口带宽	142.08	161.43	↑19.35
固定宽带普及率	94.79	97.71	↑2.92
固定宽带端口平均速率	125.97	126.42	↑0.45

续表

指标	2016 年指数	2017 年指数	变化情况
移动电话普及率	61.34	65.85	↑4.51
互联网普及率	66.57	68.94	↑2.37
两化融合专项引导资金	100	100	——
中小企业信息化服务平台数	150	150	——
重点行业典型企业信息化专项规划	78.66	80.02	↑1.36

资料来源：赛迪智库整理，2017 年 12 月。

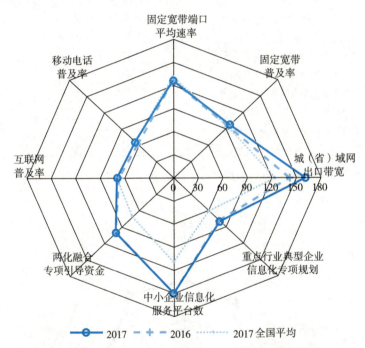

图 5-2 **2016—2017 年河北省两化融合基础环境指数情况**

资料来源：赛迪智库整理，2017 年 12 月。

2. 工业应用指数

2017 年，河北省两化融合工业应用总体上略高于全国平均水平 70.28，达到 73.66，较 2016 年小幅提升 2.56 个点。就每个分项指数来看，重点行业典型企业 ERP 普及率为 70.31，比 2016 年提高了 1.51 个点。重点行业典型企业 MES 普及率指数为 74.62，比 2016 年提高了 0.36 个点。重点行业典型企业 PLM 普及率指数为 67.97，比 2016 年提高了 1.68 个点。重点行业典型企业 SCM 普及率指数为 63.9，比 2016 年提高 0.61 个点。重点行业典型企业采购环节电子商务应用指数为 74.46，比 2016 年提高 1.29 个点。重点行业典型企业销售环节电子商务应用指数为 95.72，比 2016 年提升了 3.41 个点。河北省重点行业典型企业装备数控化率水平始终保持全国前列水平，重点行业典型企业装备数控化率为 71.72，比 2016 年提高了 1.7 个点。河北省国家新型工业化产业示范基地两化融合发展水平指数为 71.26，比 2016 年提升了 8.97 个点。

表 5-3　2016—2017 年河北省两化融合工业应用指数情况

指标	2016 年指数	2017 年指数	变化情况
重点行业典型企业 ERP 普及率	68.8	70.31	↑1.51
重点行业典型企业 MES 普及率	74.26	74.62	↑0.36
重点行业典型企业 PLM 普及率	66.29	67.97	↑1.68
重点行业典型企业 SCM 普及率	63.29	63.9	↑0.61
重点行业典型企业采购环节电子商务应用	73.17	74.46	↑1.29
重点行业典型企业销售环节电子商务应用	92.31	95.72	↑3.41
重点行业典型企业装备数控化率	70.02	71.72	↑1.7
国家新型工业化产业示范基地两化融合发展水平	62.29	71.26	↑8.97

资料来源：赛迪智库整理，2017 年 12 月。

图 5-3　2016—2017 年河北省两化融合工业应用指数情况

资料来源：赛迪智库整理，2017 年 12 月。

3. 应用效益指数

2017 年，河北省两化融合应用效益指数为 77.69，比 2016 年增加 4.52 个点，表明河北省连续多年通过推动两化融合有效改善应用效益，但与全国平均发展水平的 87.59 相比仍有差距。从应用效益分项指数来看，工业增加值占 GDP 比重指数为 48.54，比 2016 年降低了 0.53 个点；第二产业全员劳动生产率指数为 140.12，比 2016 年增加 6.27 个点；工业成本费用利润率指数为 42.99，比 2016 年增加了 6.49 个点；单位工业增加值工业专利量指数为 74.27，比 2016 年提高了 8.26 个点，表明企业的创新意识和能力在持续提升。在工业节能减排水平方面，单位地区生产总值电耗指数为 78.4，与 2016 年相比提升了 2.17 个点。在信息产业发展水平方面，电子信息制造业主营业务收入指数为 90.39，比 2016 年提高了 2.54 个点；软件业务收入指数为 70.71，比 2016 年增加了 5.61 个点。

表 5－4　2016—2017 年河北省两化融合应用效益指数情况

指标	2016 年指数	2013 年指数	变化情况
工业增加值占 GDP 比重	49.07	48.54	↓0.53
第二产业全员劳动生产率	133.85	140.12	↑6.27
工业成本费用利润率	36.5	42.99	↑6.49
单位工业增加值工业专利量	66.01	74.27	↑8.26
单位地区生产总值电耗	76.23	78.4	↑2.17
电子信息制造业主营业务收入	87.85	90.39	↑2.54
软件业务收入	65.1	70.71	↑5.61

资料来源：赛迪智库整理，2017 年 12 月。

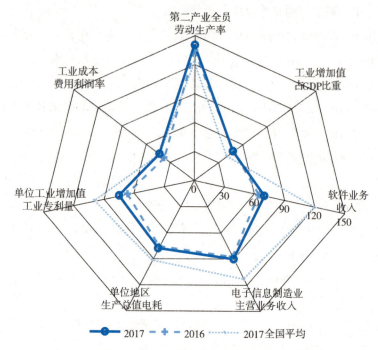

图 5-4 2016—2017 年河北省两化融合应用效益指数情况

资料来源：赛迪智库整理，2017 年 12 月。

三、优劣势评价

总体来看，河北省两化融合发展水平处于全国中上游水平，河北省围绕"大智移云"开展信息化与工业化融合发展工作，除工业应用尚未达到全国平均，其他指标都已超过全国平均值，并与其他东部沿海省份之间的差距逐步减小，河北省相对优势逐渐显现。

一是依托京津冀大数据综合试验区建设，推动产业升级和区域合作。通过京津冀大数据综合试验区建设联席会议，确定交通、环保、卫计委、旅游、教育 5 个领域大数据协同，由石家庄、承德、张家口、秦皇岛、廊坊 5 市制定大数据综试区示范区建设方案。召开"京津冀大数据创新应用论坛"，同期举办"京津冀大数据应用感知体验展"，举办了第二届"中国数坝"暨中国互联网大会"支撑冬奥张家口赛区"峰会。2017 年，全省在用大型数据中心

4个，56万台服务器投入运营。

二是积极营造产业生态，发力智能网联汽车和北斗导航示范应用。2016年1月，工业和信息化部、北京市人民政府、河北省人民政府共同签订了"基于宽带移动互联网的智能汽车与智慧交通示范应用"合作协议，开展基于宽带移动互联网的智能汽车、智慧交通应用示范项目建设，构建智能汽车、智慧交通产业生态体系。以长城汽车为依托开展应用示范，完成徐水测试场封闭测试区相关基建工作和交通信号控制系统，具备五大类200余种场景测试条件。与百度、英伟达合作推出自动驾驶样车，在2017年亚洲消费电子展上进行公开测试。"i–pilot"智慧领航系统达到美国高速公路安全管理局第三级别的性能标准，初步实现自动换道、车道保持、拥堵行驶、紧急避让等多种场景项目。依托河北省"卫星导航应用示范工程（一期）"项目完成了综合位置服务平台云计算和虚拟化改造、百万级个人位置跟踪模块开发、智慧养老、电子路条系统、土地深松、社区矫正、车辆监控等系统开发和智慧旅游系统建设。开展了"基于北斗的城市民生关爱区域应用示范工程""重点运输过程监控管理服务示范系统工程"等多个北斗应用示范项目。共部署终端设备15万余台套，涉及交通、环保、旅游、农业、林业、海洋等多个行业，覆盖河北、河南、山西、内蒙古、广西、黑龙江、新疆等多个省市。

三是发挥区位优势，借力会展助力产业精准对接合作。组织重点基地园区、企业和地市行业主管部门参加第五届中国电子信息博览会，展示河北省在人工智能、北斗导航、智能家居、仪器仪表、医疗电子、信息系统运营维护等企业最新技术和成果，扩大宣传，促进合作。积极承办第十二届中国电子信息技术年会，围绕集成电路、人工智能、网络安全、大数据、智慧城市和通信技术、京津冀协同发展等高端技术与热点话题开展研讨，同期举办"科技成果转化暨招商对接会"。组织参展第二十一届中国国际软件博览会、中国国际信息通信展览会、深圳高交会，重点展示河北省近年来在"大智移云"、高端装备、生物医药、新能源、新材料等领域的最新成果和先进技术，并举办一系列大智移云产业对接活动，重点推介张北云计算产业集聚区、唐山路北区东部新兴产业园、承德德鸣大数据产业园和河北鹿泉、廊坊、邯郸、晋州市经济开发区。

目前河北省两化融合也存在比较突出的问题，主要表现为：

一是创新能力不足。产业规模总量较小，软件收入占全国软件总收入的比重偏低，软件企业数量少、规模小，超过一半的软件企业年收入在1000万元以下。软件和信息服务业与一、二产业的融合发展不高，应用创新和模式创新亟待加强。

二是协调机制尚需完善。京津冀大数据综合试验区建设协调机制还不完善，各示范区之间也缺少工作交流机制。目前试验区协调主要依托三地工信部门建立的京津冀产业协同发展机制，在三地各部门之间、示范区和各部门之间还存在渠道不畅通、机制不明确的现象，三地之间的协调机制在范围和层级上都有待进一步提升。

三是加大人才培养力度。在软件和信息技术服务业发展过程中，人才问题日益突出，尤其专业化数据人才缺口较大。本地软件和信息技术服务业领域企业家人才、高层次创新型人才和高技能人才、服务型人才缺口较大，人才成为制约产业全面发展的"瓶颈"。

四、相关建议

对河北省两化融合提出以下建议：

一是扎实推进京津冀国家大数据综合试验区建设，加强与京津的沟通联系，建立和理顺工作机制，在交通、环保、健康医疗、旅游、教育等5个领域大数据协同取得突破，做好张家口、承德、秦皇岛、廊坊、石家庄等5个市大数据示范区建设。

二是围绕京津冀协同发展、雄安新区建设开展布局，围绕新型显示、大数据两个千亿级产业集群实施招商引资。充分利用各种专业展会加强宣传推介、开展精准招商、产业链招商，在大数据、新型显示领域引进一批重大项目。

三是大力推动互联网、大数据、人工智能和制造业深度融合，深入实施工业互联网创新发展战略，推动制造业加速向数字化、网络化、智能化发展。

第六章 山西省两化融合发展水平分析

一、总体情况

（一）经济概况

2017 年，山西省地区生产总值 14973.5 亿元，按可比价格计算，比上年增长 7.0%。其中，第一产业增加值 777.9 亿元，增长 3.0%，占生产总值的比重为 5.2%；第二产业增加值 6181.8 亿元，增长 6.5%，占生产总值的比重为 41.3%；第三产业增加值 8013.9 亿元，增长 7.8%，占生产总值的比重为 53.5%。人均地区生产总值 40557 元，按 2017 年平均汇率计算为 6007 美元。全年全省规模以上工业增加值增长 7.0%，其中，煤炭工业增加值增长 3.6%，非煤工业增加值增长 9.7%。规模以上工业中，战略性新兴产业增长 10.0%，占规模以上工业增加值的比重为 9.0%。其中，新能源汽车产业增长 1.8 倍，高端装备制造业增长 47.6%，新材料产业增长 8.6%，生物产业增长 11.1%。全年全省规模以上工业企业实现主营业务收入 17725.3 亿元，增长 25.7%。其中，能源工业实现主营业务收入 10359.6 亿元，增长 30.4%；材料与化学工业实现 4342.0 亿元，增长 24.1%；消费品工业实现 988.2 亿元，增长 0.1%；装备制造业实现 1972.0 亿元，增长 22.0%；其他工业实现 63.5 亿元，增长 13.2%。全年全省规模以上工业实现利税 2175.8 亿元，增长 1.3 倍；实现利润 1024.5 亿元，增长 3.5 倍，其中，国有控股企业实现利润 430.4 亿元。规模以上工业企业每百元主营业务收入中的成本为 80.56 元，下降 4.05 元[1]。

---

① 山西省统计局：《2017 年山西省国民经济和社会发展统计公报》，2018 年 3 月。

（二）两化融合主要进展

1. 夯实宽带基础设施

印发《"宽带山西"2017年专项行动实施方案》，明确建设任务和目标。组织各地市进行"宽带中国"示范城市省内评审，明确建设重点和方向；探索公共场所无线网络覆盖市场化模式。组织开展"i–Shanxi"项目绩效评价、服务验收测试及项目决算审计。

2. 深化两化融合管理体系贯标

在工信部的指导下，山西省组织推荐12户企业入选2017年国家级两化融合管理体系贯标试点企业，组织3户企业申报两化融合管理体系贯标示范企业，指导3家单位开展两化融合管理体系贯标服务咨询工作。

3. 实施山西省大数据战略

2017年3月，山西省政府同时印发了《山西省大数据发展规划（2017—2020年)》《山西省促进大数据发展应用若干政策》《山西省促进大数据发展应用2017年行动计划》等文件，提出了"云聚山西、云惠山西、云殖山西、云安山西"4大工程，出台了用电优惠、资金支持、科技创新等25条优惠政策，强化了大数据战略的顶层设计和政策支撑。先后组建了大数据产业办公室和山西云时代技术有限公司，分别从专业机构和市场化主体两方面，推进大数据战略具体工作的落实。依托特色产业打造数据链条。

二、两化融合发展水平分析

（一）综合分析

2017年，山西省两化融合取得显著进展，基础环境、工业应用水平、应用效益呈现上升态势，两化融合发展总指数高于2016年3.05个点。其中，基础环境指数为99.49，比2016年提高2.58个点，工业应用指数为73.66，比2016年提高2.56个点，应用效益指数为77.69，比2016年提高4.52个点。

表 6 − 1　2016—2017 年山西省两化融合指数情况

指标	2016 年指数	2017 年指数	变化情况
基础环境	96.91	99.49	↑2.58
工业应用	71.1	73.66	↑2.56
应用效益	73.17	77.69	↑4.52
发展指数	78.07	81.12	↑3.05

资料来源：赛迪智库整理，2017 年 12 月。

图 6 − 1　2016—2017 年山西省两化融合指数情况

资料来源：赛迪智库整理，2017 年 12 月。

（二）具体分析

1. 基础环境指数

2017 年，山西省两化融合基础设施建设稳步推进，两化融合基础环境有较大改善。具体来看，山西省城（省）域网出口带宽指数为 139.38，比 2016年增长 18.76 点；固定宽带普及率指数为 95.34，比 2016 年提高 3.85 个点；固定宽带端口平均速率指数为 132.44，比 2016 年提高 5.4 个点；移动电话普及率指数为 64.03，比 2016 年提高 0.19 个点。在互联网应用普及方面，山西省互联网普及率指数为 70.75，比 2016 年提高 1.06 个点。在两化融合政策环境建设方面，山西省未设立了两化融合专项引导资金。中小企业信息化服务平台数指数为 36.85，与 2016 年持平。重点行业典型企业信息化专项规划指数为 42.07，比 2016 年下降了 0.68 个点。

表6-2　2016—2017年山西省两化融合基础环境指数情况

指标	2016 年指数	2017 年指数	变化情况
城（省）域网出口带宽	120.62	139.38	↑18.76
固定宽带普及率	91.49	95.34	↑3.85
固定宽带端口平均速率	127.04	132.44	↑5.4
移动电话普及率	63.84	64.03	↑0.19
互联网普及率	69.69	70.75	↑1.06
两化融合专项引导资金	0	0	—
中小企业信息化服务平台数	36.85	36.85	—
重点行业典型企业信息化专项规划	42.75	42.07	↓0.68

资料来源：赛迪智库整理，2017 年 12 月。

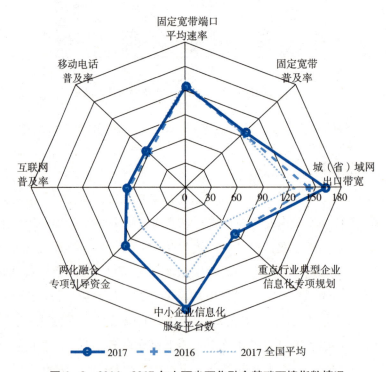

图6-2　2016—2017年山西省两化融合基础环境指数情况

资料来源：赛迪智库整理，2017 年 12 月。

2. 工业应用指数

2017年，山西省工业应用指数降为73.66，比2016年提高2.56个点。具体来看，2017年山西省重点行业典型企业 ERP 普及率指数为46.87，比2016年降低了1.43个点。2017年重点行业典型企业 MES 普及率指数为47.47，比2016年提高了0.11个点。2017年重点行业典型企业 PLM 普及率指数为50.94，比2016年增加了0.57个点。2017年重点行业典型企业 SCM 普及率指数为50.26，比2016年提高了0.05个点。2017年重点行业典型企业采购环节电子商务应用普及率指数为49.68，比2016年提高了5.12个点。2017年重点行业典型企业销售环节电子商务应用普及率指数为57.63，比2016年提高7.8个点。2017年重点行业典型企业装备数控化率指数为39.13，比2016年增加1.53个点。2017年国家新型工业化产业示范基地两化融合发展水平指数为63.61，比2016年大幅提升4.99个点。

表6-3　2016—2017年山西省两化融合工业应用指数情况

指标	2016 年指数	2017 年指数	变化情况
重点行业典型企业 ERP 普及率	45.41	46.84	↑1.43
重点行业典型企业 MES 普及率	47.58	47.47	↓0.11
重点行业典型企业 PLM 普及率	50.37	50.94	↑0.57
重点行业典型企业 SCM 普及率	50.21	50.26	↑0.05
重点行业典型企业采购环节电子商务应用	44.56	49.68	↑5.12
重点行业典型企业销售环节电子商务应用	49.83	57.63	↑7.8
重点行业典型企业装备数控化率	37.6	39.13	↑1.53
国家新型工业化产业示范基地两化融合发展水平	58.62	63.61	↑4.99

资料来源：赛迪智库整理，2017年12月。

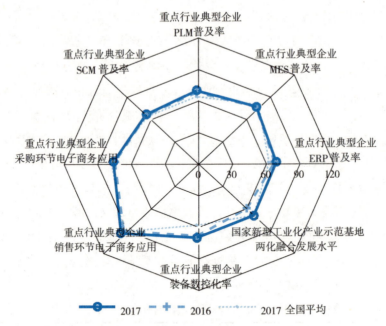

图 6 – 3　2016—2017 年山西省两化融合工业应用指数情况

资料来源：赛迪智库整理，2017 年 12 月。

3. 应用效益指数

2017 年，山西省两化融合应用效益指数为 77.69，比 2016 年提高 4.52 个点。在地区工业生产效益和水平方面，山西省工业增加值占 GDP 比重指数为 39.59，比 2016 年降低 2.22 个点；第二产业全员劳动生产率指数为 92.11，比 2016 年提高 0.61 个点；工业成本费用利润率指数为 18.56，比 2016 年提高 18.56 个点；单位工业增加值工业专利量指数为 70.42，比 2016 年提高 4.66 个点。在工业节能减排水平方面，单位地区生产总值电耗指数为 64.71，比 2016 年下降 0.51 个点。在信息产业发展水平方面，电子信息制造业主营业务收入指数为 81.3，比 2016 年提高 10.35 个点；软件业务收入指数为 12.52，与 2016 年下降 0.04 个点。

表 6 – 4　2016—2017 年山西省两化融合应用效益指数情况

指标	2016 年指数	2017 年指数	变化情况
工业增加值占 GDP 比重	41.81	39.59	↓2.22
第二产业全员劳动生产率	91.5	92.11	↑0.61

续表

指标	2016 年指数	2017 年指数	变化情况
工业成本费用利润率	0	18.56	↑18.56
单位工业增加值工业专利量	65.76	70.42	↑4.66
单位地区生产总值电耗	65.22	64.71	↓0.51
电子信息制造业主营业务收入	70.95	81.3	↑10.35
软件业务收入	12.56	12.52	↓0.04

资料来源：赛迪智库整理，2017 年 12 月。

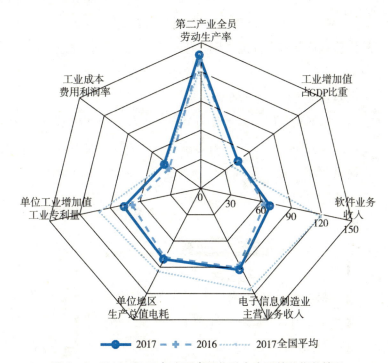

图 6 - 4　2016—2017 年山西省两化融合应用效益指数情况

资料来源：赛迪智库整理，2017 年 12 月。

三、优劣势评价

总体来看，山西省两化融合发展程度处于全国中下游水平，与多数省份之间存在较大差距，有很大的提升空间，但是山西省也具有一定的相对优势。其优势主要有以下两点：

一是工业基础相对较好。山西省是我国老工业基地，是国家的能源重化工基地，煤炭、冶金、电力、化工、装备制造等产业基础雄厚。2017年山西省规模以上工业企业实现主营业务收入17725.3亿元，增长25.7%。其中，能源工业实现主营业务收入10359.6亿元，材料与化学工业实现4342.0亿元，消费品工业实现988.2亿元，装备制造业实现1972.0亿元。山西省规模以上工业实现利税2175.8亿元，实现利润1024.5亿元。

二是信息基础设施较为完善。2017年，山西省城（省）域网出口带宽全国排名第11位，固定宽带普及率全国排名第13位，固定宽带端口平均速率全国排名第13位，互联网普及率全国排名第9位，位于全国中上游水平，说明山西省的信息基础设施支撑能力和水平有了大幅提升，为进一步深入推进两化融合奠定了坚实的基础。

同时，山西省两化融合也存在诸多劣势：

一是创新人才不足，制约内生动力持续。大部分企业技术研发团队能力不足，技术研发能力较弱，山西省内高端资源及高校培育本地人才的力量尚显不足，山西省对于产业中高端人才、产业领军人才的招引政策尚不完善，致使中高端人才较为匮乏，无法形成以中高端人才为支撑，带动产业创新发展的格局。

二是工业企业信息技术应用水平不高。2017年，山西省重点行业典型企业ERP普及率全国排名第27位，重点行业典型企业MES普及率全国排名第29位，重点行业典型企业PLM普及率全国排名第24位，重点行业典型企业SCM普及率全国排名第25位，重点行业典型企业采购环节电子商务应用全国排名第24位，重点行业典型企业销售环节电子商务应用全国排名第27位，重点行业典型企业装备数控化率全国排名第28位，居于全国下游。

四、相关建议

对山西省两化融合提出以下建议：

一是夯实企业内外部网络基础。加大光纤通信改造，加快高速宽带网络建设，推进第四代移动通信（4G）网络建设，实施全省城乡全覆盖。推动工业网络改造，鼓励本地重点工业企业对内部网络进行以太网化、无线化、扁平化、柔性化等技术改造，推动高带宽虚拟专网、工业无源光网络（PON）、5G、软件定义网络（SDN）、下一代无线智能网（NGB－W）等的工业应用。推动电信运营商加快推进宽带网络基础设施建设与改造，满足大规模工业设备接入、企业联网需求。推动网络提速降费。推动基础电信运营商进一步推进宽带网络基础设施建设与改造，在重点工业园区搭建企业全光网、4G 和窄带物联网（NB－IoT），为建设高质量工业互联网奠定坚实基础。

二是加速改造传统产业。推动传统产业采用先进适用技术和信息化技术改造提升，促进传统产业生产集约化、利用清洁化、发展高端化。以安全绿色开采、清洁利用为重点，大力引进和推广先进技术，着力推进煤炭开采和清洁生产技术应用，提高煤炭利用的清洁化、低碳化程度，努力提高清洁煤炭生产供应能力。着力推进煤转电、煤转化产业发展，有效化解煤炭过剩产能，提高煤炭就地转化率。建立关闭矿井衔接机制和落后产能退出机制，构建有效控制煤炭生产总量、市场需求调节煤炭产品结构新机制。促进冶金、焦化等产业的智能升级、信息化和清洁安全发展，推广新技术、新工艺、新流程、新装备，提升传统产业的市场竞争力。

三是大力发展新一代信息技术产业。发展 LED、光伏、信息安全、北斗导航、电子专用设备、智能通信终端等产品；推动发展光纤传像器件、RFID 电子标签、新型传感器、新型电阻、超级电容等元器件；鼓励发展新型计算、先进存储、体系化安全保障等技术、设备；支持开展专用集成电路、关键电子元器件、新型显示等技术的开发及产业示范。加快开发自主可控制造业软件关键技术，发展信息系统集成、运维服务、工业控制软件、工业软件等产品和解决方案，推进云计算、大数据、物联网产业发展与示范应用；开发基于互联网及移动互联网的智能终端、电子商务、APP 等信息消费产品及平台；发展面向云计算、移动互联网、工业控制系统等领域安全技术、软件。

四是培育人才，积蓄产业发展后劲。重点培养打造优秀的管理人才、研发技术人才和专业技能人才三支队伍。促进高层次技术人才培育平台建设，推动我省建有省级以上企业技术中心的优势企业与省内外高等院校建立与重点工程及学科建设相关的省级研究生教育创新中心。积极鼓励企业建立高技能人才培训基地和技能大师工作室，促进高技能人才的技能交流和技能提升。推动装备制造业企业建立技师研修制度，根据重点工程建设工艺改造及产品研发等项目需要，选派急需技能人才与省内外高等院校、职业院校、优秀企业开展技能研修活动。优化激励机制，推动实施以业绩为核心的绩效考核体系。推进以人为本的企业文化建设，对企业骨干人才尝试开展包括股权激励、技术入股等在内的多种激励方式等，实施科技强企和人才强企战略，培养和壮大人才队伍，充分发挥科技是第一生产力和人才是第一资源作用。

第七章 内蒙古自治区两化融合发展水平分析

一、总体情况

(一) 经济概况

2017 年，内蒙古自治区实现地区生产总值 16103.2 亿元，按可比价格计算，比上年增长 4.0%。其中，第一产业增加值 1647.2 亿元，增长 3.7%；第二产业增加值 6408.6 亿元，增长 1.5%；第三产业增加值 8047.4 亿元，增长 6.1%；三次产业比例为 10.2:39.8:50.0。第一、二、三产业对生产总值增长的贡献率分别为 10.3%、14.8% 和 74.9%。人均生产总值达到 63786 元，比上年增长 3.6%。全年全部工业增加值 5109.0 亿元，比上年增长 3.6%。其中，规模以上工业企业增加值增长 3.1%。在规模以上工业企业中，国有控股企业增加值增长 15.3%，股份制企业增加值增长 2.8%，外商及港澳台投资企业增加值增长 5.8%。在规模以上工业企业中，轻工业增加值下降 9.7%；重工业增加值增长 5.4%。从主要工业产品产量看，全区原煤产量达 90597.3 万吨，比上年增长 7.1%；焦炭产量 3046.4 万吨，增长 8.2%；天然气产量 299.5 亿立方米，增长 0.1%；发电量达到 4435.9 亿千瓦小时，增长 12.3%，其中，风力发电量 551.4 亿千瓦小时，增长 18.8%；钢材产量 2002.7 万吨，增长 18.0%；铝材产量 214.6 万吨，下降 9.1%。全区规模以上工业企业实现主营业务收入比上年增长 13.7%；实现利润增长 1.2 倍。全年规模以上工业企业产品销售率 98.2%，产成品库存额增长 8.8%[①]。

---

① 内蒙古自治区统计局：《内蒙古自治区 2017 年国民经济和社会发展统计公报》，2017 年 3 月。

（二）两化融合主要进展

1. 扎实推进信息化与工业化融合

一是积极推进两化融合对标贯标工作。据统计，全区列入两化融合贯标企业101户，其中，国家级贯标试点企业57户，全国排名15位。启动评定企业41户，完成待评企业9户，通过评定企业8户。全区开展两化融合对标企业累计已达1931户，覆盖全区规上企业数比例达到44%。二是建立了自治区两化融合推进体系。先后组建了自治区两化融合服务联盟、内蒙古自治区首席信息官（CIO）联盟，为自治区全面推进信息化和工业化深度融合工作提供有力的智力支撑，同时也推动了产业生态联盟建设，形成开放自主、良性互动的产业生态体系。三是发布自治区两化融合发展水平指数和数字地图，为自治区党委政府决策提供有力支撑。四是制定下发了《内蒙古自治区两化融合管理体系行业和区域贯标试点工作实施意见（试行）》，明确了自治区两化融合贯标工作的总体原则、各级各部门职责、项目的管理和验收流程。五是积极探索精准贯标。先后组织和相关服务机构赴乌兰察布市、兴安盟对两化融合贯标企业进行贯标方向诊断，帮助贯标企业找准切入点，提供个性化的指导和服务。六是加强两化融合培训工作。2017年累计组织各类两化融合培训2次，培训人数超过350人。

2. 开启互联网制造新模式

一方面，自治区先后给予内蒙古网络协同制造云平台2500万元专项资金支持，给予包头市专项配套5200万元。内蒙古网络协同制造云平台是自治区贯彻落实《中国制造2025》和"互联网＋"战略，促进制造业和互联网融合发展的重点项目，以实施"机床数字化改造升级""数控机床设备智能联网""构建开放共享的协同设计与协同制造平台"等系列工程，通过整合工业设计与制造资源，推动数字化协同设计、制造、加工等应用，实现地区装备制造能力的跨越式提升。据统计，平台已累计完成机床数字化改造445台套，重点企业已通过局域网联网设备537台套，其中273台套已与云平台实现联网，平台聚集了数控设备信息895台套，收录各类产品模型、设计方案、零件库等资源8万余条，同时，第三方服务支撑机构已达551家，其中设计机构76家，注册企业5054家。云平台发布协同订单1595笔，实现有效交易307笔，云平台承载的协同业务量达1.18亿元。该项目荣获了2017年中国双创好项目信息技术奖。另一方面，航天云网内蒙古工业云平台、乌兰察布能源管理服务平台一期等工业云平台上线运行，在更多领域探索新业态、新模式。在做好平台的同时，加大对企业的支持力度。全年安排1710万元支持7个项目，围绕建设数字化工厂（车间）、网络协同制造、大规模个性化定制、远程运维服务等开展制造业＋互联网应用示范试点，总结经验在全区推广。

3. 积极推动软件和信息技术服务业发展

一是落实软件企业优惠政策。进一步贯彻落实好国家《关于软件和集成电路产业企业所得税优惠政策有关问题的通知》（财税〔2016〕49号）等相关政策。建立软件和信息技术服务业企业服务交流平台，及时宣讲国家软件企业优惠政策，2017年享受软件产品增值税优惠政策企业33户，减免税款1914万元。二是培育创新能力，鼓励支持软件企业设立技术中心。在自治区级企业技术中心的认定中，对软件和信息技术服务企业给予倾斜。已累计认定自治区级软件企业技术中心6家，有效带动了全区软件业创新发展。三是推进内蒙古软件园为主的软件产业发展。大力培育大型骨干软件企业、系统集成企业和拳头产品。积极推进和发展行业软件、嵌入式软件、信息安全、数字娱乐等产品。引导软件企业、系统集成企业向园区集聚，做大做强软件园区和软件企业。四是开展信息技术服务标准宣贯培训会。2017年，与内蒙古软件行业协会合作，先后两次召开信息技术服务标准宣贯培训会，推动信息技术服务标准在企业单位中的深度应用，增强企业信息化管理水平。

4. 加快培育大数据产业

一是大数据云计算产业形态初步形成。围绕2020年大数据产业实现1000亿的目标，制定兑现优惠政策。编制大数据基金支持目录，建立大数据产业重点项目推进制度，搞好已签约的93个重点项目跟踪服务，重点推动了呼和浩特、乌兰察布、鄂尔多斯、赤峰、通辽等地区云计算大数据产业园规划和建设。二是支持呼和浩特为中心的大数据产业发展聚集区建设。按照大数据集聚区建设指南要求，积极向工信部申报。呼和浩特市大数据和云计算产业基础不断夯实，一批国内外知名互联网、云计算企业先后入驻；在政务、乳业、农林畜牧、能源、工业、电商物流等领域开展了大数据深度应用，进一步加快了自治区国家大数据基础设施统筹发展综合试验区建设。三是政策和规划不断完善。贯彻落实《内蒙古促进大数据发展应用的若干政策》，编制

《自治区大数据产业发展"十三五"规划》等一系列政策，为推进大数据产业提供更好的发展环境。四是积极开展自治区云计算大数据推广工作。内蒙古电信在深圳、上海、沈阳等市举办了云计算推介活动，深圳、上海等地的IT企业踊跃加盟内蒙古电信云计算产业园开展合作，签约合同额突破6亿元，内蒙古云计算的知名度、可信度得到进一步提升，对国内云计算数据中心企业的影响力和吸引力逐渐提高。截至2017年底，全区云计算数据中心承载能力达到107万台，实际运行突破50万台，居全国第一位。

5. 强化网络安全协调

一是开展了工业信息安全检查和培训，组织全区重点部门企业召开了全区工业控制信息系统安全培训会议，对全区涉及民生的重要工业控制进行了调研摸底，参加了工信部《工业控制信息安全指南》的宣贯工作，并出台了《内蒙古自治区工业领域网络安全工作指南》。向工信部上报了2017年内蒙古自治区工控安全企业检查自查情况，开展了10个盟市21个旗县区的10个企业工控安全试点回访和22个工控安全申报试点测评工作，摸清了情况，总结了第一批工控安全试点经验。二是开展了自治区政务信息安全灾备日常协调指导工作。2017年，政务灾备中心运维服务单位共计为20个厅局提供巡检服务11920次，数据恢复测试服务238次，故障处理697次，配合19个用户单位（131个关键信息系统）组织35次灾难应急恢复演练，演练结果得到用户单位一致认可。灾备中心第一时间启动灾备应急恢复预案，为自治区8个厅局因突发情况导致的10次数据丢失进行了及时、完整的数据恢复，避免了因数据丢失引起的损失和影响。三是开展了政务信息安全监测预警工作。2017年，自治区政务信息安全监测预警系统共扫描网页262万多个，发现安全漏洞总数176万多个，经研判确认漏洞1075个，同比新增漏洞114个，其中高危漏洞173个，中危漏洞313个，低危漏洞609个。根据漏洞危险程度及时通知有关部门480多次。督促有关部门依据监测预警信息整改漏洞440个。圆满地完成了党的十九大召开和自治区庆祝成立70周年期间政务网络安全监测预警工作。

二、两化融合发展水平分析

（一）综合分析

2017年内蒙古自治区两化融合发展总指数为64.77，比2016年提高了

2.02 个点。其中，基础环境指数提高较快，达到 91.67，较 2016 年的 87.71 增长 3.96 个点，表明内蒙古基础环境建设取得较大进展，对两化融合发展水平提升的贡献较大；工业应用指数为 53.71，比 2016 年增长 1.29 个点；应用效益指数为 59.99，比 2016 年增长 1.56 个点。

表 7-1　2016—2017 年内蒙古自治区两化融合指数情况

指标	2016 年指数	2017 年指数	变化情况
基础环境	87.71	91.67	↑3.96
工业应用	52.42	53.71	↑1.29
应用效益	58.43	59.99	↑1.56
发展指数	62.75	64.77	↑2.02

资料来源：赛迪智库整理，2017 年 12 月。

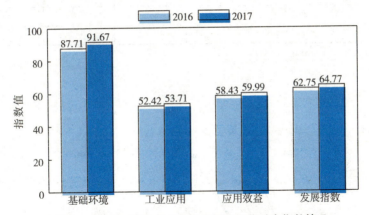

图 7-1　2016—2017 年内蒙古自治区两化融合指数情况

资料来源：赛迪智库整理，2017 年 12 月。

（二）具体分析

1. 基础环境指数

2017 年，内蒙古自治区两化融合基础环境指数为 91.67，较 2016 年提升 3.96 个点，除移动电话普及率和重点行业典型企业信息化专项规划指标外，其他各项分指标均有不同程度增长，其中城（省）域网出口带宽增长最快。具体来看，2017 年，内蒙古城（省）域网出口带宽指数为 138.36，比 2016 年大幅增加了 75.50 个点；固定宽带普及率 85.02，比 2016 年增加 3.89 个点；固定宽带端口平均速率指数由 2016 年的 125.48 提高至 131.81，增长

6.33个点；移动电话普及率指数由2016年的67.67下降到66.97，降低0.70个点；互联网普及率指数68.02，比2016年增长1.62个点；近五年均设立了两化融合专项引导资金；中小企业信息化服务平台数与2016年持平；重点行业典型企业信息化专项规划指数为32.05，比2016年降低7个点。

表7-2 2016—2017年内蒙古自治区两化融合基础环境指数情况

指标	2016年指数	2017年指数	变化情况
城（省）域网出口带宽	62.86	138.36	↑75.50
固定宽带普及率	81.13	85.02	↑3.89
固定宽带端口平均速率	125.48	131.81	↑6.33
移动电话普及率	67.67	66.97	↓0.70
互联网普及率	66.40	68.02	↑1.62
两化融合专项引导资金	100.00	100.00	——
中小企业信息化服务平台数	150.00	150.00	——
重点行业典型企业信息化专项规划	39.05	32.05	↓7.00

资料来源：赛迪智库整理，2017年12月。

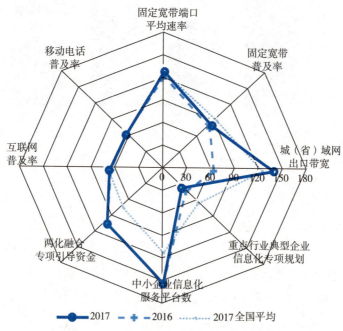

图7-2 2016—2017年内蒙古自治区两化融合基础环境指数情况

资料来源：赛迪智库整理，2017年12月。

2. 工业应用指数

2017 年，内蒙古工业应用指数为 53.71，比 2016 年提高了 1.29 个点。具体来看，2017 年，重点行业典型企业 ERP 普及率、MES 普及率、PLM 普及率、SCM 普及率四项分指数分别为 49.40、60.53、57.04、51.52，与 2016 年相比，ERP 普及率和 SCM 普及率分别降低 5.36 个和 4.05 个点，MES 普及率和 PLM 普及率分别升高 2.22 个和 6.15 个点；重点行业典型企业采购环节电子商务应用指数为 32.24，较 2016 年下降了 9.63 个点；重点行业典型企业销售环节电子商务应用指数为 58.44，较 2016 年下降了 7.19 个点；重点行业典型企业装备数控化水平由 2016 年的 39.75 大幅提升至 58.15，增加 18.40 个点；国家新型工业化产业示范基地两化融合发展水平较 2016 年提升 6.10 个点，达到 60.50。

表 7 - 3　2016—2017 年内蒙古自治区两化融合工业应用指数情况

指标	2016 年指数	2017 年指数	变化情况
重点行业典型企业 ERP 普及率	54.76	49.40	↓5.36
重点行业典型企业 MES 普及率	58.31	60.53	↑2.22
重点行业典型企业 PLM 普及率	50.89	57.04	↑6.15
重点行业典型企业 SCM 普及率	55.57	51.52	↓4.05
重点行业典型企业采购环节电子商务应用	41.87	32.24	↓9.63
重点行业典型企业销售环节电子商务应用	65.63	58.44	↓7.19
重点行业典型企业装备数控化率	39.75	58.15	↑18.40
国家新型工业化产业示范基地两化融合发展水平	54.4	60.50	↑6.10

资料来源：赛迪智库整理，2017 年 12 月。

图7-3　2016—2017年内蒙古自治区两化融合工业应用指标情况

资料来源：赛迪智库整理，2017年12月。

3. 应用效益指数

2017年，内蒙古两化融合应用效益指数为59.99，比2016年增长1.56个点。其中，工业成本费用利润率和单位工业增加值工业专利量有明显提升，工业增加值占GDP比重、第二产业全员劳动生产率、单位地区生产总值电耗、电子信息制造业主营业务收入、软件业务收入稍有下降。具体表现为，工业增加值占GDP比重指数为46.97，较2016年降低2.97个点；第二产业全员劳动生产率指数为166.88，比2016年下降0.15个点；工业成本费用利润率指数从2016年的39.09提升至48.57，升幅为9.48个点；单位工业增加值工业专利量指数比2016年的34.23提高5.95个点，达到40.18；单位地区生产总值电耗指数为62.90，较2016年下降0.33个点；电子信息制造业主营业务收入指数比2016年的21.29降低了2.20个点，降至19.09；软件业务收入指数为14.43，较2016年的15.38降低了0.95个点。

表7-4 2016—2017年内蒙古自治区两化融合应用效益指数情况

指标	2016 年指数	2017 年指数	变化情况
工业增加值占 GDP 比重	49.94	46.97	↓2.97
第二产业全员劳动生产率	167.03	166.88	↓0.15
工业成本费用利润率	39.09	48.57	↑9.48
单位工业增加值工业专利量	34.23	40.18	↑5.95
单位地区生产总值电耗	63.23	62.90	↓0.33
电子信息制造业主营业务收入	21.29	19.09	↓2.20
软件业务收入	15.38	14.43	↓0.95

资料来源：赛迪智库整理，2017 年12 月。

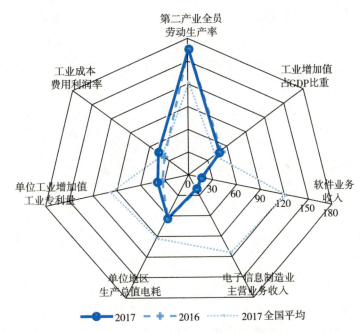

图7-4 2016—2017年内蒙古自治区两化融合应用效益指数情况

资料来源：赛迪智库整理，2017 年12 月。

三、优劣势评价

内蒙古自治区两化融合发展具有以下优势：

一是信息基础设施建设不断完善。"宽带内蒙古"工程和第四代移动通信

（4G）网络全面建设，全区固定宽带覆盖家庭 1676.59 万户，普及率 58.32%。光纤接入覆盖家庭 1128.99 万户，4G 基站 4.7 万个，移动互联网用户 2045.16 万户，全区互联网用户总普及率达到 98.89%。全区云计算数据中心承载能力 107 万台，居全国首位。包头网络协同制造平台等一批工业大数据云计算平台上线运行。

二是社会领域信息化建设步伐加快。教育信息化支持了远程教育、科学研究、教育管理、资源共享，提供了高效便捷的网络平台。医疗信息化促进了医疗、医药和医保的联动，保障了 80% 以上三甲医院建立电子病历信息系统和电子健康档案。社保五险合一、民政低保、经适房和廉租房等民生信息系统建设加快，保障社保"一卡通"即时结算覆盖 80% 以上的城乡居民。全区党员远程教育网络实现苏木乡镇、嘎查村、街道社区全覆盖。全区文化信息资源共享工程建设成效明显。呼和浩特、乌海等市成为全国信息惠民试点城市，呼和浩特、包头、鄂尔多斯、乌海、呼伦贝尔等市成为全国智慧城市试点示范城市。

三是农牧业信息化取得进展。基本形成了以内蒙古农牧业信息网、"12316"三农三牧服务热线和"农信通"移动终端服务为基础，以微信、微博和客户端为延伸的多元化的农牧业和农村牧区信息服务模式。一批旗县已探索出适合本地区发展的信息进村入户模式。初步建设了牧区全产业链溯源数据平台，呼伦贝尔市、锡林郭勒盟等盟市 50 多万只羊佩戴了电子耳标。设施农业物联网"大棚管家"建成并得到推广。全区建立了农畜产品市场信息采集网络。

同时，内蒙古自治区两化融合也存在一些劣势：

一是软件产业整体水平不高，具有关键核心技术的产品和应用匮乏。软件产业整体规模较小，软件产业仍以小企业为主，应用新一代信息技术开展云端应用和服务的企业为数很少。

二是创新发展能力不强。全区从事软件前沿和深度研究的企业少，投入不足，缺乏产学研合作创新。即使有一些从事大数据等前沿研究的企业但都处于起步阶段，产业创新发展突破口尚在寻找，同时传统产业挖掘分析大数据开展创新集成应用薄弱。

三是全区规模以上工业企业两化深度融合总体水平还处于起步阶段和单

向覆盖阶段。企业尚未真正明白两化融合的重要意义与作用，加之企业两化融合投入和能力不足，整体水平与全国还有一定的差距。

四、相关建议

对内蒙古自治区两化融合提出以下建议：

一是扎实推进两化融合工作。继续开展两化深度融合贯标行动，深入开展企业两化融合评估诊断和对标引导工作，加大两化融合培训力度。使对标工作基本全覆盖自治区规模以上工业企业。同时按照工信部两化融合管理体系贯标工作安排，积极探索两化融合新途径，开展贯标企业体验、预贯标等措施，提升贯标效果。积极引导尽可能多的企业通过评定工作。全年规模以上工业企业对标基本实现全覆盖。加力深度融合探索，利用新一代信息技术改造提升企业传统制造模式，继续建设一批智能工厂、智能车间。

二是积极推进全区信息化建设。全力推动信息基础设施建设，提升信息化支撑能力。加快农牧业信息化建设，促进农牧业现代化。加快电子商务发展，培育新型服务业态。加快智慧城市建设，促进城镇化和信息化协调发展。全面推进电子政务建设，提升政府服务和监管水平。稳步推进社会事业信息化，提升基本公共服务水平。加快新一代信息技术产业发展，优化经济结构。

三是打造自治区工业互联网平台体系。培育一批全区工业综合云平台，为企业提供普惠、价廉的基础性服务，培育一批行业云平台，为企业搭建专业、互助生态，培育一批区域云平台，让企业集群、协同发展，培育一批企业级云平台，推动产业链上下游共同发展。针对不同平台分类施策、同步推进、动态调整，形成多层次、系统化的平台发展体系。实施"万户企业登云"三年行动计划，开展互联网＋双创平台建设。支持包头市网络协同制造等已建成平台扩大范围、拓展领域、完善功能、提升服务。

第八章 辽宁省两化融合发展水平分析

一、总体情况

（一）经济概况

2017 年，辽宁省全年地区生产总值 23942.0 亿元，比上年增长 4.2%。其中，第一产业增加值 2182.1 亿元，增长 3.6%；第二产业增加值 9397.8 亿元，增长 3.2%；第三产业增加值 12362.1 亿元，增长 5.0%。全年人均地区生产总值 54745 元，比上年增长 4.3%。全年规模以上工业增加值比上年增长 4.4%。其中，国有控股企业增加值增长 5.0%，集体企业增加值增长 16.3%，股份制企业增加值增长 3.1%，外商及港澳台商投资企业增加值增长 7.4%。分门类看，全年规模以上采矿业增加值比上年增长 3.2%，制造业增加值增长 4.8%，电力、热力、燃气及水生产和供应业增加值增长 2.3%。分行业看，全年规模以上装备制造业增加值比上年增长 7.4%，占规模以上工业增加值的比重为 32.0%。其中，汽车制造业增加值增长 3.1%，占规模以上工业增加值的比重为 13.1%；通用设备制造业增加值增长 5.9%，占 5.3%；计算机、通信和其他电子设备制造业增加值增长 24.6%，占 4.1%；铁路、船舶、航空航天和其他运输设备制造业增加值增长 24.8%，占 2.6%。全年规模以上石化工业增加值比上年增长 1.7%，占规模以上工业增加值的比重为 26.8%。全年规模以上冶金工业增加值比上年增长 5.9%，占规模以上工业增加值的比重为 14.2%。全年规模以上农产品加工业增加值比上年增长 0.5%，占规模以上工业增加值的比重为 10.0%。全年规模以上六大高耗能行业增加值比上年增长 3.2%，占规模以上工业增加值的比重为 48.1%。全年规模以上工业企业主要产品产量中，原煤 3611.0 万吨，比上年下降 14.9%；生铁 6121.9 万吨，下降 0.6%；粗钢 6422.8 万吨，增长 6.3%；钢材 6393.0 万吨，增长

7.6%；原油加工量 7100.9 万吨，增长 1.3%；汽油 1316.5 万吨，增长 8.6%；煤油 504.6 万吨，增长 1.8%；铁矿石原矿 12194.0 万吨，增长 5.0%；硫铁矿石（折含硫 35%）62.5 万吨，下降 0.4%；十种有色金属 98.9 万吨，增长 6.9%；发动机 10039.7 万千瓦，下降 41.3%；工业机器人 5146 套，增长 16.5%；光缆 3326721.5 芯千米，增长 45.5%；民用钢质船舶 264.0 万载重吨，增长 35.9%；初级形态塑料 319.2 万吨，下降 9.4%；乙烯 157.2 万吨，下降 3.4%；化学试剂 93.4 万吨，下降 11.0%；移动通信手持机（手机）259.5 万台，下降 7.5%；数字激光音、视盘机 188.4 万台，下降 23.2%；发电量 1805.7 亿千瓦小时，增长 2.5%，其中核能发电量 236.0 亿千瓦小时，增长 18.1%。清洁能源发电量占发电量的比重达到 22.0%，比上年提高 1.8 个百分点。全年规模以上工业企业产品销售率 98.9%。其中，国有控股企业产品销售率 99.1%，集体企业产品销售率 101.3%，股份合作企业产品销售率 101.0%，股份制企业产品销售率 98.8%，外商及港澳台商投资企业产品销售率 98.9%。全年规模以上工业企业实现主营业务收入 22480.2 亿元，比上年增长 8.9%；实现利税 2380.0 亿元，增长 28.2%，其中实现利润 1001.4 亿元，增长 93.7%[①]。

（二）两化融合主要进展

2017 年，辽宁省认真贯彻落实党的十九大会议精神，按照五大发展理念和"四个着力"要求，围绕中央新一轮东北振兴战略实施，以供给侧结构性改革为主线，开拓创新，积极进取，努力推进全省两化融合工作再上新台阶。

1. 促进两化深度融合

一是持续推动两化融合管理体系贯标工作，组织了 4 期企业两化融合贯标培训，培训企业 200 余户，推动全省规模以上工业企业开展两化融合自评估、自诊断、自对标工作，绘制完成 2016 年两化融合数据地图。二是推进制造业与互联网融合发展，东软集团和沈阳机床成为国家试点，推动沈阳机床集团"iSESOL 工业云平台"应用，在浙江等省市联合当地政府建设 7 个智能制造共享基地，5000 余台 i5 机床连接云平台，制造能力"分享经济"模式初

[①] 辽宁省统计局：《二〇一七年辽宁省国民经济和社会发展统计公报》，2018 年 2 月。

见雏形。三是推动工业互联网发展试点，召开2017年工业互联网（大连）峰会，以省工业互联网联盟为依托，推动第一批工业互联网试点建设。

2. 推进新一代信息技术应用

一是召开了云计算发展三年行动计划宣贯会暨云平台建设经验交流现场会，并成功上线全球首个软件开发云——华为大连软件开发云，大连市以软件开发云为重点加快推动云计算产业发展经验做法获得工信部认可，由此形成"大连模式"在全国推广。二是依托辽宁物联网产业联盟，在全国推广应用"互联网+电梯安全"产品服务，打造物联网示范应用新名片。三是面向省内IT骨干企业，召开智慧健康养老产业座谈会，推动东软集团与省政府签订《大健康产业战略合作协议》，共同建设健康医疗国际产业园，促进医疗健康大数据产业发展。四是举办大数据应用能力提升专题培训班，邀请省直机关及各市有关部门近200名处级以上领导干部参加培训，加快大数据部署，深化大数据应用，推进大数据区域协同发展。

3. 推动软件产业可持续发展

一是辽宁省工信委编制出台了《辽宁省信息产业发展实施方案》，引导辽宁未来的产业发展。二是大力发展工业软件产品及智能制造整体解决方案，组织了2017年度国产工业软件优秀解决方案展示对接会——大连专场，并成功上线中国仿真云平台。三是深入推动辽宁省与华为、中兴、浪潮、中国电科等国内龙头企业开展合作，推动华为软件开发云应用推广，打造智能制造云，建设城市产业云，构建了智慧沈抚物联网产业示范基地和浪潮大数据产业园，推进科技成果转化，带动全省软件产业创新发展。四是政府相关部门积极帮助企业开拓市场，组织省内企业参加软交会、软博会、智慧城市创新大会等展会。五是推动行业标准化建设，召开了信息技术服务咨询设计标准应用交流研讨会，电子信息、软件和信息技术服务两个标准化技术委员会先后启动了10个行业地方标准制修订工作。

4. 开展工业信息安全保障工作

一是出台了《辽宁省工业控制系统信息安全应急工作指南》，为企业信息安全应急提供基础管理、监测通报、安全监管、研判处置、技术支撑等方面的规范指导和服务。二是组织相关部门对20个有代表性的工业控制系统相关企业进行系统调研，对相关情况和数据进行了分析汇总，为全省工业控制系统安全提供决策依据。三是在辽宁信息安全网开辟工控安全综合服务区，设置信息通报、政策法规、工作动态、咨询答疑等栏目，为工业企业提供全方位服务。

二、两化融合发展水平分析

（一）综合分析

2017年，辽宁省两化融合发展总指数为75.64，比2016年增长1.01个点，其中工业应用指数增长最快，对总指数提升的贡献较大。基础环境方面，2016年辽宁省基础环境指数为89.19，2017年基础环境指数为91.69，比2016年提高2.50个点。工业应用方面，2016年辽宁省工业应用指数为60.91，2017年工业应用指数为65.07，比2016年高4.16个点。应用效益方面，2016年辽宁省应用效益指数为91.57，2017年应用效益指数为84.78，比2016年大幅下降6.79个点。

表8-1　2016—2017年辽宁省两化融合指数情况

指标	2016年指数	2017年指数	变化情况
基础环境	89.19	91.69	↑2.50
工业应用	60.91	65.07	↑4.16
应用效益	91.57	84.78	↓6.79
发展指数	75.64	76.65	↑1.01

资料来源：赛迪智库整理，2017年12月。

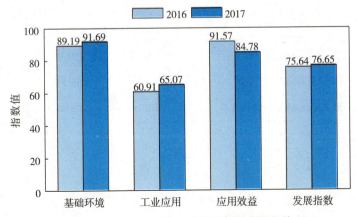

图8-1　2016—2017年辽宁省两化融合指数情况

资料来源：赛迪智库整理，2018年10月。

（二）具体分析

1. 基础环境指数

2017年，辽宁省两化融合基础环境继续得到改善。2017年，辽宁省基础环境指数为91.69，其中城（省）域网出口带宽提升最快。具体来看，在信息基础设施建设方面，2017年，辽宁省城（省）域网出口带宽指数为128.22，比2016年的109.20大幅提高了19.02个点；固定宽带普及率指数为97.71，比2016年提高2.00个点；固定宽带端口平均速率为132.32，比2016年提升7.55个点；移动电话普及率指数为68.11，比2016年提升0.04个点。在互联网应用普及方面，2017年，辽宁省互联网普及率指数为76.30，比2016年提高0.30个点。在两化融合政策环境建设方面，近两年，辽宁省均设立了两化融合专项引导资金和中小企业信息化服务平台；重点行业典型企业信息化专项规划指数为68.55，比2016年上升1.24个点。

表8-2 2016—2017年辽宁省两化融合基础环境指数情况

指标	2016年指数	2017年指数	变化情况
城（省）域网出口带宽	109.20	128.22	↑19.02
固定宽带普及率	95.71	97.71	↑2.00
固定宽带端口平均速率	124.77	132.32	↑7.55
移动电话普及率	68.07	68.11	↑0.04
互联网普及率	76.00	76.30	↑0.30
两化融合专项引导资金	100.00	100.00	——
中小企业信息化服务平台数	86.85	86.85	——
重点行业典型企业信息化专项规划	67.31	68.55	↑1.24

资料来源：赛迪智库整理，2017年12月。

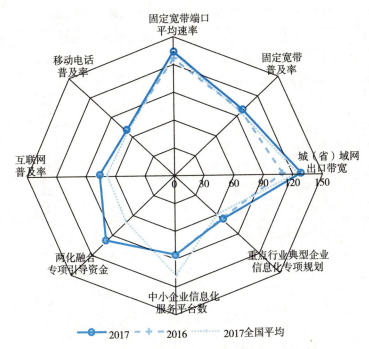

图 8 - 2　2016—2017 年辽宁省两化融合基础环境指数情况

资料来源：赛迪智库整理，2017 年 12 月。

2. 工业应用指数

2017 年，辽宁省工业应用指数为 65.07，其中重点行业典型企业 MES 普及率和国家新型工业化产业示范基地两化融合发展水平比 2016 年有显著提升。具体来看，2017 年辽宁省重点行业典型企业 ERP 普及率指数为 63.42，比 2016 年上升 1.69 个点。重点行业典型企业 MES 普及率指数为 74.65，比 2016 年上升 2.08 个点。重点行业典型企业 PLM 普及率指数为 57.04，比 2016 年上升 1.12 个点。重点行业典型企业 SCM 普及率指数为 58.92，比 2016 年增长 0.29 个点。重点行业典型企业采购环节电子商务应用普及率指数为 64.41，比 2016 年上升 2.71 个点。重点行业典型企业销售环节电子商务应用普及率指数为 74.47，比 2016 年上升 0.89 个点。重点行业典型企业装备数控化率指数为 47.45，比 2016 年上升 0.54 个点。国家新型工业化产业示范基地两化融合发展水平指数为 80.56，比 2016 年大幅提高 21.68 个点。

表8-3　2016—2017年辽宁省两化融合工业应用指数情况

指标	2016年指数	2017年指数	变化情况
重点行业典型企业 ERP 普及率	61.73	63.42	↑1.69
重点行业典型企业 MES 普及率	72.57	74.65	↑2.08
重点行业典型企业 PLM 普及率	55.92	57.04	↑1.12
重点行业典型企业 SCM 普及率	58.63	58.92	↑0.29
重点行业典型企业采购环节电子商务应用	61.70	64.41	↑2.71
重点行业典型企业销售环节电子商务应用	73.58	74.47	↑0.89
重点行业典型企业装备数控化率	46.91	47.45	↑0.54
国家新型工业化产业示范基地两化融合发展水平	58.88	80.56	↑21.68

资料来源：赛迪智库整理，2017年12月。

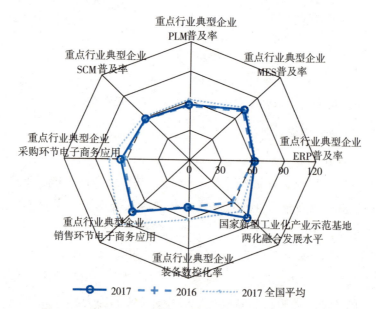

图8-3　2016—2017年辽宁省两化融合工业应用指数情况

资料来源：赛迪智库整理，2017年12月。

3. 应用效益指数

2017年，辽宁省两化融合应用效益指数为到84.78，比2016年降低6.79个点。在地区工业生产效益和水平方面，2017年，辽宁省工业增加值占GDP比重指数为38.49，比2016年下降7.97个点；第二产业全员劳动生产率指数为108.00，比2016年下降15.54个点；工业成本费用利润率指数为22.61，比 2016 年下降 1.85 个点；单位工业增加值工业专利量指数为 92.03，比 2016 年大幅提升 26.44 个点。在工业节能减排水平方面，单位地区生产总值电耗指数为 83.54，比 2016 年显著降低 14.42 个点。在信息产业发展水平方面，电子信息制造业主营业务收入指数为 74.90，比 2016 年下降 11.20 个点；软件业务收入指数为 199.89，比 2016 年大幅下降 32.41 个点。

表 8 - 4　2016—2017 年辽宁省两化融合应用效益指数情况

指标	2016 年指数	2017 年指数	变化情况
工业增加值占 GDP 比重	46.46	38.49	↓7.97
第二产业全员劳动生产率	123.54	108.00	↓15.54
工业成本费用利润率	24.46	22.61	↓1.85
单位工业增加值工业专利量	65.59	92.03	↑26.44
单位地区生产总值电耗	97.96	83.54	↓14.42
电子信息制造业主营业务收入	86.10	74.90	↓11.20
软件业务收入	232.3	199.89	↓32.41

资料来源：赛迪智库整理，2017 年 12 月。

三、优劣势评价

辽宁省两化融合发展的优势有：

一是构建了良好的两化融合发展环境。一方面，两化融合政策体系不断完善，近年来，制定实施了《推动两化深度融合促进四化同步发展行动计划》《辽宁省制造业与互联网融合发展的实施方案》《辽宁省工业互联网发展行动计划》《辽宁省人民政府关于印发辽宁省推动云计算创新发展培育信息产业新业态行动计划的通知》等一系列政策措施。另一方面，沈鼓集团、华录集团等 83 家企业成为国家两化融合管理体系贯标试点，沈阳赛宝、沈阳格微、大连圣达 3 家单位成为国家首批两化融合管理体系贯标服务机构。同时，辽宁省还建立了沈阳市信息技术服务标准（ITSS）推进平台、大连市软件和信息技术公共服务平台等 16 个公共服务平台，搭建了 IT 企业与工业企业合作平台等。

二是软件和信息技术服务业发展迅猛。一方面，辽宁省软件和信息技术服务业主营业务收入以年均 10% 以上的增速发展，2017 年超过 2000 亿元，战略地位和对全省经济增长的支撑作用明显。另一方面，相关部门不断推动云计算产业发展，引导企业逐步向云应用转型，华为大连软件开发云应用客户累计达13000余个，运行项目5000余个。同时，智能制造、机器人、机器视觉、机器翻译等重点领域的发展力度不断增强，人工智能科技水平跻身全国前列。

辽宁省两化融合的发展也存在不足之处，主要表现在：

一是产业发展水平亟待改善。根据数据显示，2017年，辽宁省工业成本费用利润率指数为22.61，比2016年下降1.85个点，低于全国平均水平（42.36）19.75个点，与上年相比差距有所增加，产业发展水平亟待增强。目前，全省部分企业两化融合应用水平仍然偏低，很多企业特别是中小企业缺乏信息技术的有效支撑。

二是工业应用水平有待全面加强。根据数据显示，辽宁省工业应用指数中的重点行业典型企业ERP普及率、重点行业典型企业MES普及率、重点行业典型企业PLM普及率、重点行业典型企业SCM普及率、重点行业典型企业采购环节电子商务应用、重点行业典型企业销售环节电子商务应用、重点行业典型企业装备数控化率均低于全国平均水平，排名位于全国中下游水平，与辽宁的工业大省地位不相适应，亟须从各角度发力，全面推动工业应用发展。

四、相关建议

对辽宁省两化融合提出以下建议：

一是进一步推进两化深度融合。加快两化融合管理体系标准普及推广，培育省级企业两化融合管理体系试点；充分发挥省两化融合公共服务平台功能，建议向企业推送评估报告，组织更多规模以上工业企业参与两化融合评估诊断和对标引导；依托各市或第三方机构开展调查，摸清工业企业、通信企业、互联网企业情况。

二是加快推动工业互联网发展。全面落实工信部相关文件部署及要求，围绕网上采购、互联网营销、供应链管理、信息追溯、个性化定制等关键环节，开展省级工业电子商务试点，推进工业企业电子商务创新发展，以推进国家试点建设为突破口，围绕制造业等大企业，推进制造业企业"双创"工作，加速制造业与互联网融合。

三是大力发展软件和信息技术服务业。加强经济运行协调，掌握最新行业动态，进一步服务产业发展；积极帮助企业拓宽融资渠道，引导骨干龙头企业实施海外并购和兼并重组，推动核心技术应用推广，促进企业做大做强；推动省政府与华为、中兴、中国电科、浪潮集团等企业的深入合作，带动产业发展；进一步落实产业发展优惠财税政策，帮助企业开拓市场，推动行业标准化工作发展；推动软件服务外包产业结构调整，深度挖掘国内市场，大力发展国内外包业务，促进产业向价值链高端延伸。

四是增强新一代信息技术应用。以沈阳市创建国家大数据综合试验区为契机，整合资源，吸引国内外龙头企业的云计算大数据中心落户辽宁，围绕电子政务、电子商务、智慧城市，形成云计算大数据应用服务产业链，推动机器视觉、虚拟现实、人工智能等新兴产业发展，培育产业发展新业态。

五是强化信息安全保障能力建设。做好工业企业信息安全保障工作，针对工业企业信息安全实际，开展信息安全专项培训；推进省级政务信息安全监控平台二次开发与应用，推进电子认证在行业的应用，促进省电子认证统一平台应用向纵深发展。

第九章　吉林省两化融合发展水平分析

一、总体情况

（一）经济概况

2017 年，吉林省实现地区生产总值 15288.94 亿元，按可比价格计算，比上年增长 5.3%。其中，第一产业增加值 1429.21 亿元，增长 3.3%；第二产业增加值 7012.85 亿元，增长 3.9%；第三产业增加值 6846.88 亿元，增长 7.5%。按常住人口计算，全省全年人均地区生产总值达到 56102 元（按年平均汇率折合 8311 美元），比上年增长 6.0%。三次产业的结构比例为 9.3∶45.9∶44.8，对经济增长的贡献率分别为 6.9%、36.9% 和 56.2%。全年全省全部工业增加值 6074.72 亿元，比上年增长 5.5%。规模以上工业增加值增长 5.5%。其中，轻工业增长 6.4%，重工业增长 5.1%。分经济类型看，国有及国有控股企业增长 9.9%，集体企业下降 16.0%，外商及港澳台商投资企业增长 6.2%。分门类看，采矿业下降 22.5%，制造业增长 7.1%，电力、热力、燃气及水的生产和供应业增长 3.2%。全年规模以上工业中，重点产业增加值比上年增长 6.8%，占规模以上工业增加值的比重为 81.3%。六大高耗能行业增加值比上年增长 4.6%，占规模以上工业增加值的比重为 22.9%。高技术制造业增加值增长 0.2%，占规模以上工业增加值的比重为 6.0%。装备制造业增加值下降 0.1%，占规模以上工业增加值的比重为 10.6%①。

（二）两化融合主要进展

近年来，吉林省围绕工业经济转型升级，以智能制造为目标方向，以两化融合为根本途径，着力培育发展新产业，深化制造业与互联网、制造业与

---

① 吉林省统计局：《吉林省 2017 年国民经济和社会发展统计公报》，2018 年 3 月。

服务业融合，信息化和软件服务业持续快速发展。

一是持续推进试点示范。国家智能网联汽车应用（北方）示范区项目一期建设取得明显成果，首批智能网联车已入驻，可实现 11 个大场景、233 个小场景的测试示范功能。推动一汽大众动力总成智能工厂等 10 余个项目，入选国家制造业双创、中德合作、智能制造试点示范。组织评选 29 家省级智能制造企业试点示范（累计达 50 家）。

二是推进行业云平台建设。亚泰集团虚拟云、吉林化纤纺织云、通钢自信医药云等行业云平台并投入运行，亚泰集团虚拟云和吉林化纤纺织云注册供应商分别达到 5100 家和 900 家，通钢自信医药云可以为医药行业提供制造资源、工业软件等云服务。

三是开展制造业服务化试点示范。培育了长客公司等 10 家省级制造业服务化首批试点企业，通化东宝等 5 家企业成为全国首批服务型制造示范企业；设立了制造业服务化专项资金，重点支持开展试点示范。

四是推动模式创新。引导吉林通用机械加强产业链技术研发创新设计，推动亚泰制药加快发展信息技术增值服务，鼓励四平巨元向全球领先换热系统解决方案提供商转变，支持东北袜业构建园区内企业横向协作和纵向分工的蜂巢式产业生态。

五是普及推广两化融合管理体系标准。培育 12 家国家贯标试点和 16 家省级贯标试点企业（累计分别达 39 家、76 家）。组织两化融合管理体系贯标和智能制造专题培训，邀请权威专家讲授浪潮集团"企业上云"、阿里巴巴"大企业采购"战略，解读智能制造新模式应用及实施要点，并对申报国家智能制造项目进行辅导。

六是加强宣传培训。组织专家在全省开展了"制造业与服务业融合发展"巡讲活动，整理印发了《制造业服务化典型案例汇编》《吉林省制造业服务化试点工作实施细则》，推动吉林省制造业与服务业融合公共服务平台上线运营。

二、两化融合发展水平分析

（一）综合分析

2017 年，吉林省两化融合发展总指数为 73.98，比 2016 年提高了 3.8 个

点，在全国的排名为第 22 位，与 2016 年排名一样。基础环境方面，2017 年
吉林省基础环境指数为 82.72，比 2016 年提高了 2.3 个点。工业应用方面，
2017 年吉林省工业应用指数为 69.86，比 2016 年提高了 4.78 个点。应用效益
方面，2017 年吉林省应用效益指数为 73.47，比 2016 年提高了 3.36 个点。所有
的指标都有一定程度的提升，说明吉林省两化融合水平处在稳中向好的状态。

表 9-1 2016—2017 年吉林省两化融合指数情况

指标	2016 年指数	2017 年指数	变化情况
基础环境	80.42	82.72	↑2.3
工业应用	65.08	69.86	↑4.78
应用效益	70.11	73.47	↑3.36
发展指数	70.18	73.98	↑3.8

资料来源：赛迪智库整理，2017 年 12 月。

图 9-1 2016—2017 年吉林两化融合指标值情况

资料来源：赛迪智库整理，2017 年 12 月。

（二）具体分析

1. 基础环境指数

2017 年，吉林省城（省）域网出口带宽指数为 102.79，比 2016 年提高
了 25.04 个点。固定宽带普及率指数为 82.19，比 2016 年提高了 2.99 个点。
固定宽带端口平均速率指数为 119.22，比 2016 年提高了 1.23 个点。移动电
话普及率指数为 66.07，比 2016 年提高了 0.81 个点。互联网普及率指数为
66.91，比 2016 年提高了 2.79 个点。两化融合专项引导资金指数为 100，与

2016 年持平。中小企业信息化服务平台数指数为 86.85，与 2016 年持平。重点行业典型企业信息化专项规划指数为 55.72，比 2016 年提高了 0.39 个点。2017 年，吉林省两化融合专项引导资金高于全国平均值，对吉林省两化融合水平发展具有较大的推动作用。

表 9 - 2　2016—2017 年吉林省两化融合基础环境指数情况

指标	2016 年指数	2017 年指数	变化情况
城（省）域网出口带宽	77.75	102.79	↑25.04
固定宽带普及率	79.2	82.19	↑2.99
固定宽带端口平均速率	117.99	119.22	↑1.23
移动电话普及率	65.26	66.07	↑0.81
互联网普及率	64.12	66.91	↑2.79
两化融合专项引导资金	100	100	—
中小企业信息化服务平台数	86.85	86.85	—
重点行业典型企业信息化专项规划	55.33	55.72	↑0.39

资料来源：赛迪智库整理，2017 年 12 月。

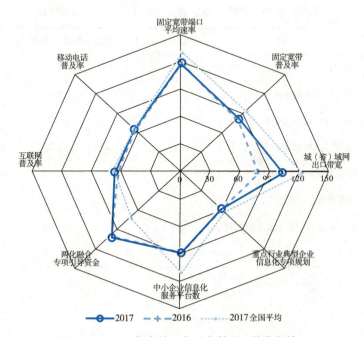

图 9 - 2　2017 年吉林两化融合基础环境指数情况

资料来源：赛迪智库整理，2017 年 12 月。

2. 工业应用指数

2017 年，吉林省重点行业典型企业 ERP 普及率指数为 64.24，比 2016 年提高了 0.53 个百分点。重点行业典型企业 MES 普及率指数为 75.46，比 2016 年提高了 1.18 个百分点。重点行业典型企业 PLM 普及率指数为 61.97，比 2016 年提高了 2.19 个百分点。重点行业典型企业 SCM 普及率指数为 63.21，比 2016 年降低了 0.09 个百分点。重点行业典型企业采购环节电子商务应用指数为 70.96，比 2016 年提高了 0.56 个百分点。重点行业典型企业销售环节电子商务应用指数为 91.63，比 2016 年提高了 2.04 个百分点。重点行业典型企业装备数控化率指数为 46.69，比 2016 年提高了 0.81 个百分点。国家新型工业化产业示范基地"两化"融合发展水平指数为 85.92，比 2016 年大幅提高了 27.83 个百分点。2017 年，吉林省两化融合工业应用情况处于全国平均水平，其中国家新型工业化产业示范基地"两化"融合发展水平指数大幅提升了近 30 个百分点，显著提升了吉林省两化融合工业应用水平。

表 9 – 3　2016—2017 年吉林省两化融合工业应用指数情况

指标	2016 年指数	2017 年指数	变化情况
重点行业典型企业 ERP 普及率	63.71	64.24	↑0.53
重点行业典型企业 MES 普及率	74.28	75.46	↑1.18
重点行业典型企业 PLM 普及率	59.78	61.97	↑2.19
重点行业典型企业 SCM 普及率	63.3	63.21	↓0.09
重点行业典型企业采购环节电子商务应用	70.4	70.96	↑0.56
重点行业典型企业销售环节电子商务应用	89.59	91.63	↑2.04
重点行业典型企业装备数控化率	45.88	46.69	↑0.81
国家新型工业化产业示范基地"两化"融合发展水平	58.09	85.92	↑27.83

资料来源：赛迪智库整理，2017 年 12 月。

图 9-3 2016—2017 年吉林省两化融合工业应用指数情况

资料来源：赛迪智库整理，2017 年 12 月。

3. 应用效益指数

2017 年，吉林省两化融合应用效益有所提升，应用效益指数为 73.47，比 2016 年提高了 3.36 个点。在地区工业生产效益和水平方面，2017 年吉林省工业增加值占 GDP 比重指数为 48.7，比 2016 年降低了 1.28 个百分点。第二产业全员劳动生产率指数为 132.39，比 2016 年增长了 2.8 个百分点。工业成本费用利润率指数为 41.17，比 2016 年增长了 3.41 个百分点。单位工业增加值工业专利量指数为 42.4，比 2016 年增长了 9.1 个百分点。在工业节能减排水平方面，单位地区生产总值能耗指数为 120.8，比 2016 年增长了 0.31 个百分点。电子信息制造业主营业务收入指数为 21.8，比 2016 年增长了 0.62 个百分点。软件业务收入在 2017 年提升较快，指数为 116.8，比 2016 年增长了 8.4 个百分点。

表 9-4 2016—2017 年吉林省两化融合应用效益指数情况

指标	2016 年指数	2017 年指数	变化情况
工业增加值占 GDP 比重	49.98	48.7	↓1.28
第二产业全员劳动生产率	129.59	132.39	↑2.8
工业成本费用利润率	37.76	41.17	↑3.41

续表

指标	2016 年指数	2017 年指数	变化情况
单位工业增加值工业专利量	33.3	42.4	↑9.1
单位地区生产总值能耗	120.49	120.8	↑0.31
电子信息制造业主营业务收入	21.18	21.8	↑0.62
软件业务收入	108.4	116.8	↑8.4

资料来源：赛迪智库整理，2017 年 12 月。

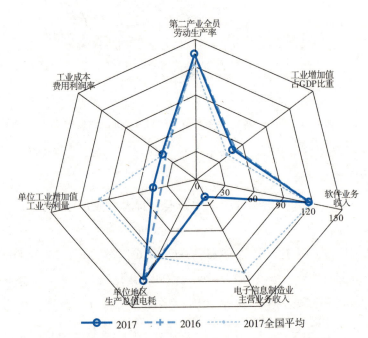

图 9-5　2016—2017 年吉林省两化融合应用效益指数情况

资料来源：赛迪智库整理，2017 年 12 月。

三、优劣势评价

总体来看，吉林省两化融合发展水平在全国范围内排名较稳定，通过培育发展新产业，深化制造业与互联网、制造业与服务业融合，在引导企业服务化转型、推进工业与互联网融合创新发展方面发挥了积极作用。具体来说，吉林省在两化融合上的优势如下：

一是政策机制较为完善。先后推动出台了《吉林省促进信息消费推动信息化建设实施方案》（吉政办发〔2016〕46号）、《吉林省促进互联网经济发展指导意见》（吉政发〔2015〕10号）、《吉林省推进制造业与服务业融合发展行动实施方案》（吉政办发〔2016〕41号）、《吉林省人民政府办公厅关于深化制造业与互联网融合发展的实施意见》（吉政办发〔2016〕71号）等政策措施文件，编制了国民经济和社会信息化发展"十三五"规划，为促进全省两化融合发展提供了重要的政策支持和机制保障。

二是政企合作氛围浓厚。省政府先后与阿里巴巴集团、中国联通公司、浪潮集团签订了战略合作框架协议。围绕推进企业电子商务应用，对接阿里渠道资源和大企业采购战略信息技术支撑服务；围绕电子政务外网扩容升级改造，保障电子政务外网平稳运行，推进联通云数据基地等项目建设，扩大IPTV业务用户规模；推进浪潮长春云计算中心、浪潮长春双创中心、浪潮中小企业云服务平台等项目建设。利用对口合作契机，推动吉林联通、吉湾微电子与新华三开展对接合作。

三是拥有一批典型企业。2017年以来，一批重点项目、企业入选国家工信部试点示范。吉林市（延边州、长春净月高新技术产业开发区、白城市、珲春市）等5个城市入选信息消费试点城市；一汽大众动力总成智能工厂项目入选中德智能制造合作试点示范项目；德盟欧基于互联网的双创平台等3个项目入选制造业"双创"平台试点示范项目；华微电子等39家企业入选两化融合管理体系贯标试点。评定了众鑫化工等省级贯标试点企业76户。

四是宣传引导力度大。为加强《信息化和工业化融合管理体系基础和术语》和《信息化和工业化融合管理体系要求》两项国家标准宣贯，提升企业融合发展环境下适应互联网的新型管理能力，吉林省分区域组织标准体系宣传培训活动10场（次），累计培训重点制造业企业1000余家、企业管理者1500余人，邀请咨询服务机构贯标工作咨询师授课20余次。引导企业依托中国两化融合评估服务平台进行常态化的自评估、自诊断、自对标，目前，纳入平台企业样本数量已达1100余户。

吉林省两化融合发展总体情况向好，但同时也存在一些劣势：一是认识问题，企业对全流程、全环节信息化认知程度不高，认为信息化投入与产出不成正比、见效慢，缺乏办公、财务、进销存、业务管理等信息系统横向联接和生产操作控制层、企业管理层、决策支持层纵向贯通的顶层设计意识。二是动力不足，企业受经济形势、资金压力、人才匮乏等因素影响，信息化投入动力不足，中小企业用信息化手段降本增效、提升竞争力仍需有效激发。三是供需矛盾，省内缺乏提供成熟产品、技术、解决方案的系统供应商，企业缺少生产制造与系统集成复合型人才，对新产业和新模式发展技术支撑能力不足。

四、相关建议

对吉林省两化融合提出以下建议：

一是加快推进制造业与互联网融合。开展智能制造试点示范，重点推进国家智能网联汽车应用（北方）示范区、智能生产线、数字车间、智能工厂等项目建设。推进行业云平台、浪潮中小企业云服务平台建设，组织医药云平台推广应用培训，推动企业自建的工业云平台面向产业链提供云服务，推进"企业上云"。持续推广两化融合管理体系，推动贯标试点企业通过国家评定，组织宣传培训、评选省级试点。

二是加快打造工业互联网平台。开展工业互联网平台试点示范，推进汽车、食品药品、能源清洁化等领域，构建以数据为核心、资源高效配置、创新活跃的跨行业跨领域开放平台，争取成为国家级试点。推动浪潮中小企业服务云上线运行，促进中小企业上云，加强中小企业云服务平台宣传推广，鼓励企业核心业务系统和制造能力云化改造并向云端迁移，降低企业数字化成本，促进业务集成与资源配置优化。

三是加快推动软件和信息服务业发展。培育整体解决方案提供商、咨询服务商、工业软件服务商，发挥软件企业教育资源优势，促进产教融合。鼓励云计算管理平台、大数据处理、信息安全等关键技术开发创新，提高自主可控软件产品供给能力。提升软件开发、系统集成、保障服务能力，推动典型工业软件和行业解决方案创新应用，支撑和保障工业经济转型升级。

四是加快推进网络安全建设。加强工业控制系统信息安全防护，落实国家相关政策法规和标准规范，依托技术支撑机构开展工控系统信息安全隐患排查和技术指导。加强预警防护和应急处置，构建在线监测平台，及时应对和处置网络信息安全突发事件。加强网络安全教育培训，组织普法宣传，开展专业实训。

第十章　黑龙江省两化融合发展水平分析

一、总体情况

（一）经济概况

2017年，黑龙江省实现地区生产总值（GDP）16199.9亿元，按可比价格计算，比上年增长6.4%。其中，第一产业增加值2968.8亿元，增长5.4%；第二产业增加值4289.7亿元，增长2.9%；第三产业增加值8941.4亿元，增长8.7%。三次产业结构为18.3∶26.5∶55.2。全省人均地区生产总值实现42699元，比上年增长6.7%。非公有制经济增加值8634.6亿元，比上年增长7.8%，占全省地区生产总值的53.3%。全省非公有制经济企业23.5万户，拥有企业从业人员315.8万人，完成固定资产投资7798.6亿元，实现进出口总值102.2亿美元，实现税收收入1039.0亿元。全省规模以上工业企业增加值增长2.7%。其中，食品工业增长5.8%，石化工业下降4.0%，装备工业增长15.8%，能源工业增长1.4%。全省规模以上工业企业实现主营业务收入10158.7亿元，比上年增长0.2%；实现利润474.7亿元，增长1.4倍。其中，地方规模以上工业企业实现利润372.7亿元，增长26.0%。在规模以上工业企业291种工业产品中，全年产量比上年增长的有141种，占48.5%，其中有60种产品产量增幅超过20%。在重点监测的工业产品中，增长较快的有：汽车12.2万辆，增长61.3%；石墨及碳素制品28.6万吨，增长49.9%；金属切削机床446台，增长44.8%。降幅较大的有：发电机组1417.4万千瓦，下降40.8%；发动机3893.4万千瓦，下降34.5%；硅酸盐水泥熟料1072.4万吨，下降19.7%[①]。

---

① 黑龙江省统计局：《黑龙江省2017年国民经济和社会发展统计公报》，2018年4月。

（二）两化融合主要进展

黑龙江省围绕制造强国和网络强国建设目标，以"中国制造2025"、"互联网＋"、深化制造业与互联网融合发展等国家战略为行动指南，大力推进两化深度融合，各项工作不断取得新进展。

一是加强顶层设计，逐步完善政策体系。围绕落实"中国制造2025"、"互联网＋"、"大数据"、深化制造业与互联网融合发展等国家战略，先后制定出台了《黑龙江省"互联网＋工业"行动计划》《黑龙江省促进大数据发展三年行动计划》《黑龙江省软件和信息技术服务业"十三五"发展规划》《关于深化制造业与互联网融合发展的实施意见》等指导性文件，明确工作思路和发展目标，细化重点任务和保障措施，统筹各方力量、强化协调配合、形成工作合力，推动全省信息化和软件服务业科学有序发展。

二是推进重点行业两化深度融合，促进传统制造向智能制造转型升级。面向黑龙江省装备、石化、食品、医药等重点行业，引导企业深化"大智移云"信息技术应用，推广人机智能交互、工艺仿真优化、状态实时监测等在生产过程中的应用，加快生产装备和生产过程智能化改造，推动高端制造基础较好的企业试点数字化车间和智能工厂建设，发展智能化装备和智能化产品，提升智能制造规模和水平。

三是深化制造业与互联网融合发展，积极培育新模式、新业态。以大企业"双创"、工业电子商务、产品质量追溯体系建设等为工作抓手，推动制造企业应用互联网创新理念、创新要素和创新体系，加快企业内部制造资源和创新要素的平台化，利用电商平台发展新型营销模式，开展基于互联网的产品全生命周期管理、远程运维等服务，激发制造企业转型发展新动能。

四是持续开展两化融合管理体系贯标，推动企业建立组织管理新模式。在全省范围内连续多年开展两化融合管理体系贯标试点，建立省、市、县（区）协同推进的工作机制，依托贯标工作平台和咨询服务机构开展线上线下相结合的贯标指导与服务，将达标企业纳入黑龙江省改造升级"老字号"政策支持范围，积极开展贯标宣贯与培训活动，充分调动和激发企业参与贯标的积极性，推动企业开展贯标、实现达标。全省已有国家级贯标试点企业28

户，通过国家贯标评定的试点企业 10 户。

五是大力推进工业云平台建设，加快发展工业云服务。从公共、区域、行业三个层面深入推进工业云平台建设，大力发展面向制造企业的工业云服务，通过政策引导、购买服务等方式推动制造企业业务和管理上云，加快基于工业云的业务模式创新和商业模式创新。推动黑龙江省工业云信息化服务平台不断丰富资源、提升服务能力，更好地服务全省制造企业开展"互联网＋"、工业电子商务等应用。推动有条件的市（地）立足当地产业结构特点，打造服务优势产业、重点行业的区域工业云平台，佳木斯市"三江工业云"、大庆市"大庆工业云"等工业云平台相继上线运营，为所在地区制造业企业提供工业云服务。开展医药行业采购云、电机设计云等行业云平台的推广普及，加快发展面向制造业细分行业的工业云服务。

二、两化融合发展水平分析

（一）综合分析

2017 年，黑龙江省两化融合发展总指数为 78.9，比 2016 年提升了 2.38 个百分点，在全国排名第 15 位，比 2016 年提升了一个名次。基础环境方面，2017 年黑龙江省基础环境指数为 85.4，比 2016 年提高了 3.4 个点。工业应用方面，2017 年北黑龙江省工业应用指数为 84.96，比 2016 年提高了 3.07 个点。应用效益方面，2017 年黑龙江省应用效益指数为 60.3，与 2016 年保持一致。总体上，黑龙江两化融合水平保持稳中求进的趋势。

表 10 - 1　2016—2017 年黑龙江省两化融合指数情况

指标	2017 年指数	2016 年指数	变化情况
基础环境	82	85.4	↑3.4
工业应用	81.89	84.96	↑3.07
应用效益	60.3	60.3	—
发展指数	76.52	78.9	↑2.38

图 10 - 1　2016—2017 年黑龙江省两化融合指标值情况

资料来源：赛迪智库整理，2017 年 12 月。

（二）具体分析

1. 基础环境指数

2017 年，黑龙江省宽带提速效果显著，极大地提升了两化融合基础环境水平。具体来看，黑龙江省城（省）域网出口带宽指数为 102.95，比 2016 年提高了 25.27 个点。固定宽带普及率指数为 79.25，比 2016 年提高了 2.93 个点。固定宽带端口平均速率指数为 134.63，比 2016 年提高了 8.32 个点。移动电话普及率指数为 63.33，比 2016 年提高了 0.42 个点。在互联网应用普及方面，2017 年，黑龙江省互联网普及率指数为 64.48，比 2016 年提高了 3.27 个点。在两化融合政策环境建设方面，2017 年，吉林省两化融合专项引导资金和中小企业信息化服务平台数与 2016 年持平。重点行业典型企业信息化专项规划情况指数为 71.78，比 2016 年提高了 0.03 个点。

表 10 - 2　2016—2017 年黑龙江省两化融合基础环境指数情况

指标	2016 年指数	2017 年指数	变化情况
城（省）域网出口带宽	77.68	102.95	↑25.27
固定宽带普及率	76.32	79.25	↑2.93
固定宽带端口平均速率	126.31	134.63	↑8.32
移动电话普及率	62.91	63.33	↑0.42
互联网普及率	61.21	64.48	↑3.27

续表

指标	2016 年指数	2017 年指数	变化情况
两化融合专项引导资金	0	0	——
中小企业信息化服务平台数	150	150	——
重点行业典型企业信息化专项规划	71.75	71.78	↑0.03

资料来源：赛迪智库整理，2017 年 12 月。

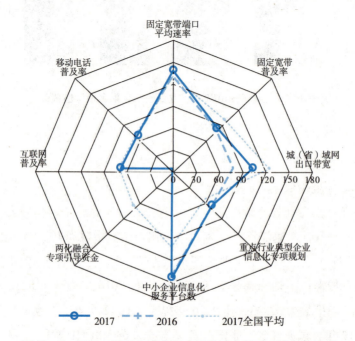

图 10-2　2016—2017 年黑龙江省两化融合基础环境指数情况

资料来源：赛迪智库整理，2017 年 12 月。

2. 工业应用指数

2017 年，黑龙江省重点行业典型企业 ERP 普及率指数为 68.17，比 2016 年提高了 0.76 个百分点。重点行业典型企业 MES 普及率指数为 92.1，比 2016 年提高了 2.34 个百分点。重点行业典型企业 PLM 普及率指数为 72.55，比 2016 年降低了 0.53 个百分点。重点行业典型企业 SCM 普及率指数为 64.77，比 2016 年提高了 0.4 个百分点。重点行业典型企业采购环节电子商务应用指数为 119.47，比 2016 年降低了 0.53 个百分点。重点行业典型企业销售环节电子商务应用指数为 130.25，比 2016 年提高了 1.14 个百分点。重点行业典型企业装备数控化率指数为 56.33，比 2016 年提高了 0.86 个百分点。国家新型工业化产业示范基地两化融合发展水平指数为 81.37，比 2016 年大幅提高了 17.93 个百分点，这很大程度上提升了黑龙江省两化融合工业应用整体水平。

表 10－3　2016—2017 年黑龙江省两化融合工业应用指数情况

指标	2016 年指数	2017 年指数	变化情况
重点行业典型企业 ERP 普及率	67.41	68.17	↑0.76
重点行业典型企业 MES 普及率	89.76	92.1	↑2.34
重点行业典型企业 PLM 普及率	73.08	72.55	↓0.53
重点行业典型企业 SCM 普及率	64.37	64.77	↑0.4
重点行业典型企业采购环节电子商务应用	120	119.47	↓0.53
重点行业典型企业销售环节电子商务应用	129.11	130.25	↑1.14
重点行业典型企业装备数控化率	55.47	56.33	↑0.86
国家新型工业化产业示范基地两化融合发展水平	63.44	81.37	↑17.93

资料来源：赛迪智库整理，2017 年 12 月。

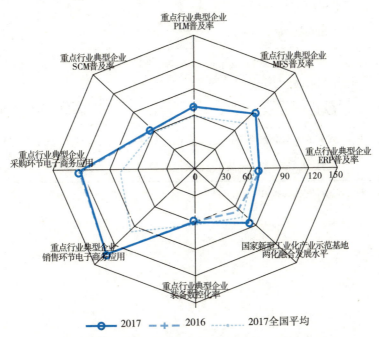

图 10－3　2016—2017 年黑龙江省两化融合工业应用指数情况

资料来源：赛迪智库整理，2017 年 12 月。

3. 应用效益指数

2017 年，黑龙江省两化融合应用效益指数为 60.3，与 2016 年持平，在全国排名由 22 位将为 23 位。在地区工业生产效益和水平方面，2017 年，黑龙江省工业增加值占 GDP 比重指数为 31.38，比 2016 年降低了 3.34 个百分点。第二产业全员劳动生产率指数为 107.59，比 2016 年降低了 0.14 个百分点。工业成本费用利润率指数为 22.24，比 2016 年降低了 7.21 个百分点。单位工业增加值工业专利量指数为 80.55，比 2016 年提高了 7.58 个百分点。在工业节能减排水平方面，单位地区生产总值电耗指数为 107.4，比 2016 年降低了 0.64 个百分点。在信息产业发展水平方面，电子信息制造业主营业务收入指数为 11.7，比 2016 年提高了 0.47 个百分点。软件业务收入指数为 61.04，比 2016 年提高了 4.29 个百分点。

表 10 – 4　2016—2017 年黑龙江省两化融合应用效益指数情况

指标	2016 年指数	2017 年指数	变化情况
工业增加值占 GDP 比重	34.72	31.38	↓3.34
第二产业全员劳动生产率	107.73	107.59	↓0.14
工业成本费用利润率	29.45	22.24	↓7.21
单位工业增加值工业专利量	72.97	80.55	↑7.58
单位地区生产总值电耗	108.04	107.4	↓0.64
电子信息制造业主营业务收入	11.23	11.7	↑0.47
软件业务收入	56.75	61.04	↑4.29

资料来源：赛迪智库整理，2017 年 12 月。

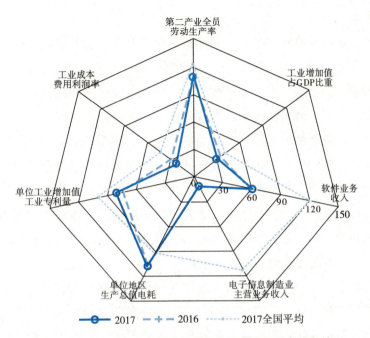

图 10 - 4　2016—2017 年黑龙江省两化融合应用效益指数情况

资料来源：赛迪智库整理，2017 年 12 月。

三、优劣势评价

总体来看，黑龙江省两化融合发展水平在全国范围内处于中游水平，在中小企业服务水平和国家新型工业化产业示范基地"两化"融合发展水平等方面处于全国先进水平，在引导形成大中小企业协同发展，推动两化深度融合方面发挥了积极作用。具体来说，黑龙江省在两化融合上的优势如下：

一是企业积极应用推广新一代信息技术。黑龙江省装备、石化、食品、医药等重点行业企业积极深化"大智移云"信息技术应用，推广人机智能交互、工艺仿真优化、状态实时监测等在生产过程中的应用，加快生产装备和生产过程智能化改造，推动高端制造基础较好的企业试点数字化车间和智能工厂建设，发展智能化装备和智能化产品，提升智能制造规模和水平。中航哈飞通过应用 VPM、PDM、CAPP 等系统形成了某型号飞机自主研发、设计、制造一体化能力，中蓝石化开展精细化管理能力建设提高了生产运营管控能力，飞鹤乳业婴幼儿奶粉智能化工厂、哈电机远程故障诊断系统等被评为国家智能制造示范项目。

二是企业积极培育新模式、新业态，深化制造业与互联网融合发展。制造企业通过大企业"双创"、工业电子商务、产品质量追溯体系建设，应用互联网创新理念、创新要素和创新体系，加快了企业内部制造资源和创新要素的平台化，利用电商平台发展新型营销模式，开展基于互联网的产品全生命周期管理、远程运维等服务，激发制造企业自身转型发展新动能。中国一重专项产品机加装配生产车间数字化升级改造试点和省科学院自动化所黑龙江省智能制造协同创新平台被工信部评为2017年度全国制造业"双创"平台试点示范项目，哈药集团、完达山乳业开展产品质量追溯体系建设有力提升了产品质量和市场竞争力，中船重工七〇三研究所构建中海油关键设备远程诊断及专家支持系统加快向"制造＋服务"转型。

三是荣获多个国家级试点示范。各市（地）积极参与云计算、"宽带中国"、信息消费、电信普遍服务等重大专项的国家级试点示范。哈尔滨市先后获评国家云计算基地联盟成员单位和国家现代服务业新媒体转化基地，哈尔滨、大庆市、牡丹江市等城市被评为"宽带中国"示范城市和国家信息消费试点城市，齐齐哈尔市、绥化市、双鸭山市等6个城市以国家电信普遍服务试点为契机，加快推动宽带网络向农村以及偏远地区覆盖延伸，实现全省所有行政村光纤宽带全覆盖。

四是多方参与、协作共赢氛围浓厚。黑龙江省首席信息官（CIO）联盟、黑龙江省大数据产业联盟等组织围绕企业智能制造、"互联网＋"、工业大数据等重点领域，积极开展技术交流、体验展示、应用促进、人才培养等方面的活动，强化了政产学研用各方的交流与合作。省内企业积极参加历届中国国际软件博览会以及省内企业数字化转型高峰论坛、软件开发云高峰论坛等大型活动，瞄准业界前沿动态，与国内知名企业加强技术、产品、服务、人才等领域的交流与合作，不断提升发展水平和层次。

黑龙江省两化融合工作取得了一定的成绩，同时还存在一些不足。主要集中在制造企业两化融合发展水平不均衡，中小企业"大智移云"新一代信息技术应用的深度和广度有待拓展。

四、相关建议

对黑龙江省两化融合提出以下建议：

一是推进重点行业两化深度融合。深化"大智移云"新一代信息技术在装备、食品、医药、石化等重点行业的应用，促进传统制造向智能制造转型升级。以大企业"双创"、产品质量追溯体系建设、信息消费等为工作抓手，开展制造业与互联网融合发展应用示范。深化工业领域云计算、大数据、电子商务应用，引导制造企业发展网络协同制造、个性化定制、服务型制造等网络化生产新模式。

二是持续推进两化融合管理体系贯标。组织开展各类宣贯和培训活动，面向企业推广普及贯标。加大政策、资金等方面支持力度，激发企业参与贯标的动力。发挥贯标服务平台和咨询服务机构的支撑作用，通过线上线下相结合的方式服务企业本质贯标。

三是推动制造企业上云。引导互联网企业、信息技术服务企业等搭建工业云平台，大力发展面向制造企业信息技术应用的云服务。采取政策引导、购买服务等方式推动制造企业上云开展应用，加快基于工业云的业务模式创新和商业模式创新。加快行业云平台建设与推广，促进工业云在制造业细分行业的应用。

四是培育壮大"大智移云"新一代信息技术产业。围绕国家云计算、大数据等发展规划，争取国家重大项目布局和产业集聚区创建。深化工业等重点行业领域云计算、大数据等信息技术创新应用，大力培育新业态、新模式，以应用促进产业快速发展。发挥大企业的示范引领作用，推进云计算、大数据重点产业项目建设，带动产业链上下游企业协同发展。

第十一章 上海市两化融合发展水平分析

一、总体情况

（一）经济概况

2017 年，上海市全年实现生产总值（GDP）30133.86 亿元，比上年增长 6.9%，增速与上年持平。其中，第一产业增加值 98.99 亿元，下降 9.5%；第二产业增加值 9251.40 亿元，增长 5.8%；第三产业增加值 20783.47 亿元，增长 7.5%。第三产业增加值占上海市生产总值的比重为 69.0%。按常住人口计算的上海市人均生产总值为 12.46 万元。全年战略性新兴产业增加值 4943.51 亿元，比上年增长 8.7%。其中，制造业增加值 2262.64 亿元，增长 8.1%；服务业增加值 2680.87 亿元，增长 9.2%。战略性新兴产业增加值占上海市生产总值的比重为 16.4%，比上年提高 1.2 个百分点。全年实现工业增加值 8303.54 亿元，比上年增长 6.4%。全年完成工业总产值 36094.36 亿元，增长 6.5%。其中，规模以上工业总产值 33989.36 亿元，增长 6.8%。在规模以上工业总产值中，国有控股企业总产值 12902.80 亿元，增长 8.7%。全年节能环保、新一代信息技术、生物医药、高端装备、新能源、新能源汽车、新材料等战略性新兴产业制造业完成工业总产值 10465.92 亿元，比上年增长 5.7%，占全市规模以上工业总产值比重达到 30.8%。全年六个重点工业行业完成工业总产值 23405.50 亿元，比上年增长 9.0%，占全市规模以上工业总产值的比重为 68.9%。全年规模以上工业产品销售率为 99.9%。全年原油加工量 2489.49 万吨，比上年增长 0.8%；工业机器人产量 5.88 万套，增长 89.7%；智能手机产量 4508.20 万台，增长 2.1%；汽车产量 291.32 万辆，增长 11.2% 全年规模以上工业企业实现利润总额 3200.10 亿元，比上年增长 10.5%，实现税金总额 2087.36 亿元，增长 6.7%。规模以上工业企业亏损面为 20.9%①。

（二）两化融合主要进展

一是增强核心技术，打造产业发展新支撑。工业软件方面，推动工业软件企业建设工业互联网重大项目，共涉及项目 13 个。举办国产工业软件优秀解决方案展示对接活动、上海工业软件高峰论坛和上市公司企业家沙龙活动。软件正版化方面，推动建设安全可靠软硬件公共平台，发布上海安全可靠软硬件适配目录。

二是聚焦新技术，培育产业新兴增长点。人工智能方面，发布《上海推动新一代人工智能发展实施意见》。设立人工智能专项资金。编制《上海人工智能产业全景图》。主办 2017 全球（上海）人工智能创新峰会，指导举办"开放、创新、人工智能"第九届软件高峰论坛。云计算方面，发布《上海市关于促进云计算创新发展，培育信息产业新业态的实施意见》。深入开展企业上云工作，通过企业宣讲、案例推荐、示范项目评选等，支持用户企业应用云服务。举办第五届全球云计算大会、数据资产峰会等活动。围绕云计算综合标准的实施，推动上海企业参与云服务标准、可信云计算等专业评估。

三是提升布局水平，建设空间载体新引擎。产业布局方面，拓展软件和信息服务业空间布局，重点推动建设市西软件信息园，规划建设方案已通过市政府常务会议批准。编制产业园区建设指引及上海市信息服务产业基地分布图。企业引进方面，支持青浦区吸引华为研发中心及人才公寓、华为开发云等项目落地，协调华为研发中心项目纳入 2018 年全市重大预备项目。与腾讯、阿里、百度等互联网平台企业合作，支持腾讯、电信、微软等企业在上海布局创业孵化器。

二、两化融合发展水平分析

（一）综合分析

2017 年，上海市两化融合发展总指数为 99.86，比 2016 年提高了 3.25 个点，在全国的排名为第 5 位，与 2016 年持平。基础环境方面，2017 年上海市基础环境指数为 103.03，比 2016 年提高了 2.65 个点。工业应用方面，2017

---

① 上海市统计局：《2017 年上海市国民经济和社会发展统计公报》，2018 年 3 月。

年上海市工业应用指数为86.75，比2016年提高了3.21个点。应用效益方面，2017年上海市应用效益指数为122.89，比2016年提高了3.92个点。其中，基础环境水平在全国排名提升一位，排名第6，工业应用方面排名略有下降，应用效益方面在全国仍保持较前的位置。

表11-1 2016—2017年上海市两化融合指数情况

指标	2016年指数	2017年指数	变化情况
基础环境	100.38	103.03	↑2.65
工业应用	83.54	86.75	↑3.21
应用效益	118.97	122.89	↑3.92
发展指数	96.61	99.86	↑3.25

图11-1 2016—2017年上海两化融合标值情况

资料来源：赛迪智库整理，2017年12月。

（二）具体分析

1. 基础环境指数

2017年，上海市宽带提速效果显著，极大地提升了两化融合基础环境水平，使其始终保持在全国前列。具体来看，上海市城（省）域网出口带宽指数为160.84，比2016年提高了26.99个点。固定宽带普及率指数为106.46，比2016年提高了1.53个点。固定宽带端口平均速率指数为127.35，比2016年提高了0.69个点。移动电话普及率指数为80.03，比2016年降低了1.36个点。互联网普及率指数为84.47，比2016年提高了0.67个点。在两化融合政策环境建设方面，2017年，上海市两化融合专项引导资金指数和中小企业信息化服务平台数指数与 2016 年持平。重点行业典型企业信息化专项规划指数为 88.79，比 2016 年提高了 11.09 个百分点。

表 11－2　2016—2017 年上海市两化融合基础环境指数情况

指标	2016 年指数	2017 年指数	变化情况
城（省）域网出口带宽	133.85	160.84	↑26.99
固定宽带普及率	104.93	106.46	↑1.53
固定宽带端口平均速率	126.66	127.35	↑0.69
移动电话普及率	81.39	80.03	↓1.36
互联网普及率	83.8	84.47	↑0.67
两化融合专项引导资金	100	100	——
中小企业信息化服务平台数	118.46	118.46	——
重点行业典型企业信息化专项规划	77.7	88.79	↑11.09

资料来源：赛迪智库整理，2017 年 12 月。

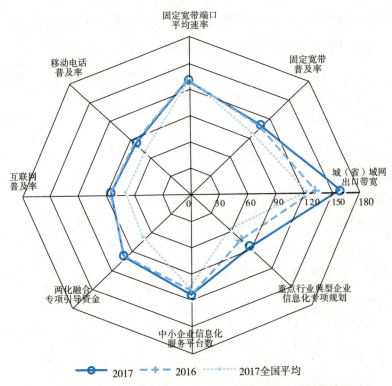

图 11－2　2016—2017 年上海市两化融合基础环境指数情况

资料来源：赛迪智库整理，2017 年 12 月。

2. 工业应用指数

2017 年，上海市重点行业典型企业 ERP 普及率指数为 65.95，比 2016 年下降了 5.67 个百分点。重点行业典型企业 MES 普及率指数为 102.72，比 2016 年提高了 0.42 个百分点。重点行业典型企业 PLM 普及率指数为 78.01，比 2016 年大幅下降了 3.5 个百分点。重点行业典型企业 SCM 普及率指数为 68.16，比 2016 年得分提高了 1.92 个百分点。重点行业典型企业采购环节电子商务应用指数为 89.93，比 2016 年大幅下降了 17.05 个百分点，对上海市工业应用水平产生了不利影响。重点行业典型企业销售环节电子商务应用指数为 121.7，比 2016 年下降了 1.43 个百分点。重点行业典型企业装备数控化率指数为 80.25，比 2016 年提高了 17.98 个百分点。国家新型工业化产业示范基地两化融合发展水平指数为 88.13，比 2016 年提高了 26.66 个百分点。重点行业典型企业装备数控化率和国家新型工业化产业示范基地两化融合发展水平的大幅提升在很大程度上提升了上海市两化融合工业应用整体水平。

表 11-3　2016—2017 年上海市两化融合工业应用指数情况

指标	2016 年指数	2017 年指数	变化情况
重点行业典型企业 ERP 普及率	71.62	65.95	↓5.67
重点行业典型企业 MES 普及率	102.3	102.72	↑0.42
重点行业典型企业 PLM 普及率	81.51	78.01	↓3.5
重点行业典型企业 SCM 普及率	66.24	68.16	↑1.92
重点行业典型企业采购环节电子商务应用	106.98	89.93	↓17.05
重点行业典型企业销售环节电子商务应用	123.13	121.7	↓1.43
重点行业典型企业装备数控化率	62.27	80.25	↑17.98
国家新型工业化产业示范基地两化融合发展水平	61.47	88.13	↑26.66

资料来源：赛迪智库整理，2017 年 12 月。

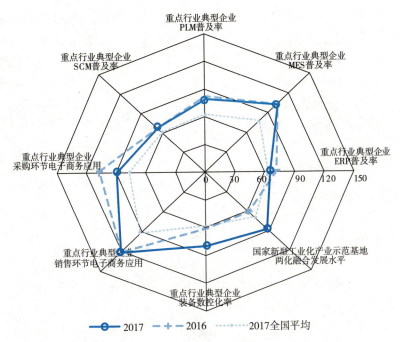

图 11-3　2016—2017 年上海市两化融合工业应用指数情况

资料来源：赛迪智库整理，2017 年 12 月。

3. 应用效益指数

2017 年，上海市在地区工业生产效益和水平方面，2017 年，工业增加值占 GDP 比重指数为 34.65，比 2016 年下降了 1.72 个百分点。第二产业全员劳动生产率指数为 114.03，比 2016 年提高了 6.48 个百分点。工业成本费用利润率指数为 58.97，比 2016 年提高了 8.33 个百分点。单位工业增加值工业专利量指数为 138.66，比 2016 年提高了 3.47 个百分点。在工业节能减排水平方面，单位地区生产总值电耗指数为 113.04，比 2016 年提高了 3.35 个百分点。在信息产业发展水平方面，电子信息制造业主营业务收入指数为 201.07，比 2016 年下降了 1.21 个百分点。软件业务收入指数为 248.25，比 2016 年提高了 8.43 个百分点。

153

表 11-4　2016—2017 年上海市两化融合应用效益指数情况

指标	2016 年指数	2017 年指数	变化情况
工业增加值占 GDP 比重	36.37	34.65	↓1.72
第二产业全员劳动生产率	107.55	114.03	↑6.48
工业成本费用利润率	50.64	58.97	↑8.33
单位工业增加值工业专利量	135.19	138.66	↑3.47
单位地区生产总值电耗	109.69	113.04	↑3.35
电子信息制造业主营业务收入	202.28	201.07	↓1.21
软件业务收入	239.82	248.25	↑8.43

资料来源：赛迪智库整理，2017 年 12 月。

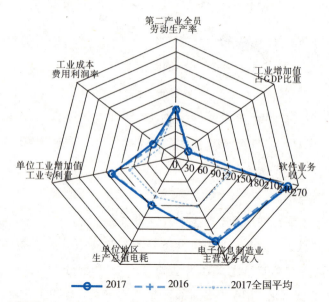

图 11-4　2016—2017 年上海市两化融合应用效益指数情况

资料来源：赛迪智库整理，2017 年 12 月。

三、优劣势评价

　　总体来看，上海市两化融合发展水平在全国范围内处于领先水平，基础环境水平、工业应用水平和应用效益水平均处于全国前列，在推进新一代信息技术与实体经济融合方面发挥了积极作用。具体来说，上海市在两化融合上的优势如下：

一是产业核心竞争力不断提升，推动软件和信息服务业继续向高端领域融合发展，支撑经济社会技术创新。培育基础软件完整产业链，增强操作系统、数据库、中间件等的研发、应用和产业化能力。推动行业应用软件在智能水网、智能电网、智能交通等城市智能应用中发挥积极作用。增强工业软件在钢铁冶金、轨道交通、石化等领域的技术支撑水平，形成优化运行、优化控制、优化管理等优势。

二是新兴产业持续发展。互联网各类创新活跃，部分细分领域已占据国内领先地位，互联网金融覆盖全国50%以上的第三方支付业务量，数字互动娱乐占据全国约1/4的市场份额。云计算产业高速发展，通过"云海计划"的政策引领，云计算应用水平得到全面提升，集聚和培育了一批领先企业；率先布局大数据产业，支持企业和研究机构发力大数据技术研究、产品研发和模式创新；以云计算、大数据为代表的新兴信息技术收入已占软件产业收入的比重超过20%。

三是产业集聚效应增强。软件和信息服务产业基地集群优势和引擎作用不断强化，以基地示范引领工程、产业生态系统构建工程、公共服务平台提升工程、基地协同创新工程、园区品牌联动工程等"五大工程"为重点，构筑以浦东软件园、市西软件信息园、紫竹高新科技产业开发区、市北高新技术服务园为主要载体的"四方"新格局。其中，市级信息服务产业基地达41个，集聚全市软件和信息服务业65%的营业收入和70%的企业。

上海市两化融合工作成绩显著，但同时还存在一些不足之处，主要集中在以下几点。一是上海基数规模日益庞大、产业新旧动能尚处于转换阶段等因素，导致产业增速回落，内生增长动力不足。二是两化融合相关行业从业人员增长放缓，人才流动率相对较高，人才外流现象初显。三是产业布局空间受限，主要表现为老牌产业集聚区空间饱和、中心城区楼宇型产业园区产业集聚度低等；产业园区规划功能滞后，园区建设缺乏指导。

四、相关建议

对上海市两化融合提出以下建议：

一是聚焦发展工业软件，全力服务制造强国战略。

培育一批工业软件龙头企业，以市场化方式支持企业兼并重组或开拓国内外市场，做大规模、做精主业、做响品牌、拓展市场。鼓励制造业企业并购软件企业或进行战略合作，推动工业软件产业链上下游协同合作；聚合各方应用开发资源、第三方增值服务资源，探索开放、共享、平台化的发展路径，构建竞合共赢的合作模式。推动工业云平台、工业大数据等领域的创新型企业加速市场推广和产业化示范应用，带动形成一批在国内领先或有较大影响力的工业软件新业态。

二是提升云计算应用促进能力。实施"云海计划3.0"，支持建设和运营骨干云计算服务平台，培育行业龙头企业。促进优质云计算基础设施及服务企业和中小企业对接，提升中小企业信息化水平。结合华为开发云项目的落地，支持软件研发企业应用华为开发云研发软件产品。

三是强化人才驱动作用。指导高技能人才培养基地联合行业领先企业，共建一批人才实训载体，打通企业需求和人才培养的对接瓶颈。推动软件、金融信息等领域的 HR 联盟，面向不同层次人才需求，开展政策解读、需求互动等活动。编制软件和信息服务企业人才政策索引。

第十二章　江苏省两化融合发展水平分析

一、总体情况

（一）经济概况

全年实现地区生产总值85900.9亿元，比上年增长7.2%。其中，第一产业增加值4076.7亿元，增长2.2%；第二产业增加值38654.8亿元，增长6.6%；第三产业增加值43169.4亿元，增长8.2%。全省人均地区生产总值107189元，比上年增长6.8%。全员劳动生产率持续提高，全年平均每位从业人员创造的增加值达180578元，比上年增加17907元。产业结构加快调整。全年三次产业增加值比例调整为4.7∶45.0∶50.3，服务业增加值占 GDP 比重比上年提高0.3个百分点。全年规模以上工业增加值比上年增长7.5%，其中轻工业增长8.6%，重工业增长6.9%。分经济类型看，国有工业增长7.8%，集体工业增长2.0%，股份制工业增长8.0%，外商港澳台投资工业增长6.6%。在规模以上工业中，国有控股工业增长6.7%，私营工业增长8.0%。全年规模以上工业企业实现主营业务收入15.5万亿元，比上年增长10.9%；利润总额10359.7亿元，比上年增长12.4%。企业亏损面11.6%，比上年下降0.7个百分点。规模以上工业企业总资产贡献率、主营业务收入利润率和成本费用利润率分别为15.0%、6.7%和7.2%[①]。

（二）两化融合主要进展

2017年，江苏省紧紧围绕工业转型升级、产业结构调整、建设工业强省的目标，按照"点、线、面"整体推进的要求，扎实推进企业两化深度融合，江苏企业两化融合已迈入全面普及、深化应用、加速创新、促进转型的新

---

① 江苏统计局：《2017 年江苏省国民经济和社会发展统计公报》，2018 年 2 月。

阶段。

1. 推进工业互联网平台建设和推广应用

为做好推进全省工业互联网发展的顶层设计工作，江苏省起草了《关于深化互联网＋先进制造业发展工业互联网的实施意见（征求意见稿)》。举办了全省工业互联网高峰论坛，及时解读有关文件精神，分享工业互联网发展实践探索和最新研究，营造全省工业互联网发展积极氛围。组织江苏省工业互联网专题展，借助世界智能制造大会平台，组织省内初具规模的工业互联网平台企业集中展示工业互联网建设典型案例，发挥引领示范带动作用。同时，调动制造业龙头企业的积极性，组织阿里云等互联网服务商与江苏企业对接，发挥各自优势优化平台建设方案，培育本地工业互联网平台。

2. 构建"企业上云"服务生态

2017 年，制订出台了江苏"企业上云"三年行动计划。重点实施工业云平台、星级"上云"企业、云服务体系、工业互联网标杆工厂、"互联网＋先进制造"特色基地建设等五大工程，并把推进江苏本地工业云平台建设作为首要任务来抓。组织认定省优秀云服务机构。电信天翼云、移动云、联通沃云、阿里云、中兴云等 8 家机构被确定为 2016—2020 年江苏省优秀企业互联网化服务机构（云服务类）。另外，梳理各主要云平台服务商的业务特长和运营理念，引导云服务机构差异化发展，在丰富、提升云产品和服务的同时，推动云市场形成良性竞争态势。

3. 实施"133 工程"推进创新应用

一是构建服务体系。45 家省内优秀服务机构与阿里云签订合作协议，加盟"133"工程服务体系，深化技术和市场合作；二是推进项目落地。天合光能、悦达起亚等 14 家企业签署了工业大数据应用和工业云平台建设等合作协议，10 家企业正在开展技术实验和商务对接，还有 101 家企业与阿里云和签约服务商密切对接，寻求合作项目；三是打造应用标杆。协鑫光伏、天合光能、波司登、科沃斯等工业大数据应用典型案例的实施，帮助企业实现了提质增效，成功打造了制造业与互联网融合创新发展标杆，成为在省内外宣传、示范和推广的项目。

4. 推进制造业"双创"平台建设

一是出台了江苏省制造业"双创"平台建设三年行动计划。围绕要素汇聚、能力开放、模式创新、区域合作等四个领域，全面推进全省制造业"双创"平台建设。计划到 2020 年底，重点打造 10 个全国有较大影响力的制造业"双创"示范平台、40 个省内重点行业推广应用示范平台，重点行业骨干企业互联网"双创"平台普及率超过 90%。二是推进省级示范建设。围绕资源高效整合、产业链协同发展、个性化定制、服务型制造、新模式新业态孵化、闲置资源分享等六大类制造业"双创"平台，共认定先声药业百家汇平台、徐工工业云平台、星星充电综合智慧运营平台等 13 家示范平台。三是创建国家级试点示范。经积极组织申报，省内大全集团等 7 家企业项目成功入围 2017 年国家制造业"双创"平台试点示范项目。

5. 推进制造业与互联网融合创新

一是经各市组织申报、专家评审和现场考察，认定省级制造业与互联网融合创新示范企业 50 家、试点企业 230 家。二是推荐本省企业申报国家制造业和互联网融合发展试点示范，6 家企业的项目入围。三是在常州召开全省制造业与互联网融合发展现场会，组织企业现场观摩融合创新优秀企业，总结推广融合创新典型案例和经验，引导企业积极开展融合创新工作。四是组织专家团队针对融合创新示范企业，总结新模式新业态的成因、路径、做法和经验，通过媒体在全省予以宣传推广。

6. 推动企业本质贯标

一是制定了《关于深入推进信息化和工业化融合管理体系的实施意见》，进一步加大贯标推进工作力度，加强贯标全过程监管和服务，提高贯标咨询机构服务水平，推动全省贯标工作上新台阶。二是认定了 259 家 2017 年江苏省两化融合管理体系贯标试点企业，推荐 35 家贯标示范企业、80 家贯标试点企业上报工信部。三是评定出 7 家省两化融合贯标优秀服务单位，其中 2 家优秀服务机构为全国仅有的两家 B 级（优秀级）贯标咨询服务机构。借助中国两化融合大会平台，在展览现场设立江苏省优秀贯标咨询机构专题展区，集中展示了江苏省两化融合管理体系贯标工作取得的成绩。四是组织优秀贯标服务机构环省行活动，在无锡、泰州、淮安等地组织推介会，推动更多的企业加入贯标行列。

7. 支持企业互联网化提升重点项目

一是做好省级互联网提升奖补项目管理工作。加强前期调研，选准支持重点，及时发布项目指南。强化奖补项目实施过程的跟踪服务、督促检查工作。做好项目实施绩效评估和验收。二是支持大中型企业的企业资源计划、制造执行系统、供应链管理、产品数据管理等关键管控系统普及推广应用项目281项，补助金额21530万元。三是奖励2016年度的两化融合管理体系标准达标企业、省"双创"平台示范企业、省企业互联网化优秀服务机构等55个，奖励金额约3500万元。

8. 不断完善两化融合服务体系建设

一是支持省企业信息化协会举办第二届"江苏智造"创新大赛。分制造业企业、服务机构两类，围绕企业关键环节信息化、融合创新新模式和新业态等方向进行比赛，为省内150余家企业搭建了展示、交流和合作平台，涌现出一批制造业与互联网融合创新成果，促进了企业与创投机构的合作。二是发挥龙头制造企业力量，组织江苏原材料行业两化融合创新应用推广活动，现场观摩南钢融合创新示范企业的做法，总结原材料行业融合创新典型经验，推广应用优秀的系统解决方案，推动了制造企业与服务机构的对接。三是支持江苏电信、江苏移动等基础运营商开展推介活动；发挥华为、中兴通讯等公司的优势，为江苏省企业提供信息化咨询诊断服务和系统集成整体解决方案；调动有关高校积极性，面向企业CIO和技术骨干，开展云计算、大数据和工业互联网等主题培训，不断提高他们的技术和管理水平。

9. 加强两化融合评估诊断

一是组织企业填报全省企业互联网化提升水平综合评估信息系统和国家两化融合评估系统，引导企业自觉开展全面自评估活动，帮助企业了解自身两化融合发展的水平以及所处的发展阶段，其中填报国家两化融合评估系统并参与自评估、自诊断、自对标的企业累计达到近2.4万家。二是组织省内大中型企业填报两化融合方面的数据，分析全省大中型企业两化融合整体发展现状，形成分区域和分行业的两化融合统计分析报告，并探索定期通报制度，为全省各地推进两化深度融合提供参考。三是编制江苏两化融合发展数据地图，依据全省工业企业两化融合发展水平评估数据，分析江苏省两化融合发展现状、发展重点、特征模式，摸清区域内主要工业产业和重点企业两化融合情况，为政府和企业提供相关方面的发展建议。

二、两化融合发展水平分析

（一）综合分析

2017 年，江苏省两化融合发展总指数为 105.19，比 2016 年增长 2.68 个点。其中，基础环境指数为 98.89，比 2016 年下降 4.77 个点。工业应用指数为 89.82，比 2016 年增长 5.94 个点。应用效益指数为 142.2，比 2016 年增长 3.59 个点。

表 12 - 1　2016—2017 年江苏省两化融合指数情况

指标	2016 年指数	2017 年指数	变化情况
基础环境	103.66	98.89	↓4.77
工业应用	83.88	89.82	↑5.94
应用效益	138.61	142.2	↑3.59
发展指数	102.51	105.19	↑2.68

资料来源：赛迪智库整理，2017 年 12 月。

图 12 - 1　2016—2017 年江苏省两化融合指数情况

资料来源：赛迪智库整理，2017 年 10 月。

（二）具体分析

1. 基础环境指数

2017 年，江苏省两化融合基础环境指数为 98.89，比 2016 年下降 4.77

个点，基础环境建设各个方面都有所提升，其中城（省）域网出口带宽指标提升最大，对基础环境指数增加的贡献较大。在信息基础设施建设方面，2017 年，江苏省城（省）域网出口带宽指数为 203.19，比 2016 年的 184.49 上升了 18.7 个点；固定宽带普及率指数为 122.97，比 2016 年增长 3.87 个点；固定宽带端口平均速率指数为 132.51，比 2016 年增长 7.16 个点；移动电话普及率指数为 68.89，比 2016 年下降 0.26 个点。在互联网应用普及方面，2017 年，江苏省互联网普及率指数为 71.64，比 2016 年略增长 0.89 个点。在两化融合政策环境建设方面，2017 年，江苏省未设立两化融合专项引导资金；中小企业信息化服务平台数量指数为 150.00，比 2016 年持平；重点行业典型企业信息化专项规划情况指数为 78.37，比 2016 年增长 5.16 个点。

表 12 – 2　2016—2017 年江苏省两化融合基础环境指数情况

指标	2016 年指数	2017 年指数	变化情况
城（省）域网出口带宽	184.49	203.19	↑18.7
固定宽带普及率	119.1	122.97	↑3.87
固定宽带端口平均速率	125.35	132.51	↑7.16
移动电话普及率	69.15	68.89	↓0.26
互联网普及率	70.75	71.64	↑0.89
两化融合专项引导资金	100	0	↓100
中小企业信息化服务平台数	150	150	—
重点行业典型企业信息化专项规划	73.21	78.37	↑5.16

资料来源：赛迪智库整理，2017 年 12 月。

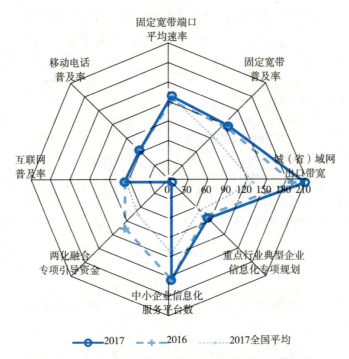

固定宽带端口
平均速率

移动电话
普及率

固定宽带
普及率

互联网
普及率

城（省）域网
出口带宽

0　30　60　90　120　150　180　210

两化融合
专项引导资金

重点行业典型企业
信息化专项规划

中小企业信息化
服务平台数

──○── 2017 ──+── 2016 ……… 2017全国平均

图 12－2　2016—2017 年江苏省两化融合基础环境指数情况

资料来源：赛迪智库整理，2017 年 12 月。

2. 工业应用指数

2017 年，江苏省两化融合工业应用指数为 89.82，比 2016 年增长 5.94 个点，其中，重点行业典型企业采购环节电子商务应用、重点行业典型企业装备数控化率、国家新型工业化产业示范基地两化融合发展水平这三个分项指标水平有明显提升。具体来看，2017 年，江苏省重点行业典型企业 ERP 普及率指数为 76.09，比 2016 年仅上升 0.41 个点。重点行业典型企业 MES 普及率指数为 97.62，比 2016 年上升 5.94 个点。重点行业典型企业 PLM 指数为 73.23，比 2016 年增长 2.97 个点。重点行业典型企业 SCM 普及率指数为 71.83，比 2016 年增长 0.98 个点。重点行业典型企业采购环节电子商务应用普及率指数为 118.36，比 2016 年上升 10.95 个点。重点行业典型企业销售环节电子商务应用指数为 133.7，比 2016 年上升仅 0.64 个点。重点行业典型企业装备数控化率指数为 72.37，比 2016 年上升 2.57 个点。国家新型工业化产业示范基地两化融合发展水平指数为 79.96，比 2016 年上升 21.19 个点。

表 12－3　2016—2017 年江苏省两化融合工业应用指数情况

指标	2016 年指数	2017 年指数	变化情况
重点行业典型企业 ERP 普及率	75.68	76.09	↑0.41
重点行业典型企业 MES 普及率	91.68	97.62	↑5.94
重点行业典型企业 PLM 普及率	70.29	73.23	↑2.94
重点行业典型企业 SCM 普及率	70.85	71.83	↑0.98
重点行业典型企业采购环节电子商务应用	107.41	118.36	↑10.95
重点行业典型企业销售环节电子商务应用	133.06	133.7	↑0.64
重点行业典型企业装备数控化率	69.8	72.37	↑2.57
国家新型工业化产业示范基地两化融合发展水平	58.77	79.96	↑21.19

资料来源：赛迪智库整理，2017 年 12 月。

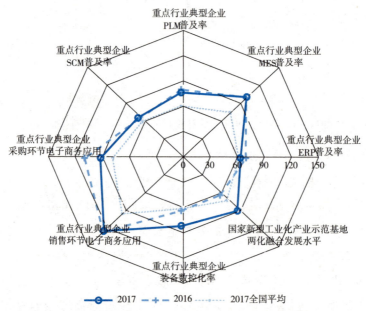

图 12－3　2016—2017 年江苏省两化融合工业应用指数情况

资料来源：赛迪智库整理，2017 年 12 月。

3. 应用效益指数

2017 年，江苏省两化融合应用效益指数为 142.2，比 2016 年增长 3.59 个点。其中，工业增加值占 GDP 比重指数为 46.49，比 2016 年减少 0.5 个点；第二产业全员劳动生产率指数为 109.02，比 2016 年增长 7.08 个点；工业成本费用利润率指数为 47.69，比 2016 年上升 3.58 个点；单位工业增加值工业专利量指数为 157.17，比 2016 增加仅 0.39 个点。在工业节能减排水平方面，单位地区生产总值电耗指数为 96.97，比 2016 年提高 1.78 个点。2017 年，江苏省电子信息制造业主营业务收入为 305.67，比 2016 年提高 3.78 个点；软件业务收入指数为 301.88，比 2016 年增长 10.3 个点。

表 12 - 4　2016—2017 年江苏省两化融合应用效益指数情况

指标	2016 年指数	2017 年指数	变化情况
工业增加值占 GDP 比重	46.99	46.49	↓0.5
第二产业全员劳动生产率	101.94	109.02	↑7.08
工业成本费用利润率	44.11	47.69	↑3.58
单位工业增加值工业专利量	156.78	157.17	↑0.39
单位地区生产总值电耗	95.19	96.97	↑1.78
电子信息制造业主营业务收入	301.89	305.67	↑3.78
软件业务收入	291.58	301.88	↑10.3

资料来源：赛迪智库整理，2017 年 12 月。

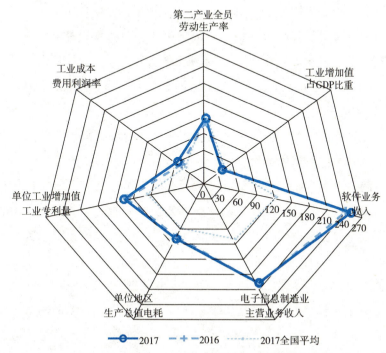

图 12 - 4　2016—2017 年江苏省两化融合应用效益指数情况

资料来源：赛迪智库整理，2017 年 12 月。

三、优劣势评价

江苏省两化融合水平处于全国领先行列，较好的经济基础为促进两化融合发挥了积极作用。具体来说，江苏省两化融合具有以下优势：

一是网络基础建设力度增大。2017年完成信息基础设施建设投资达到440亿元，超过全年投资计划（340亿元）的29.4%。加快推进骨干网扩容、光网城市、城乡4G网络、农村地区光纤网络、广电网络数字化双向化改造、互联网数据中心等工程建设。积极推进全省农村地区电信普遍服务，完成南通、淮安、扬州、镇江四市申报并成功获批国家第三批电信普遍服务试点，获得三批国家补助资金共计1.22亿元，拉动电信企业投入配套建设资金8亿元。目前全省农村地区光纤宽带到户率和4G网络覆盖率均已达到90%。

二是政企合作交流充分。积极推进省政府与阿里、华为、中兴等企业的战略合作协议具体落实，制定差异化的合作计划和推进方案，建立定期会晤、定向沟通、定点协调的合作机制，与阿里合作举办政府CIO培训班，进一步提高政府主管领导信息化统筹协调、战略谋划、创新管理等方面能力。推动省政府与腾讯签署战略合作协议，围绕智慧城市服务、云计算大数据、创新创业、"互联网＋交通""互联网＋医疗"等重点领域展开全面合作，组织实施30个重大项目。

三是工控信息安全保障能力增强。组织南瑞集团等单位开展工业控制系统信息安全共性技术重大项目攻关，指导项目参研单位建立工业网络态势感知平台，制定工业企业风险评估标准规范，研发工控终端安全防护与检测工具。对全省重点工业企业工业控制系统开展信息安全大检查，开展信息安全试点示范企业评选。积极组织企业参加2017年工业信息安全技能大赛，并获得预赛第1、大赛第3的好成绩。

江苏省两化融合发展总体情况较好，但也存在一些劣势和不足：

一是两化融合专项资金缺乏。根据统计，2017年，江苏的基础环境指标指数排名全国第8，明显低于工业应用指标（全国排名第3）和应用效益指标（全国排名第2）的成绩。其中专项资金是基础环境分项指标中最低的一项，也远落后于全国平均水平。统计显示，2017年江苏省没有设立"两化"融合专项引导资金，在一定程度上限制了该省两化融合的发展。

二是两化融合在提高劳动生产率、改善能源消耗等方面的促进作用尚未发挥作用。根据统计与测算，2017 年江苏省第二产业全员劳动生产率指数全国排名第 23 位，单位地区生产总值能耗指数全国排名第 15 位，明显低于全国平均水平。这表明，两化融合对工业应用效益的贡献不明显，在推动经济发展的数量和质量上还有较大发展空间。

四、相关建议

对江苏省两化融合提出以下建议：

1. 努力聚焦工业互联网发展。一是强化顶层设计，推动出台江苏省《关于深化互联网＋先进制造业发展工业互联网的实施意见》。二是召开全省工业互联网发展推进大会。三是推动省政府与工信部签订战略合作协议，部省联动共推江苏省工业互联网发展。四是制定并发布工业互联网平台建设指南，组织开展国家和省级平台申报和认定。五是整合资源设立工业互联网发展基金。六是开展江苏省工业互联网平台发展路径课题研究，制定评估体系，适时发布江苏省重点工业互联网平台发展指数。七是组织制定和发布工业互联网标杆工厂、"互联网＋先进制造业"特色基地建设标准和认定办法。八是组织开展工业互联网发展供给资源池建设，制定相关标准并开展能力评估，打造江苏省工业互联网服务生态体系。

2. 深化实施"企业上云"行动。一是组织实施"企业上云"三年行动计划，制订目标责任制，形成省市县经信系统推动"企业上云"的工作合力。二是分批次组织星级上云企业评定工作，引导企业持续推进业务上云。三是制订"企业上云"项目综合奖补政策，探索"企业上云"服务券应用，鼓励更多的中小企业上云。四是落实省政府与有关云服务提供单位签订的合作协议，开展企业上云环省行宣贯活动。五是大力实施"133 工程"，发挥示范引领作用，带动更多的企业应用互联网、大数据和人工智能实现高质量发展。

3. 推进制造业"双创"平台建设。一是推进实施制造业双创平台建设三年行动计划，组织开展新一批国家级、省级示范平台申报和认定工作。二是推动"双创"平台的资源汇聚和能力开放，完善平台的服务功能和推介活动。

三是优化和完善制造业"双创"平台，促进制造业"双创"平台和工业互联网平台融通发展。四是组织开展江苏省首届工业互联网开发者大赛，推荐优胜团队参加中国工业互联网"双创"开发者大赛。

4. 加大两化融合管理体系贯标力度。一是积极落实《关于深入推进信息化和工业化融合管理体系的实施意见》。二是制定两化融合管理体系贯标全过程管理办法，对关键环节进行监管，推动企业本质贯标。三是提升贯标宣贯工作组织水平，继续开展贯标环省宣讲。四是完善省两化融合贯标示范企业标准，研究制定机械装备、冶金等行业两化融合管理体系标准或实施指南。五是继续开展省级贯标试点工作，开展小微企业贯标试点，建立贯标试点后备企业库。六是开展贯标新型能力优秀案例集征集活动，发布年度企业卓越新型能力建设报告。

5. 加强两化融合数据分析。一是建立两化融合数据定期通报制度。推动全省更多的大中型企业通过两化融合数据填报系统开展自评估，每半年通报各市两化融合发展水平指数。二是推广应用两化融合发展数据地图。积极引导企业自觉开展两化融合自评估，指导和帮助企业准确填报数据。三是组织企业两化融合数据填报人员培训，对各地经信部门两化融合统计分析优秀工作人员予以表彰和奖励。

6. 完善两化融合服务体系。一是全面摸清两化融合服务机构情况，组织力量制定两化融合服务机构评价标准和体系，发布服务机构清单，评选优秀服务机构并进行宣传推广。二是组织优秀服务机构环省行活动，在机械装备、石油化工、纺织服装、轻工食品等行业召开交流对接会促进对接。三是以制造业企业需求为牵引，面向关键和共性技术，组织两化融合服务机构和行业企业进行联合攻关，为制造业企业提供更多更优的系统解决方案，促进服务机构的发展和壮大。

第十三章　浙江省两化融合发展水平分析

一、总体情况

（一）经济概况

2017，浙江省地区生产总值51768亿元，比上年增长7.8%。其中，第一产业增加值2017亿元，第二产业增加值22472亿元，第三产业增加值27279亿元，分别增长2.8%、7.0%和8.8%，第三产业对GDP增长的贡献率为57.0%。三次产业增加值结构由上年的4.2∶44.8∶51.0调整为3.9∶43.4∶52.7。人均GDP为92057元（按年平均汇率折算为13634美元），增长6.6%。全年全员劳动生产率为13.7万元/人，按可比价计算比上年提高6.9%。全年规模以上工业增加值14440亿元，比上年增长8.3%。规模以上工业销售产值67857亿元，增长14.6%，其中出口交货值11585亿元，增长9.4%。规模以上制造业中，高技术、高新技术、装备制造、战略性新兴产业增加值分别比上年增长16.4%、11.2%、12.8%、12.2%，占规模以上工业的12.2%、42.3%、39.1%、26.5%。在规模以上工业中，信息经济核心产业、文化产业、节能环保、健康产品制造、高端装备、时尚制造业增加值分别增长14.1%、5.7%、11.4%、13.3%、8.1%和2.4%。在战略性新兴产业中，新一代信息技术和物联网、海洋新兴产业、生物产业增加值分别增长21.5%、11.2%和12.5%。规模以上工业新产品产值率为35.4%，比上年提高1.5个百分点。十大传统制造业产业增加值增长4.5%。全年规模以上工业企业实现利润4570亿元，比上年增长16.6%。高新技术、装备制造和战略性新兴产业利润总额分别增长20.3%、19.5%和25.6%；十大传统制造业产业利润增长

169

23.2%。劳动生产率为 21.6 万元/人，按可比价计算比上年提高 7.7%①。

（二）两化融合主要进展

2017 年，浙江省以五大发展理念为引领，积极实施创新驱动发展战略，围绕供给侧结构性改革，加快推进"两化"深度融合国家示范区建设，突出深化制造业与互联网融合发展，各方面取得了积极成效。

1. 不断深化制造业与互联网融合

一是做好信息化建设顶层设计。推动出台《浙江省人民政府关于深化制造业与互联网融合发展的实施意见》《浙江省"两化"深度融合国家示范区建设 2017 年工作方案》《浙江省制造业"双创"平台培育实施方案》等系列政策文件，指导部署年度全省"两化"深度融合、信息经济相关工作。二是开展试点示范。新建省级"两化"深度融合国家示范区域 20 个和智能制造示范区 10 个，5 个项目入选工信部制造业与互联网融合发展试点示范项目，12 个项目入选工信部制造业"双创"平台试点示范项目。新增工信部批复的"两化"融合管理体系贯标示范企业 2 家、试点企业 46 家。在大企业"双创"平台、网络协同制造、个性化定制等领域培育省级示范试点企业 175 家，"双创"示范基地 3 家。三是积极推动"十万企业上云"。制订出台《浙江省"企业上云"行动计划（2017 年）》，推进"企业上云"向"深度用云"转化，鼓励中小企业充分利用云化研发设计、生产管理和运营优化等软件，实现业务系统向云端迁移，全年累计新增上云企业超 12 万家，全省范围共评选认定 12 家优秀的行业云应用示范平台，118 家第一批上云标杆企业。

2. 积极谋划推动工业互联网发展

一是广泛开展走访调研。深度对接《国务院关于深化"互联网＋先进制造业"发展工业互联网的指导意见》（以下简称《指导意见》），抓好工信部、浙江省关于共同推进工业互联网发展合作协议各项内容的落实，多次开展专题调研，先后赴传化集团、网易公司、正泰电器、美大集团等省内企业实地走访，从制造企业、互联网企业两端切入，深入了解工业互联网的不同功能、发展的不同阶段和企业对工业互联网的认识、需求，深入了解阿里云 ET 工业

---

① 浙江省统计局：《2017 年浙江省国民经济和社会发展统计公报》，2018 年 2 月。

大脑，中控 SupOS 工业操作系统、传化公路港、网易严选平台、嘉兴"毛衫汇"等一批功能各异、各具特色的工业互联网平台发展情况，掌握了大量的一手资料，为后续工作的开展打下了良好基础。二是细化完善政策体系。进一步优化了浙江省工业互联网发展的顶层设计，以《指导意见》为依据，紧密结合浙江省实际，本着"突出浙江优势，务求落地落实"的原则，研究起草了《浙江省人民政府关于深化"互联网＋先进制造业"发展工业互联网的实施意见》等政策文件，同步展开《浙江省国家级工业互联网平台建设方案》《浙江省工业互联网安全服务平台建设方案》的研究论证工作，明确浙江工业互联网的发展目标与路线图、重点建设任务、配套保障措施等。

3. 营造良好发展环境

一是承办全国制造业与互联网融合行业系统解决方案应用推广和现场交流会，分享行业系统解决方案创新模式和发展路径；组织召开中国工业大数据·钱塘峰会、第二届中国产业互联网大会，展示工业大数据和产业互联网最新技术成果，推进工业大数据和产业互联网在传统制造业的应用。举办全省云计算大数据产业推进大会，承办工信部全国云计算工作交流会暨"企业上云"现场会。二是组织开展系列培训交流活动，印发《关于组织开展深化制造业与互联网融合发展政策宣讲工作的通知》，举办全省传统产业"互联网＋"转型升级培训班、全省"推进'两化'深度融合，加快发展智能制造"培训班、全省"两化"融合管理体系贯标实务培训会、浙江省区域"两化"融合评估工作培训会暨两化融合登高问诊等。三是积极推进与阿里巴巴、中电科技、新华三、四大通信运营商、华为及北大、清华、浙大等名企名院名校的合作交流与产业对接，推进华为与杭钢集团战略合作，积极拓展海内外引智渠道，积极吸引国内外知名企业和优秀人才来浙进行项目合作和投资发展。

二、两化融合发展水平分析

（一）综合分析

2017 年，浙江省两化融合发展总指数为 106.01，比 2016 年提高了 3.47个点。其中，基础环境指数为 107.99，比 2016 年的 105.62 上升了 2.37个点；工业应用指数为 98.06，比 2016 年的 94.06 增长了 2 个点；应用效益指数为 119.93，比 2016 年增长了 3.53 个点。

表 13-1　2016—2017 年浙江省两化融合指数情况

指标	2016 年指数	2017 年指数	变化情况
基础环境	105.62	107.99	↑2.37
工业应用	94.06	98.06	↑2
应用效益	116.4	119.93	↑3.53
发展指数	102.54	106.01	↑3.47

资料来源：赛迪智库整理，2017 年 12 月。

图 13-1　2016—2017 年浙江省两化融合指数情况

资料来源：赛迪智库整理，2017 年 12 月。

（二）具体分析

1. 基础环境指数

2017 年，浙江省在信息基础设施建设方面的投入力度不断增强，基础环境指数由 2016 年的 105.624 提高至 107.99，增幅达到 2.37 个点。具体来看，2017 年浙江省城（省）域网出口带宽指数为 122.81，比 2016 年提高了 16.17 个点；固定宽带普及率指数为 130.74，比 2016 年提高了 2.86 个点；固定宽带端口平均速率指数为 130.95，比 2016 年增长了 9.52 个点；移动电话普及率指数为 79.96，比 2016 年增长了 1.86 个点。在互联网应用普及方面，2017 年，浙江省互联网普及率指数为 78.52，比 2016 年增长了 0.22 个点。在两化融合政策环境建设方面，2017 年，浙江省继续设立两化融合专项引导资金，在吸引社会资本参与信息化建设中发挥了重要作用；中小企业信息化服务平

台数量指数和重点行业典型企业信息化专项规划情况指数分别为 145.34 和
86.27，与 2016 年保持不变。

表 13-2 2016—2017 年浙江省两化融合基础环境指数情况

指标	2016 年指数	2017 年指数	指数变化情况
城（省）域网出口带宽	106.64	122.81	↑16.17
固定宽带普及率	127.88	130.74	↑2.86
固定宽带端口平均速率	121.43	130.95	↑9.52
移动电话普及率	81.82	79.96	↓1.86
互联网普及率	78.3	78.52	↑0.22
两化融合专项引导资金	100	100	—
中小企业信息化服务平台数	145.34	145.34	—
重点行业典型企业信息化专项规划	86.72	86.72	—

资料来源：赛迪智库整理，2017 年 12 月。

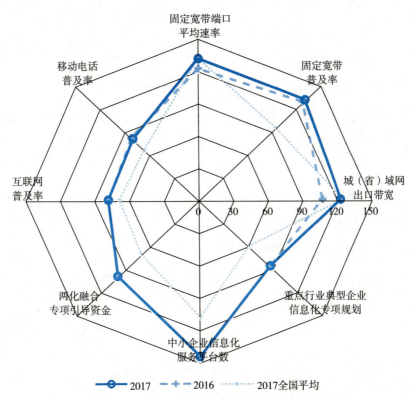

图 13-2 2016—2017 年浙江省两化融合基础环境指数情况

资料来源：赛迪智库整理，2017 年 12 月。

2. 工业应用指数

2017 年，浙江省工业应用指数为 98.06，比 2016 年增长了 2 个点。具体来看，重点行业典型企业 ERP 普及率指数为 79.36，比 2016 降低了 0.24 个点。重点行业典型企业 MES 普及率指数为 110.07，比 2016 年增长 4.42 个点。重点行业典型企业 PLM 指数为 91.05，比 2016 年提升 0.54 个点。重点行业典型企业 SCM 普及率指数和重点行业典型企业采购环节电子商务应用普及率指数与 2016 年保持不变。重点行业典型企业销售环节电子商务应用普及率指数为 152.9，比 2016 年提高了 1 个点。重点行业典型企业装备数控化率指数为 74.47，比 2016 年提高了 1.47 个点。国家新型工业化产业示范基地两化融合发展水平指数为 76.36，比 2016 年提高了 22.23 个点。

表 13-3　2016—2017 年浙江省两化融合工业应用指数情况

指标	2016 年指数	2017 年指数	变化情况
重点行业典型企业 ERP 普及率	79.6	79.36	↓0.24
重点行业典型企业 MES 普及率	105.65	110.07	↑4.42
重点行业典型企业 PLM 普及率	90.51	91.05	↑0.54
重点行业典型企业 SCM 普及率	72.77	72.77	—
重点行业典型企业采购环节电子商务应用	135.1	135.1	—
重点行业典型企业销售环节电子商务应用	151.9	152.9	↑1
重点行业典型企业装备数控化率	73	74.47	↑1.47
国家新型工业化产业示范基地两化融合发展水平	54.13	76.36	↑22.23

资料来源：赛迪智库整理，2017 年 12 月。

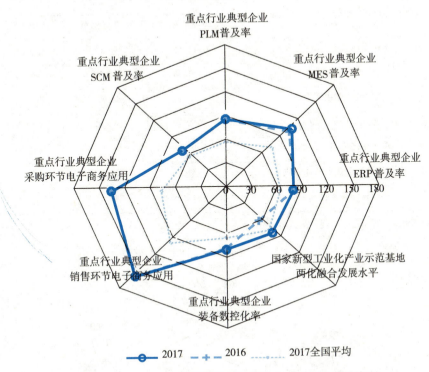

图 13 - 3　2016—2017 年浙江省两化融合工业应用指数情况

资料来源：赛迪智库整理，2017 年 12 月。

3. 应用效益指数

2017 年，浙江省两化融合应用效益水平稳步提升，由 2016 年的 116.4 提升至 119.93，具体指标与 2016 年相比，整体浮动不大。在地区工业生产效益和水平方面，2017 年，浙江省工业增加值占 GDP 比重指数为 46.6，比 2016 下降了 0.58 个点；第二产业全员劳动生产率指数为 106.26，比 2016 年增长了 6.28 个点；工业成本费用利润率指数为 48.83，比 2016 年上升了 7.57 个点；单位工业增加值工业专利量指数为 155.82，比 2016 年上升了 6.59 个点；在工业节能减排水平方面，单位地区生产总值电耗指数为 89.12，比 2016 年上升了 0.56 个点。在信息产业发展水平方面，2017 年，浙江省电子信息制造业主营业务收入指数为 189.45，比 2016 年增加了 8.17 个点；软件业务收入指数为 244.19，比 2016 年提升 11.8 个点。

表 13 - 4   2016—2017 年浙江省两化融合应用效益指数情况

指标	2016 年指数	2017 年指数	变化情况
工业增加值占 GDP 比重	47.18	46.6	↓0.58
第二产业全员劳动生产率	99.98	106.26	↑6.28
工业成本费用利润率	41.26	48.83	↑7.57
单位工业增加值工业专利量	162.41	155.82	↓6.59
单位地区生产总值电耗	88.56	89.12	↑0.56
电子信息制造业主营业务收入	181.28	189.45	↑8.17
软件业务收入	232.39	244.19	↑11.8

资料来源：赛迪智库整理，2017 年 12 月。

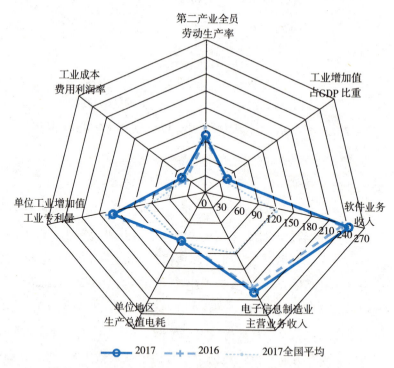

图 13 - 4   2016—2017 年浙江省两化融合应用效益指数情况

资料来源：赛迪智库整理，2017 年 12 月。

三、优劣势评价

浙江两化融合的主要优势：

一是对"两化融合"的认识水平和重视程度不断提高。从全国来看，2017年浙江省为重点行业典型企业信息化发展保驾护航，出台专项规划情况位列全国第2，营造了良好的政策发展环境。先后制定出台了《浙江省人民政府关于深化制造业与互联网融合发展的实施意见》《浙江省"两化"深度融合国家示范区建设2017年工作方案》《浙江省制造业"双创"平台培育实施方案》《浙江省"企业上云"行动计划（2017年）》等一系列政策文件，对推进两化深度融合，加快制造业转型升级具有重要的指导意义。

二是拥有一批实力强大的软件企业，能够为推动两化融合发展提供技术支持。数据显示，浙江省有软件业务收入超亿元企业282家（2016年年报）、超十亿元企业34家、超百亿元企业5家、超千亿企业1家；有12家企业入围中国软件业务收入前百家企业，较去年增加4家；有39家企业通过国家规划布局内重点软件和集成电路企业所得税优惠核查，较2016年增加11家。由此可见，浙江省具备深化两化融合的技术支撑能力。

与此同时，浙江省两化融合也存在一些劣势，一是由于经济发展水平和产业结构等原因，省内地区间信息化发展不均衡，存在数字鸿沟。二是企业信息化现状多数处于机械化、半自动化生产阶段，"两化"融合应用还亟待深化。三是示范基地引领带动作用有待提升。2017年，浙江省的国家新型工业化产业示范基地"两化"融合发展水平全国排名第16，低于全国平均水平，基地各类功能建设和配套尚不完善，致使辐射带动作用不强。

四、相关建议

对浙江省两化融合提出以下建议：

1. 加快推动工业互联网平台建设。发挥阿里云、中控、之江实验室等企业和机构的优势，高水平建设具有国际水准的工业互联网平台；结合浙江块状经济特色优势，围绕汽车、供应链物流、纺织服装、医药化工等重点行业，培育建设面向行业和产业集群的行业工业互联网平台；推动大企业工业互联网平台与中小微企业需求精准对接，打造一批基于工业互联网的制造业"双创"平台和工业大数据平台。

2. 进一步深化"两化"深度融合国家示范区建设。力争新创建省级"两化"深度融合国家示范区域、制造业"双创"平台（基地）以及新增企业列入 2018 年"两化"融合管理体系贯标试点名单。要深化智能制造试点示范，推动省级智能制造试点示范区、智能制造试点示范工厂（车间）、个性定制试点示范企业建设，引领推动若干家重点工业企业智能化转型，推动企业信息化从单向应用向综合集成、协同创新阶段登高，进一步提高全省重点行业典型企业 ERP、SCM、PLM、MES 应用率。

3. 进一步夯实网络基础设施支撑能力。一是推动工业企业内外网改造。支持工业企业以 IPv6、工业无源光网络、窄带物联网、工业过程/工业自动化无线网络等技术改造工业企业内网，推进工业企业内网的 IP 化、扁平化、柔性化技术改造和建设部署，推动新型智能网关应用；以 IPv6、软件定义网络以及新型蜂窝移动通信技术对工业企业外网进行升级改造，实现窄带物联网全省覆盖。打造人、机、物全面互联的新型网络基础设施。二是加强信息基础设施建设。强化城镇光网覆盖，实现全省城市全面具备 100M 以上接入能力。实施 IPv6 规模部署行动计划，推进网络、应用、终端等向 IPv6 演进升级。4G 网络实现城乡全覆盖，争取 5G 试验网建设。实施农村海岛"扫盲除点"工程，基本具备 50M 以上接入能力。推进中国互联网络信息中心浙江分中心建设。

第十四章 安徽省两化融合发展水平分析

一、总体情况

（一）经济概况

2017 年，安徽省全年生产总值 27518.7 亿元，按可比价格计算，比上年增长 8.5%。分产业看，第一产业增加值 2611.7 亿元，增长 4%；第二产业增加值 13486.6 亿元，增长 8.6%；第三产业增加值 11420.4 亿元，增长 9.7%。三次产业结构由上年的 10.5∶48.4∶41.1 调整为 9.5∶49.0∶41.5，其中工业增加值占 GDP 比重为 41.8%。全员劳动生产率 62975 元/人，比上年增加 6889 元/人。人均 GDP44206 元，比上年增加 4645 元。全年规模以上工业增加值比上年增长 9%，其中国有及国有控股企业增长 9.1%、股份制企业增长 9.1%、外商及港澳台商投资企业增长 8.5%。分门类看，采矿业增长 0.5%，制造业增长 9.5%，电力、热力、燃气及水生产和供应业增长 9.2%。规模以上工业中，40 个工业大类行业有 34 个增加值保持增长，其中计算机、通信和其他电子设备制造业增长 15.1%，黑色金属矿采选业下降 10.1%，有色金属冶炼和压延加工业增长 3%，汽车制造业增长 9.8%，通用设备制造业增长 9.2%，黑色金属冶炼和压延加工业下降 1%，纺织服装、服饰业增长 2.3%，化学原料和化学制品制造业增长 10.4%，非金属矿物制品业增长 6.7%，电气机械和器材制造业增长 13.5%，电力、热力生产和供应业增长 9.2%，农副食品加工业增长 4.8%，煤炭开采和洗选业增长 5%。六大工业主导产业增加值增长 9.5%，装备制造业增长 13.4%，高技术产业增长 16.3%；战略性新兴产业产值增长 21.4%，24 个战略性新兴产业集聚发展基地工业总产值增长 23.1%①。

（二）两化融合主要进展

2017 年，安徽省多措并举加快推进信息化和工业化深度融合，人们印象中的"粗、笨、重"工业企业正在向"高、精、尖"迈进，两化融合已经成为安徽省打造"安徽经济升级版"的一支生力军。

1. 加强政策法规建设

一是推动《安徽省信息化促进条例》的出台。《条例》的制定出台标志着安徽省信息化发展进入有法可依、依法推进的新阶段。二是出台《安徽省人民政府关于深化制造业与互联网融合发展的实施意见》（皖政〔2017〕3号）。三是《安徽省"十三五"信息化发展规划》（皖政〔2017〕86号）。全省信息化领域形成"一法""一策""一规划"的积极政策环境。

2. 扎实推进工业企业两化融合贯标对标工作

一是深入推进两化融合管理体系的标准普及。全省两化融合贯标评定工作总体进展得分 1313 分，位居全国第 3，累计 83 家企业通过两化融合管理体系认定，位居全国第 4。其中，安徽叉车集团、泰禾光电还被工信部确定为国家贯标首批 50 家示范企业。二是开展两化融合对标引导工作。全省累计 5752 家工业企业开展了对标自评估，位居全国第 5。企业评估得分平均为 48.5，位居全国第 11 位。三是加强企业 IT 咨询服务。5 家两化融合贯标辅导机构获得中国两化融合服务联盟评级推荐。

3. 着力推进制造业与互联网融合发展

一是推进基于互联网的大企业"双创"平台建设，举办全国大企业"双创"现场交流会暨制造业与互联网融合发展深度行（安徽站），6 家企业 7 项目被工信部认定为制造业首批"双创"试点示范项目，数量居全国第 2，马钢祥云等一批企业平台不断完善，荣事达电子电器被国务院授予第二批"双创"示范基地。二是积极开展制造业与互联网融合试点工作。4 个项目入围国家级制造业与互联网融合试点示范，位居全国第 2。开展制造业与互联网融合发展省级试点工作，首批认定 87 家企业。江淮汽车、科大讯飞等一批产业互联网集成服务

---

① 安徽省统计局：《安徽省 2017 年国民经济和社会发展统计公报》，2018 年 3 月。

解决方案获国家肯定。三是促进交流合作。安庆德信合力公司的"中德工业4.0智能制造实训基地"入围工信部中德智能制造合作试点示范项目；与长三角的信息合作共同编制"十三五"信息化规划；举办全省两化融合工作培训、CIO高级研修培训、"两化融合示范企业行"等多项活动，交流经验。

二、两化融合发展水平分析

（一）综合分析

2017年，安徽省两化融合发展指数为93.78，比2016年增长3.43个点。基础环境指数为86.93，比2016年的84.11增长了2.82个点。工业应用指数为93.73，比2016年的90.37增长了3.36个点。应用效益指数为100.75，比2016年的96.55增长了4.2个点。

表14-1　2016—2017年安徽省两化融合指数情况

指标	2016年指数	2017年指数	变化情况
基础环境	84.11	86.93	↑2.82
工业应用	90.37	93.73	↑3.36
应用效益	96.55	100.75	↑4.2
发展指数	90.35	93.78	↑3.43

资料来源：赛迪智库整理，2017年12月。

图14-1　2016—2017年安徽省两化融合指数情况

资料来源：赛迪智库整理，2017年12月。

（二）具体分析

1. 基础环境指数

在信息基础设施建设方面，2017年安徽省城（省）域网出口带宽指数为110.57，比2016年增长了5.66个点；固定宽带普及率指数为87.74，比2016年增长了3.88个点；固定宽带端口平均速率指数为133.39，比2016年增长了6.16个点；移动电话普及率指数为53.5，比2016年增长了0.59个点。在互联网应用普及方面，2017年，安徽省互联网普及率指数为61.03，比2016年增长了4.71个点。在两化融合政策环境建设方面，2017年安徽省设立了两化融合专项引导资金；中小企业信息化服务平台数量指数与2016年保持不变；重点行业典型企业信息化专项规划情况指数为81.3，比2016年增长了1.18个点。

表14-2　2016—2017年安徽省两化融合基础环境指数情况

指标	2016年指数	2017年指数	指数变化情况
城（省）域网出口带宽	104.91	110.57	↑5.66
固定宽带普及率	83.86	87.74	↑3.88
固定宽带端口平均速率	127.23	133.39	↑6.16
移动电话普及率	52.91	53.5	↑0.59
互联网普及率	56.32	61.03	↑4.71
两化融合专项引导资金	100	100	—
中小企业信息化服务平台数	92.07	92.07	—
重点行业典型企业信息化专项规划	80.12	81.3	↑1.18

资料来源：赛迪智库整理，2017年12月。

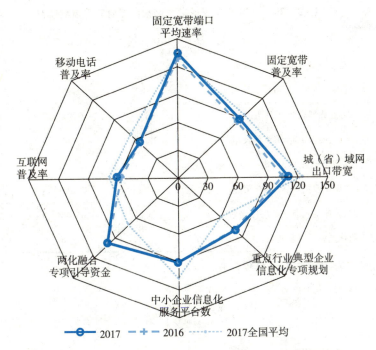

图 14 - 2 2016—2017 年安徽省两化融合基础环境指数情况

资料来源：赛迪智库整理，2017 年 12 月。

2. 工业应用指数

2017 年，安徽省工业应用指数为 93.73，比 2016 年的 90.37 增长了 3.36 个点。其中，重点行业典型企业 ERP 普及率指数为 77.83，比 2016 年的 77.87 降低了 0.04 个点。重点行业典型企业 MES 普及率指数为 105.53，比 2016 年的 104.5 增长了 1.03 个点。重点行业典型企业 PLM 指数为 84.4，比 2016 年的 83.9 提升了 0.5 个点。重点行业典型企业 SCM 普及率指数为 73.67，比 2016 年的 72.53 降低了 1.14 个点。重点行业典型企业采购环节电子商务应用普及率指数为 126.22，比 2016 年的 125.01 降低了 1.21 个点。重点行业典型企业销售环节电子商务应用普及率指数为 146.99，比 2016 年的 146.69 增长了 0.3 个点。重点行业典型企业装备数控化率指数为 65.46，比 2016 年的 65.21 增长了 0.25 个点。国家新型工业化产业示范基地两化融合发展水平指数为 77.16，比 2016 年的 56.99 增长 20.17 个点。

表 14 - 3　2016—2017 年安徽省两化融合工业应用指数情况

指标	2016 年指数	2017 年指数	指数变化情况
重点行业典型企业 ERP 普及率	77.87	77.83	↓0.04
重点行业典型企业 MES 普及率	104.5	105.53	↑1.03
重点行业典型企业 PLM 普及率	83.9	84.4	↑0.5
重点行业典型企业 SCM 普及率	72.53	73.67	↑1.14
重点行业典型企业采购环节电子商务应用	125.01	126.22	↑1.21
重点行业典型企业销售环节电子商务应用	146.69	146.99	↑0.3
重点行业典型企业装备数控化率	65.21	65.46	↑0.25
国家新型工业化产业示范基地两化融合发展水平	56.99	77.16	↑20.17

资料来源：赛迪智库整理，2017 年 12 月。

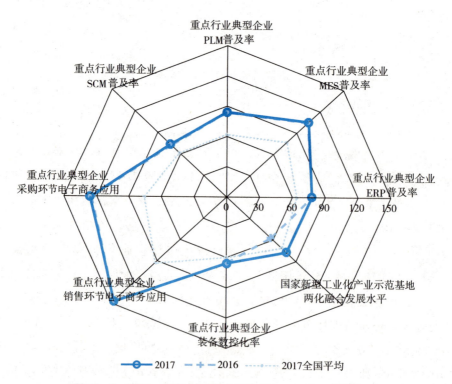

图 14 - 3　2016—2017 年安徽省两化融合工业应用指数情况

资料来源：赛迪智库整理，2017 年 12 月。

3. 应用效益指数

在地区工业生产效益和水平方面，2017 年，安徽省工业增加值占 GDP 比重指数为 48.16，比 2016 年的 48.85 下降了 0.69 个点；第二产业全员劳动生产率指数为 128.13，比 2016 年的 121.9 增长了 6.23 个点；工业成本费用利润率指数为 39.56，比 2016 年的 36.13 增加了 3.43 个点；单位工业增加值工业专利量指数为 165.97，比 2016 年的 165.72 增长了 0.25 个点。在工业节能减排水平方面，单位地区生产总值电耗指数为 94.76，比 2016 年的 94.06 提升 0.7 个点。在信息产业发展水平方面，2017 年，安徽省电子信息制造业主营业务收入指数为 155.07，比 2016 年的 143.89 增加了 11.18 个点；软件业务收入指数为 80.68，比 2016 年的 69.81 增长了 10.87 个点。

表 14－4　2016—2017 年安徽省两化融合应用效益指数情况

指标	2016 年指数	2017 年指数	指数变化情况
工业增加值占 GDP 比重	48.85	48.16	↓0.69
第二产业全员劳动生产率	121.9	128.13	↑6.23
工业成本费用利润率	36.13	39.56	↑3.43
单位工业增加值工业专利量	165.72	165.97	↑0.25
单位地区生产总值电耗	94.06	94.76	↑0.7
电子信息制造业主营业务收入	143.89	155.07	↑11.18
软件业务收入	69.81	80.68	↑10.87

资料来源：赛迪智库整理，2017 年 12 月。

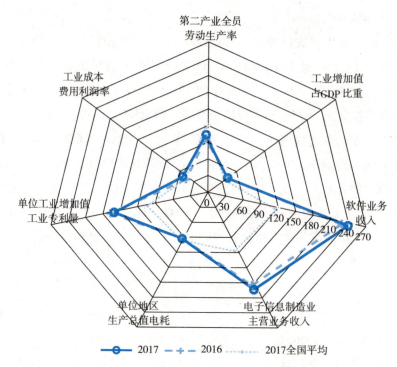

图 14－4　2016—2017 年安徽省两化融合应用效益指数情况

资料来源：赛迪智库整理，2017 年 12 月。

三、优劣势评价

安徽省 2016 年工业经济和信息化均呈快速发展态势，两化融合发展具有一定优势：

一是拥有一批实力雄厚的骨干企业。全省软件服务业超亿元以上企业 80 家，其中科大讯飞等 9 家企业收入超 10 亿元。科大讯飞连续三年入选中国软件业务收入前百家企业名单，入选 2017 年全球五十大最聪明企业榜单（中国排名第 1，世界第 6）。上市软件企业共计 8 家，华米科技在美国纽约证券交易所成功上市，成为首家在纽交所上市的皖企。

二是重点行业信息化应用水平较高。根据统计，2017 年，安徽省工业应用各项指标普遍位居全国前列，其中，重点行业典型企业 ERP 普及率、MES 普及率、PLM 普及率均在全国排名第 3，SCM 普及率位居全国首位，采购环节电子商务应用和销售环节电子商务应用指标排名全国第2。表明安徽省重点行业企业普遍对信息化应用较为重视，应用较为深入。

同时，安徽省两化融合发展也存在一些劣势：

一是信息基础设施严重滞后。根据评估数据，2017年基础环境整体发展水平，远低于全国平均水平，排名全国第18位。各分项指数情况更是不容乐观，城（省）域网出口带宽指数排名全国第20位，固定宽带普及率排名全国第21位，移动电话普及率排名全国第30位，互联网普及率排名全国第26位，由此可见，安徽省信息基础设施无法满足企业转型发展的需要，其支撑能力亟待提升。

二是工业企业竞争盈利后力不足。2017年，安徽省工业成本费用利润率指数为39.56，虽然比2016年提高3.43个点，但仍低于全国平均水平，在全国仅排名第23位，工业企业的竞争盈利能力亟待提升。

四、相关建议

对安徽省两化融合提出以下建议：

1. 推进融合发展。一是积极推进互联网与制造业的深度融合。大力宣贯国务院《关于深化"互联网+先进制造业"发展工业互联网的指导意见》，积极培育省级制造业与互联网融合发展试点企业。二是两化融合贯标、对标工作引向深入。组织2017年新获批的国家级和新认定的省级试点企业培训，落实好奖补政策，扩大参与两化融合自评估、自诊断的企业数量。三是积极推进工业电子商务，启动安徽省"工业电子商务培育行动"。四是推广CIO（首席信息官）制度。注重发挥CIO组织的作用，支持服务商与制造企业精准对接。

2. 推进云数应用。一是实施"皖企登云计划"。开展企业上云、用云试点示范，支持企业与云资源深度对接，力争云计算大数据相关产业规模实现突破性增长。二是打造工业互联网创新应用平台。支持制造业龙头企业、大型互联网企业、信息通信企业建平台以及行业或细分领域的平台企业，为企业提供即插即用、低成本、易推广的应用服务。打造企业级工业互联网示范平台，培育工业示范APP。三是推动云计算和大数据技术在经济社会发展各领域的应用。推动高校、科研院所、通信运营商、软件企业和传统经济部门单位的合作，组织大数据创新应用大赛和各类交流与培训活动。四是加强开放合作。推动省政府与腾讯公司、阿里巴巴公司等的有关合作协议的执行，加强与通信运营商、华为、中兴、浪潮等公司合作。

3. 推进大企"双创"。一是充分发挥荣事达电子电器国家级"双创"基地和安徽省7个工信部制造业"双创"平台试点示范项目的带动作用，着力构建基于互联网的制造业"双创"平台，扩大重点行业骨干企业互联网"双创"平台普及率。二是探索部省共建一批制造业"双创"示范区，鼓励大型制造业"双创"平台与国家新型工业化产业示范基地、国家级经济技术开发区等产业聚集区创业创新资源对接。三是完善制造业"双创"推进工作体系，开展制造业"双创"平台发展水平评估。加强工业信息安全保障。组织开展全省工控系统安全检查，加强对工信部《工业控制系统信息安全防护指南》贯彻落实情况督查，强化现场抽查和督促整改。推动工控安全态势感知、仿真测试、评估验证等平台建设，探索工业互联网、工业云、工业大数据等安全解决方案。加快完善工业信息安全保障技术队伍，培育发展工控安全本地化专业服务机构。

第十五章　福建省两化融合发展水平分析

一、总体情况

（一）经济概况

2017 年，福建省全年实现地区生产总值 32298.28 亿元，比上年增长 8.1%。其中，第一产业增加值 2442.44 亿元，增长 3.6%；第二产业增加值 15770.32 亿元，增长 6.9%；第三产业增加值 14085.52 亿元，增长 10.3%。第一产业增加值占地区生产总值的比重为 7.6%，第二产业增加值比重为 48.8%，第三产业增加值比重为 43.6%。全年人均地区生产总值 82976 元，比上年增长 7.1%。全年全部工业增加值 13091.85 亿元，比上年增长 7.5%。规模以上工业增加值增长 8.0%。在规模以上工业中，分经济类型看，国有控股企业增长 9.7%；国有企业增长 49.3%，集体企业增长 3.2%，股份制企业增长 8.5%，外商及港澳台商投资企业增长 7.1%；私营企业增长 8.5%。分轻重看，轻工业增长 9.3%，重工业增长 6.5%。分门类看，采矿业增长 2.0%，制造业增长 7.8%，电力、热力、燃气及水生产和供应业增长 12.5%。工业产品销售率 96.90%，比上年提高 0.37 个百分点。规模以上工业的 38 个行业大类中有 13 个增加值增速在两位数。其中，燃气生产和供应业比上年增长 38.6%，仪器仪表制造业增长 15.1%，文教、工美、体育和娱乐用品制造业增长 14.1%，家具制造业增长 13.4%，有色金属矿采选业增长 13.0%，食品制造业增长 12.9%，汽车制造业增长 12.3%。规模以上工业中三大主导产业实现增加值 4294.41 亿元，增长 8.5%。其中，机械装备产业实现增加值 1925.18 亿元，增长 9.8%；电子信息产业实现增加值 909.63 亿元，增长 10.9%；石油化工产业实现增加值 1459.60 亿元，增长 5.4%。六大高耗能行业实现增加值 2956.10 亿元，比上年增长 6.0%，占规模以上工业增加值的比重为24.3%。工业战略性新兴产业增加值2673.64亿元，增长4.8%，占规模以上工业增加值的比重为22.8%。高技术制造业实现增加值1340.78亿元，增长12.5%，占规模以上工业增加值的比重为11.0%。装备制造业实现增加值2840.15亿元，增长9.4%，占规模以上工业增加值的比重为23.4%[①]。

（二）两化融合主要进展

1. 深入开展两化融合工程和项目

组织实施"百千万"企业两化融合提升工程，推动百企示范、千企贯标、万企行动，开展两化融合对接八闽行活动，依托第三方咨询服务机构，加大两化融合宣传、推广、评估、咨询、对接力度，引导企业广泛参与两化融合行动。2017年，全省共有1131家企业开展两化融合管理体系贯标工作，其中323家企业通过国家贯标评定，数量居全国第1位。遵循"项目建设驱动、加速融合进程"的推进思路，建立"百项千亿"省级两化融合重点项目库，对投资500万元以上且信息化应用较为深入的企业生产智能化、信息系统综合集成应用等项目纳入项目库，2017年共实施省级两化融合重点项目683项，计划总投资1375亿元。

2. 部署落实工业互联网

一是主动融入国家工业互联网发展战略，研究制定福建省深化"互联网＋先进制造业"发展工业互联网的实施方案，目前已上报省政府审议。二是结合国家和省级制造业创新中心工作，推进建设"工业云制造""机器人基础部件与系统集成产业""数字化装备与柔性制造""物联网智能感知应用产业""智能化无线通信制造业"等一批工业互联网创新中心。三是积极推进工业互联网平台建设，目前全省已建或在建工业互联网平台项目9个，涵盖工业云制造平台、物联网通用接入平台、智能装备大数据平台、新能源汽车全生命周期数据运营平台、服装生产服务平台、泛家居个性化定制平台等多个领域。

3. 创新发展工业数字经济

出台《福建省人民政府办公厅关于加快工业数字经济创新发展的意见》，提

---

① 福建省统计局：《2017年福建省国民经济和社会发展统计公报》，2018年2月。

出到 2020 年，数据驱动型工业新生态初步建立，互联网、物联网、大数据、人工智能等新兴数字技术成为工业创新发展的关键要素，工业互联网建设全面推进，形成制造业数字化、网络化、智能化发展体系。为实现上述目标，提出着力实施电子制造业"增芯强屏"工程、软件园区提升工程、新兴信息技术产业化工程、人工智能示范工程等；着力加快数字技术与制造技术在更大范围、更深程度的渗透和创新应用；着力构建数据驱动能力，培育工业数字化服务平台。

二、两化融合发展水平分析

（一）综合分析

2017 年，福建省两化融合发展指数为 96.59，比 2016 年增长 4.86 个点。基础环境指数为 105.44，比 2016 年的 101.73 增长了 3.71 个点。工业应用指数为 85.49，比 2016 年的 79.94 增长了 5.55 个点。应用效益指数为 109.93，比 2016 年增长了 4.63 个点。

表 15 - 1　2016—2017 年福建省两化融合指数情况

指标	2016 年指数	2017 年指数	变化情况
基础环境	101.73	105.44	↑3.71
工业应用	79.94	85.49	↑5.55
应用效益	105.3	109.93	↑4.63
发展指数	91.73	96.59	↑4.86

资料来源：赛迪智库整理，2017 年 12 月。

图 15 - 1　2016—2017 年福建省两化融合指数情况

资料来源：赛迪智库整理，2017 年 12 月。

（二）具体分析

1. 基础环境指数

在信息基础设施建设方面，2017 年，福建省城（省）域网出口带宽指数为 121.15，比 2016 年增长 50.77 个点；固定宽带普及率指数为 116.1，比 2016 年增长了 3.81 个点；固定宽带端口平均速率指数为 134.82，比 2016 年增长了 7.72 个点；移动电话普及率指数为 71.23，比 2016 年下降了 1.28 个点。在互联网应用普及方面，2017 年，福建省互联网普及率指数为 81.45，比 2016 年增长了 0.07 个点。在两化融合政策环境建设方面，2017 年，福建省设立了两化融合专项引导资金；中小企业信息化服务平台数量指数为 150，与 2016 年保持不变；重点行业典型企业信息化专项规划情况指数为 83.49，比 2016 年增长了 0.25 个点。

表 15-2 2016—2017 年福建省两化融合基础环境指数情况

指标	2016 年指数	2017 年指数	指数变化情况
城（省）域网出口带宽	70.38	121.15	↑50.77
固定宽带普及率	112.29	116.1	↑3.81
固定宽带端口平均速率	127.1	134.82	↑7.72
移动电话普及率	72.51	71.23	↓1.28
互联网普及率	81.38	81.45	↑0.07
两化融合专项引导资金	100	100	—
中小企业信息化服务平台数	150	150	—
重点行业典型企业信息化专项规划	83.24	83.49	↑0.25

资料来源：赛迪智库整理，2017 年 12 月。

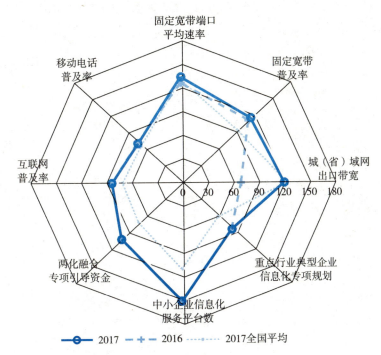

图 15 – 2　2016—2017 年福建省两化融合基础环境指数情况

资料来源：赛迪智库整理，2017 年 12 月。

2. 工业应用指数

2017 年，福建省重点行业典型企业 ERP 普及率指数为 77.3，比 2016 年的 75.85 增加了 1.45 个点。重点行业典型企业 MES 普及率指数 98.35，比 2016 年的 96.07 增加了 2.28 个点。重点行业典型企业 PLM 指数为 73.32，比 2016 年的 70.89 增加了 2.43 个点。重点行业典型企业 SCM 普及率指数为 69.08，比 2016 年的 70.4 下降了 1.32 个点。重点行业典型企业采购环节电子商务应用普及率指数为 97.9，比 2016 年的 85.79 增长了 12.11 个点。重点行业典型企业销售环节电子商务应用普及率指数为 104.38，比 2016 年的 97.9 增长了 6.48 个点。重点行业典型企业装备数控化率指数为 66.69，比 2016 年的 65.83 增加了 0.86 个点。国家新型工业化产业示范基地两化融合发展水平指数为 79.53，比 2016 年的 53.43 增加了 26.1 个点。

表 15 – 3 2016 – 2017 年福建省两化融合工业应用指数情况

指标	2016 年指数	2017 年指数	指数变化情况
重点行业典型企业 ERP 普及率	75. 85	77. 3	↑1. 45
重点行业典型企业 MES 普及率	96. 07	98. 35	↑2. 28
重点行业典型企业 PLM 普及率	70. 89	73. 32	↑2. 43
重点行业典型企业 SCM 普及率	70. 4	69. 08	↓1. 32
重点行业典型企业采购环节电子商务应用	97. 9	104. 38	↑6. 48
重点行业典型企业销售环节电子商务应用	115. 92	119. 41	↑3. 49
重点行业典型企业装备数控化率	65. 83	66. 69	↑0. 86
国家新型工业化产业示范基地两化融合发展水平	53. 43	79. 53	↑26. 1

资料来源：赛迪智库整理，2017 年 12 月。

图 15 – 3 2016—2017 年福建省两化融合工业应用指数情况

资料来源：赛迪智库整理，2017 年 12 月。

3. 应用效益指数

在地区工业生产效益和水平方面，2017 年，福建省工业增加值占 GDP 比重指数为 47. 57，比 2016 年的 48. 46 减少了 0. 89 个点；第二产业全员劳动生产率指数为 109. 54，比 2016 年的 105. 06 增加了 4. 48 个点；工业成本费用利润率指数为 48. 09，比 2016 年的 40. 97 降低了 7. 12 个点；单位工业增加值工业专利量指数为 121.4，比 2016 年的 118.74 增长了 2.66 个点。在工业节能减排水平方面，单位地区生产总值电耗指数为 98.67，比 2016 年的 96.41 提升 2.26 个点。在信息产业发展水平方面，2017 年，福建省电子信息制造业主营业务收入指数为 173.03，比 2016 年的 165.84 增加了 7.19 个点；软件业务收入指数为 208.88，比 2016 年的 197.59 增加了 11.29 个点。

表 15 - 4　2016—2017 年福建省两化融合应用效益指数情况

指标	2016 年指数	2017 年指数	指数变化情况
工业增加值占 GDP 比重	48.46	47.57	↓0.89
第二产业全员劳动生产率	105.06	109.54	↑4.48
工业成本费用利润率	40.97	48.09	↑7.12
单位工业增加值工业专利量	118.74	121.4	↑2.66
单位地区生产总值能耗	96.41	98.67	↑2.26
电子信息制造业主营业务收入	165.84	173.03	↑7.19
软件业务收入	197.59	208.88	↑11.29

资料来源：赛迪智库整理，2017 年 12 月。

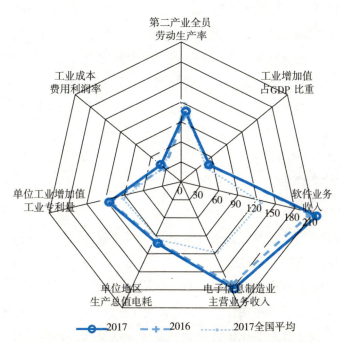

图 15 - 4　2016—2017 年福建省两化融合应用效益指数情况

资料来源：赛迪智库整理，2017 年 12 月。

三、优劣势评价

福建省两化融合水平位居全国前列，具有一定的发展优势：

一是具有良好的两化融合发展环境。福建省已经形成了完善的两化融合发展政策体系，建成了较为健全的信息基础设施体系，扶持优惠措施落实非常有力，并形成了一批多层次、多角度的信息化和两化融合发展平台，产业领域信息化发展氛围非常浓厚。

二是软件和信息技术服务业支撑基础不断增强。在工信部的支持下，积极推进福州、厦门创建特色"中国软件名城"。成功举办第七届海峡两岸信息服务创新大赛暨福建省第十一届计算机软件设计大赛和厦门国际动漫节，推动境内外企业共洽"一带一路"产业合作。构筑软件园区新空间布局，以福州、厦门软件园为双核驱动，助推泉州、莆田、南平、漳州、龙岩等软件园区围绕"互联网＋"形成新的产业增长区域。完善公共服务平台，建设福州华为软件云平台，推进建设海峡软件交易中心。

福建省两化融合水平已取得较大进步，但推进过程中仍存在一些问题：

一是第二产业全员劳动生产率不高。从工业应用指数来看，2017 年，福建省位列全国第 8，各分项指标也较为理想，但全员劳动生产率一直低位徘徊。福建省第二产业全员劳动生产率连续两年位列全国第 24 和 22 位，表明信息化对工业企业劳动生产率的促进作用没有体现。

四、相关建议

对福建省两化融合提出以下建议：

一是做好管理体系贯标。指导企业导入两化融合管理体系标准，实现信息化背景下的管理创新和提升。

二是加快示范推广。实施以"百企示范、千企贯标、万企行动"为目标的两化融合推广行动。树立百家左右符合两化融合管理体系标准的示范企业，推动千家以上企业开展两化融合评估和管理体系贯标，引导万家以上企业参与两化融合行动。

三是建设一批公共平台。鼓励有条件的龙头企业、高端装备企业和两化融合示范企业向外输出智能制造实施方案和相关咨询业务；建设完善中小企业公共服务平台网络和福建省工业企业服务云平台，为中小企业提供专业信息化服务；引导软件企业向制造执行管理、工业控制集成、智能产品设计等领域拓展，成为两化融合综合实施服务机构。

抓工业互联网发展。推动出台福建省关于深化"互联网＋先进制造业"发展工业互联网的实施方案。按照工信部"323"行动部署，实施工业互联网"十百千万"培育工程，力争通过三年的努力，培育不少于 10 个工业互联网行业示范平台和 100 家以上应用标杆企业，实施不少于 1000 个"互联网＋先进制造业"重点项目，推动上万家中小企业业务系统向云端迁移。

第十六章　江西省两化融合发展水平分析

一、总体情况

（一）经济概况

2017年，江西省全年实现地区生产总值（GDP）20818.5亿元，比上年增长8.9%。其中，第一产业增加值1953.9亿元，同比增长4.4%；第二产业增加值9972.1亿元，同比增长8.3%；第三产业增加值8892.6亿元，同比增长10.7%。三次产业结构由上年的10.3：47.7：42.0调整为9.4：47.9：42.7。三次产业对GDP增长的贡献率分别为5.0%、47.0%、48.0%。人均生产总值45187元，约合6690美元，比上年增长8.2%。全年全部工业增加值8119.2亿元，比上年增长8.8%，规模以上工业增加值同比增长9.1%，增速比上年提高0.1个百分点。规模以上工业增加值中，分轻重工业看，轻工业同比增长10.2%，重工业同比增长8.5%。分经济类型看，国有企业同比增长10.1%，集体企业同比下降7.6%，股份合作企业同比下降21.6%，股份制企业同比增长9.5%，外商及港澳台商投资企业同比增长8.6%，私营企业同比增长8.9%。分行业看，38个行业大类中，34个实现增长，占比近九成。其中，电子、汽车、电气机械、医药和农副食品五大重点行业表现突出，分别同比增长19.0%、16.6%、14.2%、10.8%、9.4%，对规上工业增长的贡献率达43.1%。高新技术产业增加值同比增长11.1%，占规上工业比重30.9%，比上年提高0.8个百分点。战略性新兴产业增加值同比增长11.6%，占规上工业比重15.1%，比上年提高0.2个百分点。装备制造业增加值同比增长13.6%，占规上工业比重25.6%，比上年提高0.9个百分点。六大高耗能行业增加值同比增长5.1%，增速低于全省规上工业4.0个百分点；占规上工业比重36.3%，比上年上升0.3个百分点。[①]

（二）两化融合主要进展

2017年，江西省大力推动两化融合发展，政策引导力度进一步加大。

1. 扎实推进两化融合管理体系贯标

一是普及推广企业两化融合管理体系。以标准引领、系统推动，引导企业建立两化融合管理体系，实施两化融合过程管理机制，已基本形成政府引导支持、企业主动参与、咨询机构创新服务、贯标结果社会采信的市场化良性发展机制。认真落实《关于深入推进信息化和工业化融合管理体系的指导意见》文件精神和要求，联合省国资委、省质监局制定了《江西省深入推进两化融合管理体系的实施意见》，把两化融合管理体系贯标工作作为推动两化融合、促进企业转型发展的重要举措和有力抓手。二是积极加大两化融合管理体系推进和宣传力度。举办了两化融合管理体系贯标专题培训班，组织贯标咨询服务机构、评定机构为企业提供现场咨询和指导。三是成立了江西省两化融合推进联盟。借助联盟开展"地市行"活动，积极推广两化融合管理体系国家标准。

2. 推动制造业与互联网融合创新发展

围绕信息系统集成创新、数字工厂（机联网）、制造业与互联网融合，引导企业发展基于互联网的网络化协调制造、个性化定制、服务型制造等新兴制造模式，培育一批两化深度融合示范企业，2017年推荐了江西汉腾汽车有限公司等28家企业参加贯标试点，13家企业入选工信部贯标试点单位。目前11家企业通过了贯标评定，通过两化融合管理体系认证，其中九江石化和洪都航空2家企业被评为两化融合管理体系贯标示范企业。

二、两化融合发展水平分析

（一）综合分析

2017年，江西省两化融合发展指数为78.02，比2016年上升了6.06个点。基础环境指数为89.4，比2016年的86.47上升了2.93个点。工业应用

---

① 江西省统计局：《2017年江西省国民经济和社会发展统计公报》，2018年3月。

指数为68.7，比2016年的60.67上升了8.03个点。应用效益指数为85.28，比2016年的80.01上升了5.27个点。

表16-1 2016—2017年江西省两化融合指数情况

指标	2016年指数	2017年指数	变化情况
基础环境	86.47	89.4	↑2.93
工业应用	60.67	68.7	↑8.03
应用效益	80.01	85.28	↑5.27
发展指数	71.96	78.02	↑6.06

资料来源：赛迪智库整理，2017年12月。

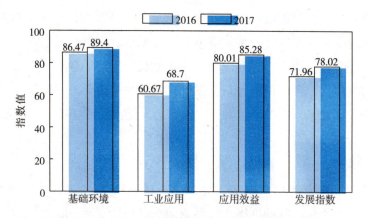

图16-1 2016—2017年江西省两化融合指数情况

资料来源：赛迪智库整理，2017年12月。

（二）具体分析

1. 基础环境指数

在信息基础设施建设方面，各项指数都有提升。其中域网出口带宽指数为110.9，比2016年的108.13增长2.77个点；固定宽带普及率指数为90.37，比2016年的85.19增长了5.18个点；固定宽带端口平均速率指数为127.81，比2016年的124.96增长了2.85个点；移动电话普及率指数为52.48，比2016年的51.66增长了0.82个点。在互联网应用普及方面，2017年，江西省互联网普及率指数为61.31，比2016年的55.62增长了5.69个点。在两化融合政策环境建设方面，2017年，江西省设立了两化融合专项引导资金；中小企业信息化服务平台数指数为150，与2016年持平；重点行业典型企业信息化专项规划情况指数为48.73，比2016年的44.59增加了4.14个点。

表16-2　2016—2017年江西省两化融合基础环境指数情况

指标	2016年指数	2017年指数	指数变化情况
城（省）域网出口带宽	108.13	110.9	↑2.77
固定宽带普及率	85.19	90.37	↑5.18
固定宽带端口平均速率	124.96	127.81	↑2.85
移动电话普及率	51.66	52.48	↑0.82
互联网普及率	55.62	61.31	↑5.69
两化融合专项引导资金	100	100	—
中小企业信息化服务平台数	150	150	—
重点行业典型企业信息化专项规划	44.59	48.73	↑4.14

资料来源：赛迪智库整理，2017年12月。

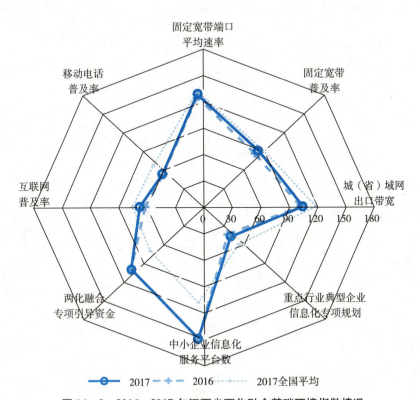

图16-2　2016—2017年江西省两化融合基础环境指数情况

资料来源：赛迪智库整理，2017年12月。

2. 工业应用指数

2017 年，江西省重点行业典型企业 ERP 普及率指数为 71.77，比 2016 年的 66.95 增加了 4.82 个点。重点行业典型企业 MES 普及率指数为 70.17，比 2016 年的 80.85 下降了 10.68 个点。重点行业典型企业 PLM 指数为 56.38，比 2016 年的 52.68 增加了 3.7 个点。重点行业典型企业 SCM 普及率指数为 66.04，比 2016 年的 67.2 下降了 1.16 个点。重点行业典型企业采购环节电子商务应用普及率指数为 63.45，比 2016 年的 69.6 减少了 6.15 个点。重点行业典型企业销售环节电子商务应用普及率指数为 77.01，比 2016 年的 86.32 减少了 9.31 个点。重点行业典型企业装备数控化率指数为 55.47，比 2016 年的 10.91 增加了 44.56 个点。国家新型工业化产业示范基地两化融合发展水平指数为 88.24，比 2016 年的 59.36 增加了 28.88 个点。

表 16-3　2016—2017 年江西省两化融合工业应用指数情况

指标	2016 年指数	2017 年指数	指数变化情况
重点行业典型企业 ERP 普及率	66.95	71.77	↑4.82
重点行业典型企业 MES 普及率	80.85	70.17	↓10.68
重点行业典型企业 PLM 普及率	52.68	56.38	↑3.7
重点行业典型企业 SCM 普及率	67.2	66.04	↓1.16
重点行业典型企业采购环节电子商务应用	69.6	63.45	↓6.15
重点行业典型企业销售环节电子商务应用	86.32	77.01	↓9.31
重点行业典型企业装备数控化率	10.91	55.47	↑44.56
国家新型工业化产业示范基地两化融合发展水平	59.36	88.24	↑28.88

资料来源：赛迪智库整理，2017 年 12 月。

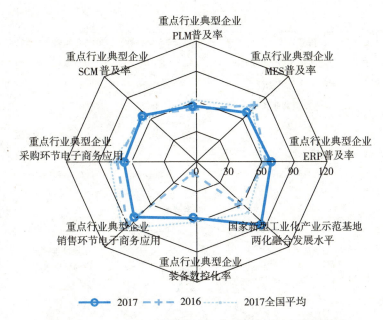

图 16-3　2016—2017 年江西省两化融合工业应用指数情况

资料来源：赛迪智库整理，2017 年 12 月。

3. 应用效益指数

在地区工业生产效益和水平方面，2017 年，江西省工业增加值占 GDP 比重指数为 46.2，比 2016 年的 48.22 减少了 2.02 个点；第二产业全员劳动生产率指数为 111.08，比 2016 年的 108.04 增加了 3.04 个点；工业成本费用利润率指数为 47.12，比 2016 年的 43.29 增加了 3.83 个点；单位工业增加值工业专利量指数为 102.89，比 2016 年的 85.02 增长了 17.87 个点。在工业节能减排水平方面，单位地区生产总值电耗指数为 102.29，比 2016 年的 101.36 提升 0.93 个点。在信息产业发展水平方面，2017 年，江西省电子信息制造业主营业务收入指数为 160.82，比 2016 年的 148.5 增加了 12.32 个点；软件业务收入指数为 37.82，比 2016 年的 37.48 增加了 0.34 个点。

表 16-4　2016—2017 年江西省两化融合应用效益指数情况

指标	2016 年指数	2017 年指数	指数变化情况
工业增加值占 GDP 比重	48.22	46.2	↓2.02
第二产业全员劳动生产率	108.04	111.08	↑3.04
工业成本费用利润率	43.29	47.12	↑3.83

续表

指标	2016 年指数	2017 年指数	指数变化情况
单位工业增加值工业专利量	85.02	102.89	↑17.87
单位地区生产总值能耗	101.36	102.29	↑0.93
电子信息制造业主营业务收入	148.5	160.82	↑12.32
软件业务收入	37.48	37.82	↑0.34

资料来源：赛迪智库整理，2017 年 12 月。

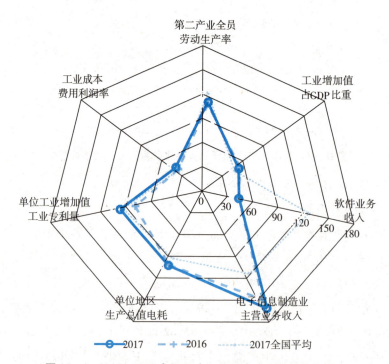

图 16-4　2016—2017 年江西省两化融合应用效益指数情况

资料来源：赛迪智库整理，2017 年 12 月。

三、优劣势评价

　　江西省两化融合发展的优势主要在于中小企业服务能力较强，符合江西省区域工业结构特征，两化融合持续发展前景看好。江西省依托江西航天云网平台为线上 5 万户企业及全国 300 多家投资机构提供投融资对接、法律、财务、项目可行分析等方面的服务。

同时，江西省两化融合也存在一些劣势和不足：

一是软件和信息服务业产业规模小。软件产业规模总量居全国第 23 位，中部地区第 5 位。软件产业总量偏小，软件企业数量偏少，缺少影响力大、带动力强的大企业或领军企业。

二是人才问题突出。精通大数据、云计算、物联网等新一代信息技术的高层次人才、复合型人才缺乏。由于体制、机制、环境等因素影响，一些专业知识人才前往沿海或发达省市发展，造成人才流失，人才引不进、留不住现象较为普遍。

四、相关建议

对江西省两化融合提出以下建议：

一是加大对软件产业的扶持力度。通过引进国内外知名软件企业落地，支持重点企业、重点项目等多种方式，培育具有较强带动能力、辐射能力的龙头企业。通过优化软件企业经营环境、财税支持、融资支持、优化创业创新环境等多种方式，鼓励中小企业和初创企业加快发展，做大做强。

二是多种方式支持工业企业加大信息化应用力度。通过完善工业信息化服务平台、建立或引进工业互联网平台、工业大数据平台等为工业企业信息化应用创造良好的支撑条件。通过试点示范、财税支持等方式，引导工业企业积极开展信息化应用。通过培训、贯标、经验交流等方式，营造良好氛围。

第十七章　山东省两化融合发展水平分析

一、总体情况

（一）经济概况

2017 年，山东省实现地区生产总值（GDP）72678.2 亿元，按可比价格计算，比上年增长 7.4%。其中，第一产业增加值 4876.7 亿元，同比增长 3.5%；第二产业增加值 32925.1 亿元，同比增长 6.3%；第三产业增加值 34876.3 亿元，增长 9.1%。三次产业构成为 6.7∶45.3∶48.0。人均生产总值 72851 元，按年均汇率折算约合 10790 美元。就业形势基本稳定。城镇新增就业 128.3 万人。其中，失业人员再就业 58.1 万人，困难群体再就业 8.8 万人。城镇登记失业率为 3.40%，低于 4% 的全年控制目标。物价水平温和上涨。居民消费价格比上年上涨 1.5%，涨幅较上年回落 0.6 个百分点。其中，城市上涨 1.6%，农村上涨 1.4%；服务项目价格上涨 2.9%，消费品价格上涨 0.7%；非食品价格上涨 2.3%，食品价格下降 1.7%，自 2003 年以来首次转降。农业生产资料价格上涨 0.9%，农产品生产者价格下降 1.4%。工业生产者价格连降五年后首次转涨，出厂价格上涨 5.5%，购进价格上涨 7.3%。固定资产投资价格上涨 5.8%。工业生产平稳增长。全部工业增加值 28705.7 亿元，比上年增长 6.6%。规模以上工业增加值增长 6.9%。其中，轻工业增长 6.9%，重工业增长 6.9%；装备制造业增长 11.0%，高技术产业增长 10.9%，六大高耗能行业增长 3.6%。工业产销率为 98.9%。[①]

（二）两化融合主要进展

2017 年，山东省坚持把加快制造业与互联网融合发展作为推动制造业转

[①]　山东省统计局：《山东省 2017 年国民经济和社会发展统计公报》，2018 年 2 月。

型升级、实现从制造大省向制造强省跨越的重要途径和关键措施。

1. 制造业与互联网融合意见

出台《关于贯彻国发〔2016〕28 号文件深化制造业与互联网融合发展的实施意见》（鲁政发〔2017〕17 号）。明确了"落实 3 项重点任务、开展 4 个专项行动、完善 5 项保障措施"的"345"工程，遵循以"四新"促"四化"实现"四提"发展理念，重点发展以个性化定制、网络化协同、服务型制造、智能化生产为主的制造新模式，以大企业"双创"平台、为中小企业服务的第三方"双创"平台为主的"双创"新体系、以"一硬"（感知和自动控制）、"一软"（工业软件）、"一网"（工业网络）、"一平台"（工业云和智能服务平台）为主的保障新能力。

2. 开展试点示范

全国 70 家试点山东省列入 11 家，居全国第一位。抓好"双创"平台建设，海尔、红领、浪潮、潍柴等一批"双创"平台成效显著。

3. 推广两化融合管理体系标准

前 4 批国家试点山东省列入 211 家，居全国第三位，已有 62 家通过国家认定；234 家省级试点企业开展自评估、自诊断、自对标。

4. 开展各类专题活动

举办第二届制造业与互联网融合发展高峰论坛、山东工业互联网峰会，围绕工业互联网进行学习探索；开展 20 多场两化融合深度行活动，培训企业 4300 多家；开展工业电商百县行和工业电商进千企活动，累计开展 85 场，培训企业 7632 家，帮助 1327 家企业开展网络营销。

二、两化融合发展水平分析

（一）综合分析

2017 年山东省两化融合发展总指数为 98.48，比 2016 年提高 3.43 个点。其中，基础环境指数为 103.99，比 2016 年提高了 3.38 个点。工业应用指数为 85.76，比 2016 年提高了 3.8 个点。应用效益指数为 118.4，比 2016 年提高了 2.73 个点。

表 17-1　2016—2017 年山东省两化融合指数情况

指标	2016 年指数	2017 年指数	变化情况
基础环境	100.61	103.99	↑3.38
工业应用	81.96	85.76	↑3.8
应用效益	115.67	118.4	↑2.73
发展指数	95.05	98.48	↑3.43

资料来源：赛迪智库整理，2017 年 12 月。

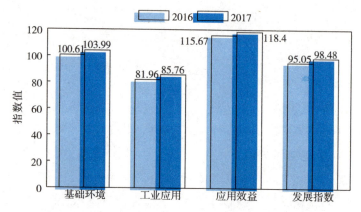

图 17-1　2016—2017 年山东省两化融合指数情况

资料来源：赛迪智库整理，2017 年 12 月。

（二）具体分析

1. 基础环境指数

在信息基础设施建设方面，城（省）域网出口带宽指数值为 205.71，比 2016 年大幅提高了 30.18 个点；固定宽带普及率指数为 102.22，比 2016 年提高了 1.99 个点；固定宽带端口平均速率指数为 138.77，比 2016 年提升了 7.64 个点。移动电话普及率指数为 66.52，比 2016 年提高了 0.54 个点。在互联网应用普及方面，山东省互联网普及率指数为 68.61，同比增长 3.43 个点。在两化融合政策环境建设方面，2017 年山东省持续设立两化融合专项引导资金，对于引导各领域两化融合发展至关重要；中小企业信息化服务平台数指数为 150，与 2016 年持平；重点行业典型企业信息化专项规划指数为 79.84，与 2016 年相比略有提升。

表 17－2　2016—2017 年山东省两化融合基础环境指数情况

指标	2016 年指数	2017 年指数	变化情况
城（省）域网出口带宽	175.53	205.71	↑30.18
固定宽带普及率	100.23	102.22	↑1.99
固定宽带端口平均速率	131.13	138.77	↑7.64
移动电话普及率	65.98	66.52	↑0.54
互联网普及率	65.18	68.61	↑3.43
两化融合专项引导资金	100	100	0
中小企业信息化服务平台数	150	150	0
重点行业典型企业信息化专项规划	79.83	79.84	↑0.01

资料来源：赛迪智库整理，2017 年 12 月。

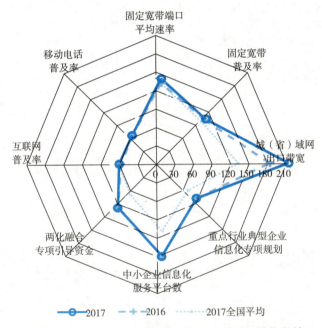

图 17－2　2016—2017 年山东省两化融合基础环境指数情况

资料来源：赛迪智库整理，2017 年 12 月。

2. 工业应用指数

2017 年，山东省工业应用指数为 85.76，其中国家新型工业化产业示范基地两化融合发展水平提升较为显著，其他各项分指标都有不同程度的增长。具体来看，2017 年山东省重点行业典型企业 ERP 普及率指数为 78.02，比 2016 年增长 1.42 个点。重点行业典型企业 MES 普及率指数为 79.57，比 2016

年增长 0.21 个点。重点行业典型企业 PLM 普及率为 82.77，下降了 0.23 个点，重点行业典型企业 SCM 普及率为 70.61，上升了 0.22 个点。2017 年山东重点行业典型企业电子商务应用指数领跑各项指标，采购环节和销售环节分别为 113.24 和 122.84，分别增长 1.75 和 1.85 个点。国家新型工业化产业示范基地两化融合发展水平指数为 77.4，比 2016 年增加了 21.52 个点。

表 17-3　2016—2017 年山东省两化融合工业应用指数情况

指标	2016 年指数	2017 年指数	变化情况
重点行业典型企业 ERP 普及率	76.6	78.02	↑1.42
重点行业典型企业 MES 普及率	79.36	79.57	↑0.21
重点行业典型企业 PLM 普及率	83	82.77	↓0.23
重点行业典型企业 SCM 普及率	70.39	70.61	↑0.22
重点行业典型企业采购环节电子商务应用	111.49	113.24	↑1.75
重点行业典型企业销售环节电子商务应用	120.99	122.84	↑1.85
重点行业典型企业装备数控化率	65.11	66.29	↑1.18
国家新型工业化产业示范基地两化融合发展水平	55.88	77.4	↑21.52

资料来源：赛迪智库整理，2017 年 12 月。

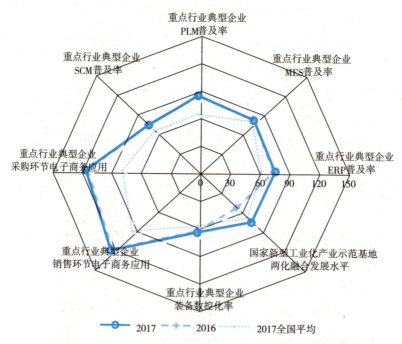

图 17-3　2016—2017 年山东省两化融合工业应用指数情况

资料来源：赛迪智库整理，2017 年 12 月。

3. 应用效益指数

在地区工业生产效益和水平方面，2017 年山东省工业增加值占 GDP 比重指数为 47.54，比 2016 年减少 0.48 个点；第二产业全员劳动生产率指数为 128.51，比 2016 年提高 6.04 个点；工业成本费用利润率指数为 42.09，比 2016 年增加了 1.49 个点；单位工业增加值工业专利量指数为 100.33，比 2016 年提高了 0.92 个点。在工业节能减排水平方面，2017 年山东省单位地区生产总值电耗指数为 90.86，比 2016 年提高了 1.27 个点。2017 年山东省电子信息制造业主营业务收入指数为 215.2，比 2016 年上升 1.35 个点，软件业务收入指数为 255.97，比 2016 年上升 9.5 个点，

表 17 – 4 2016—2017 年山东省两化融合应用效益指数情况

指标	2016 年指数	2017 年指数	变化情况
工业增加值占 GDP 比重	48.02	47.54	↓0.48
第二产业全员劳动生产率	122.47	128.51	↑6.04
工业成本费用利润率	40.6	42.09	↑1.49
单位工业增加值工业专利量	99.41	100.33	↑0.92
单位地区生产总值电耗	89.59	90.86	↑1.27
电子信息制造业主营业务收入	213.85	215.2	↑1.35
软件业务收入	246.47	255.97	↑9.5

资料来源：赛迪智库整理，2017 年 12 月。

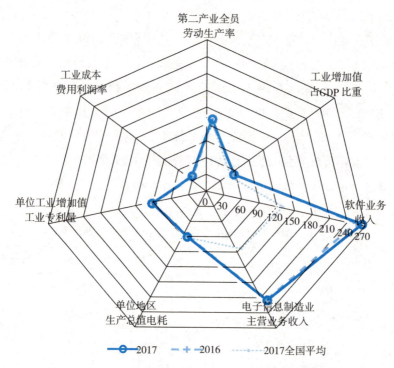

图 17-4　2016—2017 年山东省两化融合应用效益指数情况

资料来源：赛迪智库整理，2017 年 12 月。

三、优劣势评价

山东省两化融合发展具有以下优势：

一是全力推动企业上云发展。出台《山东省实行云服务券财政补贴助推企业上云实施方案》《山东省"云服务券"财政奖补细则》，召开全省企业上云启动大会，在全国首创云服务券补贴制度，全力推动企业上云发展。

二是软件产业发展良好。软件业产业规模居全国第四，2017 年实现软件业务收入 4493.1 亿元、利润 335.9 亿元、利税 627.5 亿元，分别同比增长 14.3%、16.1% 和 15.3%。

同时，山东省两化融合也存在一些劣势：

一是软件和信息技术服务业品牌效应不强。大部分软件企业规模偏小，市场竞争力较弱，信息服务业发展滞后，缺少龙头明星企业拉动。国产基础软件市场开拓的困难较大，国产软件缺乏品牌效应弱，市场小，应用少，阻碍了自主可控软件产业的发展。

二是发展不平衡的矛盾依然存在。区域发展不平衡，整体上东高西低，青烟威持续领跑全省；行业发展不平衡，电子、电力、医药等优势明显，建材、纺织等相对薄弱；企业发展不平衡，国有企业领先民营企业，大企业领先中小企业，信息化投入能力不足是中小企业落后的主要因素。

四、相关建议

对山东省两化融合有以下建议：一是突出主线，全面推广两化融合管理体系。二是聚焦平台，出台《深化山东省"互联网＋先进制造业"发展工业互联网的指导意见》，推动工业互联网创新发展。三是强化应用，培育制造业新模式新业态。

第十八章 河南省两化融合发展水平分析

一、总体情况

(一) 经济概况

2017年，河南省全年地区生产总值44988.16亿元，比上年增长7.8%。其中，第一产业增加值4339.49亿元，同比增长4.3%；第二产业增加值21449.99亿元，同比增长7.3%；第三产业增加值19198.68亿元，同比增长9.2%。三次产业结构为9.6∶47.7∶42.7，第三产业增加值占生产总值的比重比上年提高0.9个百分点。人均生产总值47130元，比上年增长7.4%。全年全省全部工业增加值18807.16亿元，比上年增长7.4%。规模以上工业增加值同比增长8.0%。在规模以上工业中，分经济类型看，国有控股企业增加值同比增长5.6%；集体企业同比增长7.3%，股份制企业同比增长8.6%，外商及港澳台商投资企业同比增长7.6%；私营企业同比增长6.0%。分门类看，采矿业增加值同比增长3.9%，制造业同比增长8.5%，电力、热力、燃气及水的生产和供应业同比增长4.3%。产品销售率98.6%。全年规模以上工业中，五大主导产业增加值比上年增长12.1%，占规模以上工业的比重44.6%；传统产业同比增长2.7%，占规模以上工业的44.2%；战略性新兴产业同比增长12.1%，占规模以上工业的12.1%；高技术产业同比增长16.8%，占规模以上工业的8.2%；高耗能工业同比增长3.2%，占规模以上工业的32.7%。①

(二) 两化融合主要进展

2017年，河南省以深化制造业与互联网融合发展为主线重点完善政策环

---

① 河南省统计局：《2017年河南省国民经济和社会发展统计公报》，2018年2月。

境、营造发展氛围、抓好试点示范、构建支撑体系、培育新兴产业、强化安全保障等，推动两化融合深入发展。

1. 完善两化融合政策环境

从政府层面加强对信息化和软件服务业的顶层设计，加大政策支持力度，建立协调一致的工作机制。首先，印发实施一批促进两化融合的政策文件。先后印发《关于贯彻落实〈国家信息化发展战略纲要〉的实施意见》《关于加快推进信息化促进"四化"同步发展的意见》《河南省"十三五"信息化发展规划》《河南省深化制造业与互联网融合发展实施方案》、《河南省进一步扩大和升级信息消费持续释放内需潜力实施方案（2018—2020 年）》。其次，运用省先进制造业发展专项资金，支持信息化和软件服务业重点项目。2017 年支持项目 18 个，总金额 3089 万元。再次，落实国家软件和集成电路产业企业所得税优惠政策。联合省财政、省国税、省地税、省发改建立协同工作机制，通过微信群和座谈会等方式，强化部门协作，及时沟通问题。2015—2016 年度共有 63 家企业享受优惠政策，减免软件企业所得税 11156.39 万元。最后，在省工信委层面设立产业融合办公室，统筹负责两化融合、智能制造、服务型制造、新一代信息技术产业、电子商务等方面的工作，与软件服务处、省信息化工作办公室共同协作，实现各项工作有效衔接和有序推进。

2. 推进两化融合试点示范

2017 年，河南省重视发挥试点示范的引领和带动作用，推动典型模式和先进经验复制推广。一是争创国家大数据试验区，制定出台了《河南省推进国家大数据综合试验区建设总体方案》和《河南省推进国家大数据综合试验区建设实施方案》，并积极与工业和信息化部汇报对接争取国家政策支持，2016 年 10 月河南正式入选国家大数据综合试验区；争创国家信息消费试点示范城市，2013 年 12 月郑州市、济源市入选国家信息消费试点城市，2016 年 1 月郑州市入选国家信息消费示范城市。二是开展制造业"双创"、智能制造、服务型制造、制造业与互联网融合等试点示范，探索基于互联网的新模式、新业态，形成一批可复制、可推广的模式和经验。截至 2017 年底，累计争取国家智能制造试点示范项目 6 个、国家智能制造综合标准化与新模式应用 18 个、国家制造业"双创"平台试点示范项目 6 个、国家服务型制造示范企业（平台、项目）4 个、制造业与互联网融合试点示范项目 2 个；省级认定制造业"双创"平台9个、制造业与互联网融合"双创"基地7个、智能工厂50个、智能车间73个、服务型制造示范企业（平台、项目）36个、制造业与互联网融合试点示范项目49个。三是围绕智能制造、服务型制造、大规模个性化定制、供应链协同管理、制造业"双创"、制造业互联网转型、工业大数据应用、智能制造解决方案、工业云平台、工业电子商务等"十大重点领域"，编写发布《2017河南省制造业与互联网融合创新十大典型案例》，推广成功经验和有效做法。

3. 构建两化融合支撑体系

2017年，河南省以标准规范、产业联盟为重点，不断强化软件和信息服务业发展技术支撑。一是以两化融合管理体系贯标为抓手，推动企业建立完善两化融合管理体系，促进业务流程再造和组织方式变革。截至2017年底，累计73家企业入选国家贯标试点、7家单位被认定为贯标咨询服务机构，全省贯标企业122家、对标企业1112家，其中15家通过贯标评定。二是在全国率先发布《河南省智能工厂评价指南（试行）》《河南省智能车间评价指南（试行）》及2016年评价细则，引导企业开展智能制造自评价，提高企业智能化建设的标准化、规范化水平；推广推动河南具有自主知识产权的ITSS标准（信息技术服务标准）体系应用，召开全省信息技术服务企业专题座谈会和ITSS咨询设计标准符合性评估专题座谈会，为规范信息技术服务市场进行有效的探索。三是整合制造企业、互联网企业、高等院校、科研机构资源，推动成立省制造业与互联网融合发展联盟、省工业互联网产业联盟、省智能制造推进联盟、中国两化融合服务联盟河南省分联盟、省首席信息官联盟、省虚拟现实产业联盟、云安信息安全产业联盟，发挥联盟产业研究、资源整合和服务企业的作用，为信息化和软件服务业工作提供支撑。

4. 大力培育发展新兴产业

2017年，河南省以电子商务、新一代信息技术、软件信息服务为重点，不断培育壮大新兴产业规模。一是发展电子商务，联合省质监局、省工商联，累计认定省级优秀电子商务平台17个、特色电子商务平台11个，其中中钢网、锐之旗入选2017年中国互联网百强企业，鲜易网成为全国最大的生鲜食材B2B电商平台；联合省教育厅，成立河南省电子商务行业职业教育校企合作指导委员会，推动电商企业与职业院校的合作共建，累计认定省级电子商务职业教育实训基地 71 家，建成电子商务相关实训室 510 个，年培养电子商务专业人才 1.8 万人；联合省科技厅、省人社厅、团省委，认定省级电子商务创业基地 21 家、就业基地 13 家，调动社会资源促进电子商务领域创业就业，提高服务产业发展能力，累计培育电商企业 5813 家、创业团队 1491 个，就业基地年提供就业实习岗位 6296 个。二是发展新一代信息技术，开展工业云试点示范，推动制造资源集聚、开放和共享，面向制造企业提供全方位信息技术服务，由省科学院应用物理研究所承建的"河南省电子制造云平台"入选国家工业云创新服务试点，省级认定工业云示范平台 12 个，区域和重点行业的工业云平台体系初步建立。三是发展软件信息服务，形成郑州软件园、金水科教新城、洛阳软件园等产业园区，以及信息安全、电力信息、轨道交通、地理信息、金融税务、医疗卫生、工业控制、物联网等优势软件产品，其中国家 863 中部软件园被科技部认定为"国家火炬计划软件产业基地""国家 863 中部软件孵化器"；联合省人社厅，组织计算机软件专业技术资格和水平考试，累计参考人数超过 2.5 万人，促进软件行业人才素质提升。2013—2016 年全省软件业务收入分别为：193.25 亿元、233.92 亿元、278.54 亿元、296.35 亿元，年平均增长 15.5%。

5. 提高两化融合安全保障能力

2017 年，河南省大力强化两化融合安全保障。一是组织开展电子政务网络扩容改造，2017 年以来电子政务外网省直城域网具备了省直部门 1000M 接入能力，累计接入省直部门 110 个，并完成 1000M 扩容接入单位 79 家。纵向骨干网实现 18 个省辖市和 10 个直管县互联接入，累计接入县（市/区）135 个、乡（镇/街道办）438 个，县级以上行政服务中心网络覆盖率达 70% 以上。组织推进省政府办公厅 MSTP 专网建设。二是联合省网信办、省公安厅、省密码管理局、省通信管理局，组织开展关键信息基础设施网络安全检查，进一步掌握全省关键信息基础设施的安全状况，为构建关键信息基础设施安全保障体系提供基础性数据和参考；组织开展 2017 年工业控制系统信息安全检查，及时发现风险隐患，堵塞安全管理漏洞，有效提升工业控制系统安全管理和技术防护水平。三是建设信息安全保障体系。完善网络和信息安全基础设施，积极推进全省信息安全测评、密钥管理、省政务信息数据容灾备份中心等一批技术支撑机构建设，建设全省统一电子认证公共服务平台，推动电子认证技术应用普及和服务市场环境规范，为实现数字证书"一证通用"打下基础。

二、两化融合发展水平分析

（一）综合分析

2017年，河南省两化融合发展总指数为77.35，比2016年的74.7增加2.65个点。其中，基础环境指数为94.52，比2016年的91.35增加3.17个点。工业应用指数为63.59，比2016年的60.83增加2.76个点。应用效益指数为87.68，比2016年的85.78增加1.90个点。

表18-1　2016—2017年河南省两化融合指数情况

指标	2016 年指数	2017 年指数	变化情况
基础环境	91.35	94.52	↑3.17
工业应用	60.83	63.59	↑2.76
应用效益	85.78	87.68	↑1.90
发展指数	74.7	77.35	↑2.65

资料来源：赛迪智库整理，2017年12月。

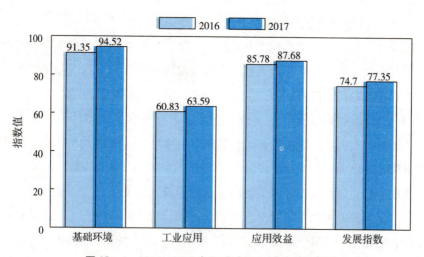

图18-1　2016—2017年河南省两化融合指数情况

资料来源：赛迪智库整理，2017年12月。

（二）具体分析

1. 基础环境指数

2017 年，河南省两化融合基础环境指数为 94.52，比 2016 年增长 3.17 个点，基础环境细分指数中，城（省）域网出口带宽指数贡献最大。在信息基础设施建设方面，2017 年，河南省城（省）域网出口带宽指数为 182.59，比 2016 年的 148.26 上升了 34.33 个点；固定宽带普及率指数为 90.37，比 2016 年增长 3.97 个点；固定宽带端口平均速率指数为 137.1，比 2016 年增长 4.51 个点；移动电话普及率指数为 58.89，比 2016 年下降 1.15 个点。在互联网应用普及方面，2017 年，河南省互联网普及率指数为 60.19，比 2016 年增长 4.07 个点。在两化融合政策环境建设方面，2017 年，河南省设立两化融合专项引导资金；中小企业信息化服务平台数指数为 150.00，与 2016 年持平；重点行业典型企业信息化专项规划情况指数为 46.72，比 2016 年下降 0.89 个点。

表 18-2　2016—2017 年河南省两化融合基础环境指数情况

指标	2016 年指数	2017 年指数	变化情况
城（省）域网出口带宽	148.26	182.59	↑34.33
固定宽带普及率	86.9	90.37	↑3.97
固定宽带端口平均速率	132.59	137.1	↑4.51
移动电话普及率	60.04	58.89	↓1.15
互联网普及率	56.12	60.19	↑4.07
两化融合专项引导资金	100	100	—
中小企业信息化服务平台数	150	150	—
重点行业典型企业信息化专项规划	47.61	46.72	↓0.89

资料来源：赛迪智库整理，2017 年 12 月。

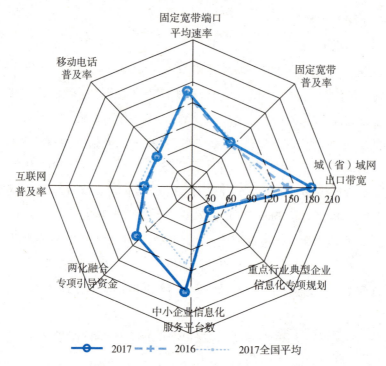

图 18 – 2　2016—2017 年河南省两化融合基础环境指数情况

资料来源：赛迪智库整理，2017 年 12 月。

2. 工业应用指数

2017 年，河南省两化融合工业应用指数为 63.59，比 2016 年增长 2.76 个点，其中，除了重点行业典型企业销售环节电子商务应用指标下降，其他指标都有所上升。具体来看，2017 年，河南省重点行业典型企业 ERP 普及率指数为 60.3，比 2016 年上升 0.35 个点。重点行业典型企业 MES 普及率指数为 64.02，比 2016 年上升 3.62 个点。重点行业典型企业 PLM 指数为 61.62，比 2016 年增长 0.23 个点。重点行业典型企业 SCM 普及率指数为 54.89，比 2016 年增长 0.84 个点。重点行业典型企业采购环节电子商务应用普及率指数为 67.31，比 2016 年上升 0.31 个点。重点行业典型企业销售环节电子商务应用指数为 86.27，比 2016 年下降 0.83 个点。重点行业典型企业装备数控化率指数为 38.83，比 2016 年上升 0.52 个点。国家新型工业化产业示范基地两化融合发展水平指数为 77.33，比 2016 年上升 15.35 个点。

表 18－3　2016—2017 年河南省两化融合工业应用指数情况

指标	2016 年指数	2017 年指数	变化情况
重点行业典型企业 ERP 普及率	59.98	60.3	↑0.35
重点行业典型企业 MES 普及率	60.4	64.02	↑3.62
重点行业典型企业 PLM 普及率	61.39	61.62	↑0.23
重点行业典型企业 SCM 普及率	54.05	54.89	↑0.84
重点行业典型企业采购环节电子商务应用	67	67.31	↑0.31
重点行业典型企业销售环节电子商务应用	87.1	86.27	↓0.83
重点行业典型企业装备数控化率	38.31	38.83	↑0.52
国家新型工业化产业示范基地两化融合发展水平	61.98	77.33	↑15.35

资料来源：赛迪智库整理，2017 年 12 月。

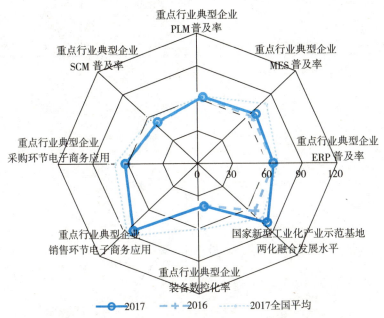

图 18－3　2016—2017 年河南省两化融合工业应用指数情况

资料来源：赛迪智库整理，2017 年 12 月。

3. 应用效益指数

2017 年，河南省两化融合应用效益指数为 87.68，比 2016 年增长 1.9 个点。其中，工业增加值占 GDP 比重指数为 48.85，比 2016 年减少 0.55 个点；第二产业全员劳动生产率指数为 104.86，比 2016 年增长 4.03 个点；工业成本费用利润率指数为46.04，比2016年上升1.64个点；单位工业增加值工业专利量指数为75.66，比2016年下降1.09个点。在工业节能减排水平方面，单位地区生产总值电耗指数为94.53，比2016年提高2.74个点。2017年，河南省电子信息制造业主营业务收入为181.79，比2016年提高4.79个点；软件业务收入指数为87.16，比2016年增长3.02个点。

表18-4　2016—2017年河南省两化融合应用效益指数情况

指标	2016年指数	2017年指数	变化情况
工业增加值占GDP比重	49.4	48.85	↓0.55
第二产业全员劳动生产率	100.83	104.86	↑4.03
工业成本费用利润率	44.42	46.04	↑1.64
单位工业增加值工业专利量	76.75	75.66	↓1.09
单位地区生产总值电耗	91.79	94.53	↑2.74
电子信息制造业主营业务收入	177	181.79	↑4.79
软件业务收入	84.14	87.16	↑3.02

资料来源：赛迪智库整理，2017年12月。

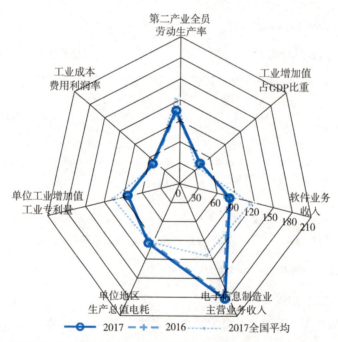

图18-4　2016—2017年河南省两化融合应用效益指数情况

资料来源：赛迪智库整理，2017年12月。

三、优劣势评价

河南省两化融合水平处于全国中游，较好的经济基础为促进两化融合发挥了积极作用。具体来说，河南省两化融合具有以下优势：

一是善于通过组织召开高峰论坛大力宣传推进两化融合工作。以工信部指导、河南省政府主办的方式，先后组织 2016 中国（郑州）制造业与互联网融合创新高峰论坛、2017 中国（郑州）制造业与互联网融合创新应用推广活动，通过主题演讲、现场对接、成果展示等形式，搭建政府部门、产业主体、专家学者交流平台；组织"互联网＋"助推软件产业变革论坛、"自主安全开源合作"高峰论坛等活动，营造良好的社会氛围。

二是能够通过加强专题培训推进两化融合人才队伍建设。联合省委组织部、行政学院组织制造业与互联网融合发展专题研讨班，100 多名各级政府、省直部门和重点企业、科研机构、行业组织负责同志参加了培训，提升领导干部和企业家运用"互联网＋"思维推动制造业转型发展的能力；培训班期间，省政府与航天科工签订智能化改造合作协议，发挥航天云网在智能制造方面的技术和资源优势，为制造企业智能化改造提供服务。

三是通过"深度行"活动把两化融合扎根落到实处。河南省组织行业专家、智能制造方案解决提供商、两化融合管理体系贯标服务机构，先后赴 12 个省辖市宣讲制造业与互联网融合发展的新趋势、新要求、新政策，累计参与企业 2600 多家，为 130 多家企业提供了现场咨询和诊断。

河南省两化融合发展取得进步的同时，也存在一些劣势和不足：

一是思想认识有待提高。部分政府部门和企业负责人仍存在重眼前、轻长远的思想观念，对新常态下抢抓新一轮产业变革机遇实现"变道超车"的重要性和紧迫性认识不足，导致对信息化建设不愿意投入、不敢投入。

二是两化融合总体水平偏低，河南省两化融合指数位居全国中游，明显与制造业大省地位不相匹配。

三是两化融合一些关键领域提升较慢。如互联网普及率较低。根据统计，2017 年，河南省互联网普及率比 2016 年有所提升，但仍然排名落后，位居全国第 28 位，仅比贵州、甘肃和云南稍高。重点行业典型企业装备数控化率位居全国第 29 位。仅高于海南和重庆。第二产业全员劳动生产率指标位居全国第 28 位，仅高于广东、山西和甘肃。这表明，两化融合对工业应用效益的贡献不明显，在推动经济发展的数量和质量上还有较大发展空间。

四、相关建议

对河南省两化融合提出以下建议：

1. 继续完善两化融合贯标推进机制。一是深化两化融合管理体系贯标试点，逐步实现重点区域和优势产业贯标全覆盖，2018 年力争贯标企业达到 200 家、对标企业达到 2000 家。二是建立贯标示范机制，选择一批应用效果好、带动能力强的企业，总结推广贯标优秀经验和成果。三是建设两化融合数据地图，持续推进企业两化融合自评估、自诊断、自对标，分行业、分区域、分阶段评估两化融合发展水平。四是建立培训提升机制，面向政府部门、行业组织、企业、服务机构等不同主体，有针对性开展各种培训活动，提高社会各界的认识和能力。

2. 加快发展工业互联网。一是落实好国务院《深化"互联网 + 先进制造业"发展工业互联网的指导意见》，结合河南实际起草实施方案，明确发展目标、重点任务和政策措施。二是实施"企业上云"工程，制定出台河南省"企业上云"行动计划（2018—2020 年），引导企业将基础设施、平台系统、业务应用、生产设备向云平台迁移，降低信息化建设成本和门槛，力争 2018 年完成万家"企业上云"任务。四是培育工业 APP，组织有条件的信息服务企业、制造企业与高等院校、科研机构开展合作，在装备制造、食品、电子信息等行业开发一批面向特定应用场景的工业 APP，为工艺经验程序化、工业知识显性化、工业智能云计算化提供支撑。

3. 着力培育新业态新技术。一是开展制造业"双创"平台、制造业与互联网融合"双创"基地认定，支持大企业建设面向企业内部和产业链上下游的"双创"要素汇聚平台，鼓励地方建设"双创"基地，打造制造业"双创"新载体。二是发展大数据产业和应用，建设大数据产业集聚区，鼓励郑州、洛阳、许昌等地方建设制造业大数据创新试验区；组织开展大数据产业发展试点示范，推动骨干企业、科研院所开展大数据技术研究和综合应用。

三是开展物联网示范平台和应用示范基地认定，组织骨干企业考察观摩，召开现场会，推动物联网技术、产业、应用协同发展，促进物联网与经济社会各领域融合创新。

4. 加快发展信息技术服务业。一是开展大企业电子商务集成应用试点示范，支持大企业将电子商务与企业内部信息系统综合集成。二是以省级优秀、特色电子商务平台为重点，培育壮大世界工厂网、中钢网、鲜易网等本土平台；支持有条件的大企业电子商务网站向行业电子商务平台转化。三是研究拟订软件和信息技术服务业奖补制度，支持核心领域技术、产品开发及产业化和推广应用项目，支持具有自主知识产权的软件产品研发产业化、服务外包、软件公共服务体系项目。四是持续做好软件企业享受所得税优惠政策后的核查工作，推动省内软件企业享受企业所得税优惠；继续做好 ITSS 标准（信息技术服务标准）的宣贯工作，推动信息技术服务标准推广。

5. 完善融合发展服务机制。一是深化融合发展专题培训，围绕制造业"双创"、智能制造、服务型制造、工业互联网等重点领域，继续组织专题培训活动，提升领导融合发展的能力和水平。二是应用中国两化融合服务平台模式，建立试点示范、智能化改造项目库管理平台和动态服务机制，对典型经验和有效做法进行宣传推广。三是加强行业组织建设，加大对智能制造推进联盟、省物联网行业协会等指导力度，完善行业组织运行机制，引导省内外高等院校、科研机构和工业企业、互联网企业积极参与，为全省融合发展工作提供支撑。四是设立省制造业与互联网融合发展专家库，发挥行业专家智力支撑作用，为融合发展提供咨询和服务。

第十九章 湖北省两化融合发展水平分析

一、总体情况

(一) 经济概况

2017 年，湖北省全年完成地区生产总值 36522.95 亿元，同比增长 7.8%。其中：第一产业完成增加值 3759.69 亿元，同比增长 3.6%；第二产业完成增加值 16259.86 亿元，同比增长 7.1%；第三产业完成增加值 16503.40 亿元，同比增长 9.5%。三次产业结构由 2016 年的 11.2:44.9:43.9 调整为 10.3:44.5:45.2。在第三产业中，交通运输仓储和邮政业、批发和零售业、住宿和餐饮业、金融业、房地产业、营利性服务业及非营利性服务业增加值分别同比增长 6.9%、6.5%、6.4%、9.0%、5.2%、17.8% 和 6.9%。工业生产保持稳定增长。全省全部工业增加值 13874.21 亿元，同比增长 7.2%。年末全省规模以上工业企业达到 16634 家，比上年净增 170 家，同比增长 1.0%。规模以上工业增加值同比增长 7.4%。其中：国有及国有控股企业同比增长 8.6%。轻工业同比增长 6.2%；重工业同比增长 8.1%。制造业同比增长 7.7%，快于规模以上工业 0.3 个百分点。高技术制造业同比增长 14.9%，快于规模以上工业 7.5 个百分点，占规模以上工业增加值的比重达 8.4%，对规模以上工业增长的贡献率达 15.9%。全年规模以上工业销售产值同比增长 10.0%。产品销售率为 97.4%，出口交货值同比增长 15.9%。全年规模以上工业企业实现利润 2470.6 亿元，同比增长 10.0%。①

(二) 两化融合主要进展

2017 年，湖北省以加快智慧湖北建设引领全省信息化发展，以制造业与互联网融合发展为主线，以两化融合、工业云、"双创"平台为突破口，不断

---

① 湖北省统计局：《湖北省 2017 年国民经济和社会发展统计公报》，2018 年 3 月。

培育新常态下经济发展新优势、新动力。全省软件企业营业收入达 2091 亿元,其中软件业务收入 1537 亿元,同比增长 16.3%,保持中部第 1 位。两化融合主要开展了以下工作:

1. 加强顶层设计谋划

政府通过做好顶层设计,引导产业健康稳步发展。2017 年初先后发布《湖北省云计算大数据发展"十三五"规划》(鄂经信规划〔2017〕17 号)、《湖北省软件和信息技术服务业"十三五"发展规划》(鄂经信规划〔2017〕18 号)、《湖北省两化融合"十三五"规划》(鄂经信规划〔2017〕19 号)、《湖北省信息化发展"十三五"规划》(鄂经信规划〔2017〕137 号)。贯彻落实国务院《关于深化制造业与互联网融合发展的指导意见》(国发〔2016〕28 号),制定发布了《省人民政府深化制造业与互联网融合发展的实施意见》(鄂政发〔2017〕26 号)。组织开展了人工智能、信息消费的调研活动,紧跟行业发展形势,营造了良好的政策环境和发展氛围。

2. 推进智慧湖北建设

智慧湖北建设主要工作包括:一是以大数据应用推动智慧发展。湖北省专门邀请权威专家为省政府党组作了《把握大数据本质、树立大数据思维、推进大数据应用》专题辅导。支持市州、县市开展智慧城市、智慧园区的试点示范。二是举办智慧湖北建设有关专题研讨班。省委组织部、省经信委共同举办了湖北省"互联网 + 制造业"专题研讨班。全省各市、州、直管市、林区和部分(县、市、区)政府分管领导,国家级开发区和高新区管委会分管领导等共 190 余人参加了培训。三是深化与国内外知名互联网企业合作。积极推进腾讯、阿里巴巴、中兴、华为等企业在鄂项目,研究解决企业提请政府支持的事项。积极支持和鼓励更多国内外知名互联网企业参与智慧湖北建设。

3. 培育发展新兴业态

主要举措有:一是推进湖北工业云平台建设。与用友网络科技股份有限公司签订战略合作协议,合作建设湖北省工业云(用友)平台,为全省企业提供各类领域云应用产品和服务。二是开展基于互联网的制造业"双创"工作。积极推荐制造业"双创"平台,遴选 2017 年湖北省基于互联网的制造业"双创"平台(企业)试点示范项目。1 个项目成为国家级制造业"双创"平台试点示范项目,21 个项目成为省级制造业"双创"平台试点示范项目。三是大力发展工业电商。支持有条件的企业搭建电商平台，培育电子商务应用典型工业企业。鼓励引导工业企业优化供应链管理，拓展覆盖范围，创新生产、销售、服务模式，为消费者量身打造个性定制产品，适应多元化、个性化需求，提升客户消费体验，发展适销对路的网络零售。截至目前，全省大型企业电子商务应用普及率近70%，中小企业超过50%，越来越多的企业正在"触电"发展。

4. 积极推进产业发展

主要工作有：一是积极争创武汉中国软件名城。部省市协同创建武汉中国软件名城以来，经过近四年时间努力，已到最后冲刺阶段。邀请工信部软件与集成电路促进中心（CSIP）有关专家赴武汉现场指导，开展名城评估有关培训工作。武汉市已正式提交了名城评估申请，准备迎接软件名城授牌评估。二是贯彻实施国家信息技术服务标准（ITSS）。加强信息技术服务标准（ITSS）应用的宣贯培训，全年先后举办5次IT服务经理、IT服务工程师、ITSS运行维护标准内审员等相关培训。三是推进系统集成和服务业发展。武汉烽火信息集成技术有限公司获批国家信息系统集成及服务大型一级企业，全省获得信息系统集成及服务资质企业达321家。全省已在册高级项目经理1080人，项目经理2586人。

二、两化融合发展水平分析

（一）综合分析

2017年，湖北省两化融合发展总指数为85.72，比2016年的82.44提高了3.28个点。其中，基础环境指数为76.98，比2016年的75.05上升了1.93个点；工业应用指数为82.08，比2016年的79.63增长了2.45个点；应用效益指数为101.72，比2016年的95.46增长了6.26个点。

表19－1 2016—2017年湖北省两化融合指数情况

指标	2016年指数	2017年指数	变化情况
基础环境	75.05	76.98	↑1.93
工业应用	79.63	82.08	↑2.45
应用效益	95.46	101.72	↑6.26
发展指数	82.44	85.72	↑3.28

资料来源：赛迪智库整理，2017年12月。

图 19 - 1　2016—2017 年湖北省两化融合指数情况

资料来源：赛迪智库整理，2017 年 12 月。

（二）具体分析

1. 基础环境指数

2017 年，湖北省基础环境指数由 2016 年的 75.05 提高至 76.98，增幅为 1.93 个点。具体来看，2017 年湖北省城（省）域网出口带宽指数为 129.68，比 2016 年的提高了 16.21 个点；固定宽带普及率指数为 90.37，比 2016 年提高了 1.56 个点；固定宽带端口平均速率指数为 123.87，比 2016 年增长了 1.45 个点；移动电话普及率指数为 58.31，和 2016 年持平。在互联网应用普及方面，2017 年，湖北省互联网普及率指数为 67.34，比 2016 年增长了 4.03 个点。在两化融合政策环境建设方面，2017 年，湖北省没有设立两化融合专项引导资金；中小企业信息化服务平台数指数和 2016 年持平；重点行业典型企业信息化专项规划情况指数为 79.02，比 2017 年增长了 1.35 个点。

表 19 - 2　2016—2017 年湖北省两化融合基础环境指数情况

指标	2016 年指数	2017 年指数	指数变化情况
城（省）域网出口带宽	113.47	129.68	↑16.21
固定宽带普及率	88.81	90.37	↑1.56
固定宽带端口平均速率	122.42	123.87	↑1.45
移动电话普及率	58.31	58.31	—
互联网普及率	63.31	67.34	↑4.03

指标	2016 年指数	2017 年指数	指数变化情况
两化融合专项引导资金	0	0	—
中小企业信息化服务平台数	66.1	66.1	—
重点行业典型企业信息化专项规划	77.67	79.02	↑1.35

资料来源：赛迪智库整理，2017 年 12 月。

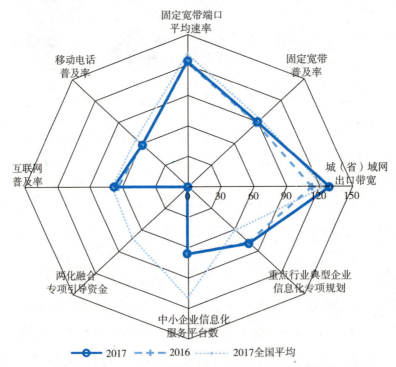

图 19-2　2016—2017 年湖北省两化融合基础环境指数情况

资料来源：赛迪智库整理，2017 年 12 月。

2. 工业应用指数

2017 年，湖北省工业应用指数为 82.08，比 2016 年提高了 2.45 个点。具体来看，重点行业典型企业 ERP 普及率指数为 76.78，比 2016 年增长了 1.5 个点。重点行业典型企业 MES 普及率指数为 97.27，比 2016 年增长了 2.12 个点。重点行业典型企业 PLM 指数为 78.97，比 2016 年下降了 0.43 个点。重点行业典型企业 SCM 普及率指数为 72.69，比 2016 年增长了 0.17 个点；重点行业典型企业采购环节电子商务应用普及率指数为 80.77，比 2016 年下降了

0.08 个点。重点行业典型企业销售环节电子商务应用普及率指数为 109.47，比 2016 年提高了 0.33 个点。重点行业典型企业装备数控化率指数为 71.67，比 2016 年提高了 1.79 个点。国家新型工业化产业示范基地两化融合发展水平指数为 72.37，比 2016 年提高了 12.6 个点。

表 19 – 3　2016—2017 年湖北省两化融合工业应用指数情况

指标	2016 年指数	2017 年指数	变化情况
重点行业典型企业 ERP 普及率	75.28	76.78	↑1.5
重点行业典型企业 MES 普及率	95.15	97.27	↑2.12
重点行业典型企业 PLM 普及率	79.4	78.97	↓0.43
重点行业典型企业 SCM 普及率	72.52	72.69	↑0.17
重点行业典型企业采购环节电子商务应用	80.85	80.77	↓0.08
重点行业典型企业销售环节电子商务应用	109.14	109.47	↑0.33
重点行业典型企业装备数控化率	69.88	71.67	↑1.79
国家新型工业化产业示范基地两化融合发展水平	59.77	72.37	↑12.6

资料来源：赛迪智库整理，2017 年 12 月。

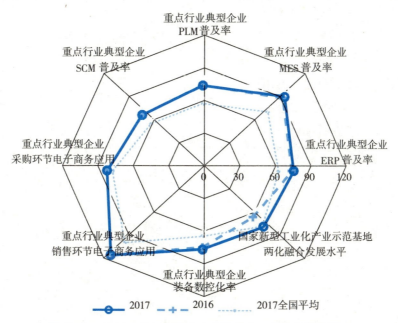

图 19 – 3　2016—2017 年湖北省两化融合工业应用指数情况

资料来源：赛迪智库整理，2017 年 12 月。

3. 应用效益指数

2017 年，湖北省两化融合应用效益水平稳步提升，由 2016 年的 95.46 提升至 101.72，提升了 6.26 个点。在地区工业生产效益和水平方面，2017 年，湖北省工业增加值占 GDP 比重指数为 45.64，比 2016 下降了 0.57 个点；第二产业全员劳动生产率指数为 120.68，比 2016 年增长了 5.78 个点；工业成本费用利润率指数为 43.46，比 2016 年上升了 4.09 个点；单位工业增加值工业专利量指数为 96.99，比 2016 年下降了 2.03 个点；在工业节能减排水平方面，单位地区生产总值电耗指数为 111.72，比 2016 年上升了 0.56 个点。在信息产业发展水平方面，2017 年，湖北省电子信息制造业主营业务收入指数为 150.52，比 2016 年增加了 17.03 个点；软件业务收入指数为 176.44，比 2016 年提升 17.61 个点。

表 19 - 4 2016—2017 年湖北省两化融合应用效益指数情况

指标	2016 年指数	2017 年指数	变化情况
工业增加值占 GDP 比重	46.21	45.64	↓0.57
第二产业全员劳动生产率	114.9	120.68	↑5.78
工业成本费用利润率	39.37	43.46	↑4.09
单位工业增加值工业专利量	94.96	96.99	↓2.03
单位地区生产总值电耗	109.28	111.72	↑0.56
电子信息制造业主营业务收入	133.49	150.52	↑17.03
软件业务收入	158.83	176.44	↑17.61

资料来源：赛迪智库整理，2017 年 12 月。

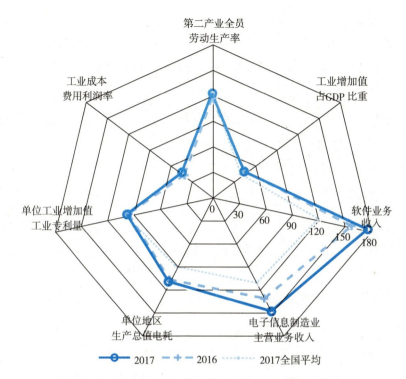

图 19 - 4　2016—2017 年湖北省两化融合应用效益指数情况

资料来源：赛迪智库整理，2017 年 12 月。

三、优劣势评价

湖北省推进两化融合的主要优势：

一是领导高度重视推进两化融合培训工作。分别在黄冈、宜昌举办两期全省两化融合管理体系高级研修班，累计培训市州经信委、企业代表 600 人次。

二是有针对性地开展两化融合评估诊断和对标引导工作。累计完成近 1000 家企业的参评任务。配合工信部赛迪研究院开展区域两化融合水平评估，以此为依据评估湖北省信息化发展水平指数。

三是实施两化融合试点示范。全省两化融合试点示范企业超过 800 家，新增 156 家。基于互联网的制造业"双创"平台试点示范项目 21 家。分行业、分领域征集收录全省 30 家企业两化融合典型案例，汇编成册，发送相关企业学习借鉴。

四是积极推荐优秀企业及项目争取国家试点。国家两化融合管理体系贯标试点企业达 107 家，新增 37 家，新增国家两化融合贯标示范企业 1 家；通过两化融合管理体系贯标评定 30 家，新增 17 家；2017 年中德智能制造合作试点示范项目 2 项；2017 年制造业与互联网融合发展试点示范项目 4 项；2017 年制造业"双创"平台试点示范项目 1 项。

与此同时，湖北省两化融合也存在一些劣势：

湖北省地区间信息化发展还不均衡，两化融合应用还亟待深化。从指标来看，与湖北两化融合总指数位居全国第 10 名相比，固定宽带端口平均速率指标和移动电话普及率指标相对落后，分别位居全国第 28 位和第 27 位。固定宽带端口平均速率指标仅高于广东、吉林和广西。移动电话普及率指标仅位居广西、湖南、湖南和江西。这表明，湖北在两化融合基础环境上还有较大的提升空间。

四、相关建议

对湖北省两化融合提出以下建议：

1. 继续优化创造有利于两化深度融合的环境。一是继续优化软件产业发展环境。研究出台湖北省进一步扩大和升级信息消费的行动方案，并进行相关政策培训，为扩大升级信息消费做好政策铺垫。保持创建武汉中国软件名城的良好态势，做好宣传，扩大影响。二是营造智慧湖北建设良好氛围。认真总结智慧湖北建设的典型案例，做好宣传推广。引导软件企业贯彻落实国家和省近年来关于加快智慧湖北发展、"互联网＋"、大数据、云计算、信息消费等政策文件精神，在智慧湖北建设各项行动中找准企业发展切入点，积极开拓创新，力促智慧湖北建设迈上新台阶。三是打造基于互联网的制造业"双创"平台。总结一批湖北制造业"双创"企业典型案例并积极向工信部推荐，培育一批省级"双创"示范企业及"双创"示范基地，联合互联网企业组织开展制造业"双创"赛事活动。

2. 加大对市场主体的培育引导扶持力度。一是培育湖北工业云生态。坚持"应用为要、重点突破"，鼓励各类工业云平台在产业集聚区落地，先支持各方搭平台、推应用，后采用地方财税支持、政府购买公共服务的方式，鼓励云平台企业为湖北省工业行业和工业企业提供有价值的服务，鼓励中小企业将业务系统向云端迁移。二是实施"万企上云"工程。研究制定推动"万企上云"的政策措施和实施指南，推动工业企业生产设备、研发工具、业务系统等的云化改造和云端迁移。三是做好相关领域配套服务。积极支持国内外互联网公司来鄂对接合作，做好阿里巴巴、腾讯、百度、华为、中兴、浪潮等企业的服务工作，帮助协调解决在鄂项目建设运营中的问题，做好配套服务，发挥项目带动示范作用，推进资源要素集聚整合。

　　3. 加强行业管理，提升服务水平。一是积极落实行业有关政策。软件业部分优惠政策 2017 年底已执行到期，积极学习和贯彻执行新政策，帮助软件企业尽快适应新政策。二是继续推广贯彻信息技术服务标准（ITSS），提高软件企业信息技术服务水平。继续加强信息技术服务标准应用的宣贯培训，完善信息技术服务质量评价平台和信息技术运维交付平台建设，鼓励企业参加符合性评估。三是提高经济运行分析和辅助决策能力。进一步做好软件产业统计报表制度宣贯、人员培训等工作，提高统计人员专业能力和数据上报质量，将软件产业发展中不断涌现的新业态企业按要求纳入统计范围，实行大行业管理。

第二十章　湖南省两化融合发展水平分析

一、总体情况

（一）经济概况

2017 年，湖南省地区生产总值 34590.6 亿元，比上年增长 8.0%。其中，第一产业增加值 3690.0 亿元，同比增长 3.6%；第二产业增加值 14145.5 亿元，同比增长 6.7%；第三产业增加值 16755.1 亿元，同比增长 10.3%。按常住人口计算，人均地区生产总值 50563 元，同比增长 7.4%。全省三次产业结构为 10.7:40.9:48.4。规模以上服务业实现营业收入 3199.0 亿元，比上年增长 20.7%；实现利润总额 315.5 亿元，增长 35.0%。第三产业占地区生产总值的比重比上年提高 2.0 个百分点；工业增加值占地区生产总值的比重为 34.3%，比上年下降 1.6 个百分点；高新技术产业增加值占地区生产总值的比重为 23.5%，比上年提高 1.8 个百分点；非公有制经济增加值 20547.8 亿元，同比增长 8.4%，占地区生产总值的比重为 59.4%；战略性新兴产业增加值 3914.7 亿元，同比增长 10.1%，占地区生产总值的比重为 11.3%，比上年提高 0.7 个百分点。第一、二、三产业对经济增长的贡献率分别为 4.9%、37.0% 和 58.1%。其中，工业增加值对经济增长的贡献率为 33.0%，生产性服务业增加值对经济增长的贡献率为 23.7%。资本形成总额、最终消费支出、货物和服务净流出对经济增长的贡献率分别为 48.6%、53.4% 和 −2.0%。[1]

（二）两化融合主要进展

2017 年，湖南省积极贯彻《中国制造 2025》《"互联网＋"行动计划》《深化制造业与互联网融合发展的指导意见》等系列文件，加快推进互联网与

---

[1]　湖南省统计局：《湖南省 2017 年国民经济和社会发展统计公报》，2018 年 3 月

制造业、生产性服务业的深度融合，大力发展产业互联网，促进制造业转型升级。

1. 大力推进工业互联网深入融合发展

结合制造强省行动，湖南省专门出台"制造业＋互联网＋服务"专项行动，围绕传统特色产业，建立了"互联网＋"行动的分行业、分领域推进机制，推进装备制造、钢铁产业、有色金属、石油化工、烟花陶瓷、医药食品、纺织服装等七个行业开展互联网融合创新的示范工程，将此纳入全省绩效评价考核，大力提升制造业的信息化、智能化和服务化水平。同时在省移动互联网、新型工业化、战略新兴产业、信息化等专项资金中给予重点支持。通过示范项目建设促进湖南省一批工业制造企业积极应用互联网推进产业组织、商业模式、供应链、物流链创新，为转型升级插上互联网的翅膀。目前湖南共有 12 家企业先后入选工信部互联网与工业融合创新试点企业和制造业与互联网融合发展试点示范企业。

2. 积极推进企业两化融合管理体系贯标对标

湖南省共有 50 家企业被列为工信部两化融合管理体系贯标试点，其中已有 12 家企业通过贯标体系认证，三一集团有限公司、株洲中车时代电气股份有限公司、中联重科股份有限公司等 3 家企业列入工信部两化融合管理体系贯标试点示范。截至 2017 年 7 月，湖南省组织参与两化融合评估诊断和对标的企业数达 7151 家，排全国第三。湖南省先后组织了 10 多次贯标试点企业和服务机构专题培训会，搭建了贯标工作交流平台，大力实施两化融合人才培训计划。2014—2017 年，湖南省全面实施全省两化融合人才培训计划，面向装备制造、石油化工、钢铁有色、食品加工、烟花、造纸等传统行业组织了 20 多期培训班，培训各类管理和技术干部 6000 多人次。

3. 多渠道组织企业两化融合对接

湖南省推动组建了互联网服务商联盟，组织联盟企业深入特色产业集聚区，开展"互联网＋特色产业"对接活动。多次组织来自国际国内的信息技术企业与省内工业企业开展合作对接，一批两化融合项目在对接会上成功签约。目前，湖南省形成了物流公共信息服务平台、商康医药电子商务平台、裕邦智能法律服务平台、华菱钢材电子商务公共服务平台、移动支付集成应用综合服务平台等一批信息化公共服务平台。同时以装备制造、钢铁有色、石油化工、食品加工等 11 个重点行业作为推进全省两化融合的重点领域，推广行业信息化解决方案，指导企业进行信息化建设。

4. 鼓励制造企业积极建设互联网"双创"平台

鼓励一批大型制造企业利用闲置土地、上下游客户资源、人才优势等建设互联网"双创"平台，创造创新活跃、高效协同的"双创"新生态，目前已涌现出三一众智新城、远大 P8 创新社区等成功案例，铁建重工、轻工盐业集团等一些企业也在积极谋划之中。三一集团全力打造的"双创"基地——三一众智新城，目前已入驻 60 多家初创企业和创业团队。轻工盐业集团建立开门生活电商平台，依托平台鼓励和支持集团内部员工创业。

二、两化融合发展水平分析

（一）综合分析

2017 年，湖南省两化融合发展指数为 86.47，比 2016 年增长了 3.86 个点。基础环境指数为 90.56，比 2016 年的 86.35 增长了 4.21 个点。工业应用指数为 80.44，比 2016 年的 76.13 增长了 4.31 个点。应用效益指数为 94.43，比 2016 年的 91.82 增长了 2.61 个点。

表 20 - 1　2016—2017 年湖南省两化融合指数情况

指标	2016 年指数	2017 年指数	变化情况
基础环境	86.35	90.56	↑4.21
工业应用	76.13	80.44	↑4.31
应用效益	91.82	94.43	↑2.61
发展指数	82.61	86.47	↑3.86

资料来源：赛迪智库整理，2017 年 12 月。

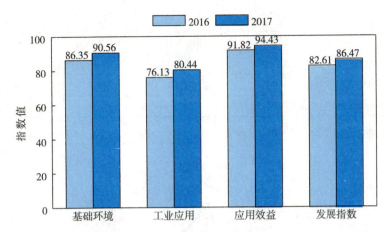

图 20 - 1 2016—2017 年湖南省两化融合指数情况

资料来源：赛迪智库整理，2017 年 12 月。

（二）具体分析

1. 基础环境指数

2017 年湖南省基础环境指数达到 90.56，比 2016 年提高了 4.21 个点。在信息基础设施建设方面，在所有指标中，2017 年湖南省城（省）域网出口带宽指数增长最快，达到 124.47，比 2016 年的 78.85 提高了 45.62 个点。固定宽带普及率指数为 82.19，比 2016 年增长了 3.6 个点；固定宽带端口平均速率指数为 128.71，比 2016 年增长了 5.04 个点；移动电话普及率指数为 55.04，比 2016 年提高 1.32 个点。在互联网应用普及方面，2017 年，湖南省互联网普及率指数为 61.12，比 2016 年增长了 4.3 个点。在两化融合政策环境建设方面，2017 年湖南省设立了两化融合专项引导资金；中小企业信息化服务平台数指数和重点行业典型企业信息化专项规划情况指数与 2016 年持平。

表 20 - 2 2016—2017 年湖南省两化融合基础环境指数情况

指标	2016 年指数	2017 年指数	指数变化情况
城（省）域网出口带宽	78.85	124.47	↑45.62
固定宽带普及率	78.59	82.19	↑3.6
固定宽带端口平均速率	123.67	128.71	↑5.04
移动电话普及率	53.72	55.04	↑1.32
互联网普及率	56.82	61.12	↑4.3

指标	2016 年指数	2017 年指数	指数变化情况
两化融合专项引导资金	100	100	—
中小企业信息化服务平台数	139.5	139.5	—
重点行业典型企业信息化专项规划	70.11	70.9	↑0.79

资料来源：赛迪智库整理，2017 年 12 月。

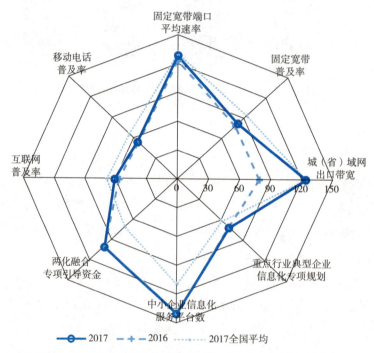

图 20 - 2　2016—2017 年湖南省两化融合基础环境指数情况

资料来源：赛迪智库整理，2017 年 12 月。

2. 工业应用指数

2017 年，湖南省工业应用指数为 80.44，比 2016 年提高了 4.31 个点。其中，重点行业典型企业 ERP 普及率指数为 68.98，比 2016 年的 67.84 增长 1.14 个点。重点行业典型企业 MES 普及率指数为 85.03，比 2016 年的 82.6 增长了 2.43 个点。重点行业典型企业 PLM 指数为 67.27，比 2016 年的 67.52 下降了 0.25 个点。重点行业典型企业 SCM 普及率指数为 62.05，比 2016 年的 60.62 增长了 1.43 个点。重点行业典型企业采购环节电子商务应用普及率指数为 114.07，比 2016 年的 114.57 下降了 0.5 个点。重点行业典型企业销售环节电子商务应用普及率指数为 124.05，比 2016 年的 122.06 增长了 1.99 个点。重点行业典型企业装备数控化率指数为 44.81，比 2016 年的 43.12 上升了 1.69 个点。国家新型工业化产业示范基地两化融合发展水平指数为 82.78，比 2016 年的 59.05 增长 23.73 个点。

表 20−3　2016—2017 年湖南省两化融合工业应用指数情况

指标	2016 年指数	2017 年指数	指数变化情况
重点行业典型企业 ERP 普及率	67.84	68.98	↑1.14
重点行业典型企业 MES 普及率	82.6	85.03	↑2.43
重点行业典型企业 PLM 普及率	67.52	67.27	↓0.25
重点行业典型企业 SCM 普及率	60.62	62.05	↑1.43
重点行业典型企业采购环节电子商务应用	114.57	114.07	↓0.5
重点行业典型企业销售环节电子商务应用	122.06	124.05	↑1.99
重点行业典型企业装备数控化率	43.12	44.81	↑1.69
国家新型工业化产业示范基地两化融合发展水平	59.05	82.78	↑23.73

资料来源：赛迪智库整理，2017 年 12 月。

图 20−3　2016—2017 年湖南省两化融合工业应用指数情况

资料来源：赛迪智库整理，2017 年 12 月。

3. 应用效益指数

2017年，湖南省应用效益指数为94.43，比2016年提高了2.61个点。在地区工业生产效益和水平方面，2017年，湖南省工业增加值占GDP比重指数为43.45，比2016年的45.19下降了1.74个点；第二产业全员劳动生产率指数为135.44，比2016年的130.02增长了5.42个点；工业成本费用利润率指数为40.44，比2016年的37.17增加了3.27个点；单位工业增加值工业专利量指数为98.68，比2016年的100.34下降了1.66个点。在工业节能减排水平方面，单位地区生产总值电耗指数为119.19，比2016年的116提升了3.19个点。在信息产业发展水平方面，2017年，湖南省电子信息制造业主营业务收入指数为141.29，比2016年的136.59增加了4.7个点；软件业务收入指数为102.44，比2016年的95.63增长了6.81个点。

表20-4　2016—2017年湖南省两化融合应用效益指数情况

指标	2016年指数	2017年指数	指数变化情况
工业增加值占GDP比重	45.19	43.45	↓1.74
第二产业全员劳动生产率	130.02	135.44	↑5.42
工业成本费用利润率	37.17	40.44	↑3.27
单位工业增加值工业专利量	100.34	98.68	↓1.66
单位地区生产总值电耗	116	119.19	↑3.19
电子信息制造业主营业务收入	136.59	141.29	↑4.7
软件业务收入	95.63	102.44	↑6.81

资料来源：赛迪智库整理，2017年12月。

图 20 - 3　2016—2017 年湖南省两化融合应用效益指数情况

资料来源：赛迪智库整理，2017 年 12 月。

三、优劣势评价

湖南省 2017 年工业经济和信息化均呈快速发展态势，两化融合发展具有一定优势：

一是产业创新能力、竞争力较强。2017 年工业和信息化部对外发布了《中国软件和信息服务业综合发展指数研究报告》，湖南省在"成长创新"指数中位居全国第七。工信部信息中心发布的 2017 中国互联网企业百强榜单，快乐阳光（第 56 名）、拓维信息（第 58 名）、竞网智赢（第 80 名）三家企业入围百强，数量位居中西部地区第一。南车时代电气入围工信部软件百强，排名位居前列。国防科大与中标软件联合推出的麒麟操作系统成为我国自主可控主流操作系统。

二是集聚程度加速提升，特色优势领域发展态势较好。长沙市高新区聚集了建设了一批定位清晰、特色鲜明的产业园区。位于高新区内的长沙信产业园建设和招商引资步伐持续加快，形成了长沙中电软件园、长海创业基地等一批特色产业载体。移动文化湘军在全国优势突出，快乐阳光在移动视频行业位居第四，连续两年获评"世界媒体五百强"，红网位列中国地方新闻网站影响力第一名。互联网技术服务过亿元企业已达 14 家。移动电商领域营收过 10 亿元的共 5 家，御家汇、松桂坊等一批"互联网＋"消费品电商企业等在淘宝网等细分类目中多次获得销量第一。移动生活服务领域有全国最大的上门服务平台——五八到家。

三是大数据产业蓬勃兴起。东江湖大数据中心项目第一期 2017 年 6 月 26 日正式启用，PUE 值保持在 1.05 至 1.16 之间，创造了国内 IDC 最低纪录，一期工程共 3000 个机架，华为、阿里、国家超算湖南中心、网宿科技、中国电信、华润集团等 19 家公司签订落户园区协议，总投资 200 亿元。证通电子长沙云谷数据中心从 2015 年成立以来，已实际完成投资近十亿元，新建的云谷数据中心 1 号栋泛金融云服务机房，已于 2017 年 6 月底正式投产运营。中国联通湖南长沙云数据中心预计 2018 年上半年投产。永州（华为）云计算数据中心项目预计 2018 年完工并投入试运营。益阳芙蓉云计算中心项目截至 2017 年底总投资约 8 亿元。是目前亚洲地区等级最高、计算功率密度最大的在建数据中心。

同时，湖南省两化融合发展也存在一些劣势和不足：

一是制造业与互联网融合发展认识有待提高。信息技术是当今世界创新速度最快、通用性最广、渗透性最强的高技术之一。制造业与互联网融合是推进工业转型升级的重要手段，但是对"互联网＋"和"中国制造 2025"这两个新概念，目前社会各层面还存在认识不清、认识不到位的问题。必须进一步凝聚各级政府、市场主体、中介机构等全社会各阶层推进融合发展的共识，协同推进。

二是制造业与互联网融合发展投入力度不够。推进信息技术在工业生产中的广泛深入应用，首先必须从政策、资金和推进机制等多方面夯实融合发展的基础。目前两化融合政策方面没有强有力的依托，资金投入方面没有专项等财税扶持。

四、相关建议

对湖南省两化融合提出以下建议：

1. 继续推动移动互联网产业快速发展。2018 年重点围绕贯彻落实省委领导"尽快出台落实移动互联网产业政策 2.0 版，进一步推动我省移动互联网和大数据产业融合发展"有关指示，结合"制造强省"工作重点，着力推进移动互联网产业及软件和信息服务业的发展。做好移动互联网产业政策 2.0 版的宣贯工作，做好软件企业统计培训及税收优惠政策宣贯，做好湖南省软件和信息服务产业园认定工作。

2. 做好云计算、大数据的试点示范和典型推广。在湖南省支柱产业、政务、民生等领域积极开展大数据、云计算试点示范，推进新技术、新应用、新模式发展，促进云计算、大数据在经济社会各领域深入应用。积极培育发展一批大数据示范园区、示范平台、示范企业、示范项目和创业创新模式，组织开展大数据优秀产品和应用解决方案征集活动，通过在各行各业的试点示范，打造各行业的大数据应用标杆，形成各行业大数据的产品、装备和服务。

3. 大力推进制造业与互联网深度融合。组织开展制造业与互联网融合发展、工业互联网、大企业"双创"等试点示范，研究制定湖南省《关于发展工业互联网深化制造业与互联网融合发展的实施意见》。结合湖南省产业发展实际，进一步细化相关的政策措施，着力推进制造业与互联网融合创新发展。在装备制造、钢铁、有色、石油化工、烟花陶瓷、医药食品、纺织服装等 7 个行业推进 20 个以上"制造业＋互联网"示范工程。坚持把智能制造作为两化融合主攻方向，推进制造业与服务业融合，大力实施"制造＋互联网＋服务"专项行动，推动制造业企业与设计服务单位合作对接。

4. 组织开展两化融合管理体系贯标工作。联合省企业家联合会开展互联网条件下的企业组织创新和管理创新活动。组织开展企业对标和自评估，帮助企业衡量自己的两化融合水平，根据自身需要找准定位和努力方向。组织申报工信部两化融合管理体系贯标试点和示范，推动企业通过两化融合管理体系贯标评定。面向已通过两化融合管理体系贯标评定的企业，遴选一批两化融合管理体系贯标示范企业，聚焦产品全生命周期创新与服务、供应链管控与服务、现代化生产制造与运营管理和工业云、工业大数据、工业互联网等新模式新业态四个方向开展示范。

5. 组织开展工业电子商务应用推广和产业对接。贯彻落实《工业电子商务发展三年行动计划》，坚持坚持分类指导、分业施策，结合电子商务在不同行业、环节的扩散规律和融合方式，推动大型工业企业采购销售模式的在线化、网络化、协同化，创新交易、营销、物流和管理模式；推动中小企业依托第三方工业电子商务平台开展委托采购、联合采购、即时采购等网络采购新模式，加快销售渠道拓展和品牌培育，逐步提升工业企业营销服务线上线下融合水平；培育基于电子商务的个性化定制模式。

第二十一章　广东省两化融合发展水平分析

一、总体情况

（一）经济概况

2017 年，广东省实现地区生产总值 89879.23 亿元，比上年增长 7.5%。其中，第一产业增加值 3792.40 亿元，同比增长 3.5%，对地区生产总值增长的贡献率为 2.0%；第二产业增加值 38598.55 亿元，同比增长 6.7%，对地区生产总值增长的贡献率为 39.8%；第三产业增加值 47488.28 亿元，同比增长 8.6%，对地区生产总值增长的贡献率为 58.2%。三次产业结构比重为 4.2：43.0：52.8，第三产业所占比重比上年提高 0.8 个百分点。在第三产业中，批发和零售业同比增长 5.4%，住宿和餐饮业同比增长 2.2%，金融业同比增长 8.8%，房地产业同比增长 4.8%。在现代产业中，高技术制造业增加值 9516.92 亿元，同比增长 13.2%；先进制造业增加值 17597.00 亿元，同比增长 10.3%。现代服务业增加值 29709.97 亿元，同比增长 9.8%。生产性服务业增加值 24344.75 亿元，同比增长 8.8%。民营经济增加值 48339.14 亿元，同比增长 8.1%。2017 年，广东人均地区生产总值达到 81089 元，按平均汇率折算约合 12009 美元。全年全部工业增加值比上年增长 7.0%。规模以上工业增加值同比增长 7.2%，其中，国有及国有控股企业同比增长 2.0%，民营企业同比增长 10.6%，外商及港澳台投资企业同比增长 5.6%，股份制企业同比增长 8.4%，股份合作制企业同比增长 0.2%，集体企业同比增长 3.0%。分轻重工业看，轻工业同比增长 6.1%，重工业同比增长 7.8%。分企业规模看，大型企业同比增长 7.6%，中型企业同比增长 6.7%，小微型企业同比增长 6.8%。高技术制造业增加值同比增长 13.2%，占规模以上工业增加值的比重为 28.8%，比上年提高 1.2 个百分点。其中，医药制造业同比增长 10.2%，电子及通信设备制造业同比增长 13.7%，信息化学品制造业同比增长 5.6%，航空航天器制造业同比增长 196.9%，医疗设备及仪器仪表制造业同比增长 15.2%，电子计算机及办公设备制造业同比下降 2.1%。先进制造业增加值同比增长 10.3%，占规模以上工业增加值的比重为 53.2%，比上年提高 1.6 个百分点。其中，高端电子信息制造业同比增长 13.9%，先进装备制造业同比增长 13.7%，石油化工产业同比增长 2.9%，先进轻纺制造业同比增长 6.5%，新材料制造业同比增长 3.4%，生物医药及高性能医疗器械同比增长 11.6%。优势传统产业增加值同比增长 6.1%，其中，纺织服装业同比增长 1.5%，食品饮料业同比增长 5.9%，家具制造业同比增长 8.1%，建筑材料同比增长 7.3%，金属制品业同比增长 7.2%，家用电力器具制造业同比增长 10.5%。六大高耗能行业增加值同比增长 0.6%，其中，石油加工、炼焦和核燃料加工业下降 3.4%，化学原料和化学制品制造业同比增长 6.4%，非金属矿物制品业同比增长 7.7%，黑色金属冶炼及压延加工业同比下降 4.9%，有色金属冶炼及压延加工业同比增长 2.4%，电力、热力生产和供应业下降 4.3%。①

（二）两化融合主要进展

1. 制造业与互联网融合成果显著

广东省积极推动珠三角制造业与互联网融合发展示范城市带建设，培育 40 个融合发展试点示范项目。形成了良好的工业互联网发展开局，举办了首届中国工业互联网大会，发布首批 60 家工业互联网产业生态供给资源池名单，推动阿里工业云总部、树根互联总部、航天云网等知名企业落户广东，在广州、佛山率先建设工业互联网产业示范基地。推进珠三角国家大数据综合试验区建设，建设 15 个省级大数据产业园、3 个大数据创业创新孵化园，在全国率先创建"广东省制造业大数据指数"，培育"数据工厂""大数据双创"等新模式。

2. 军民融合稳步推进

广东省出台了省国防科技工业军民深度融合发展"十三五"规划，建设国防科技工业技术成果产业化应用推广中心，引导 77 家民营企业进入军工生产领域，全省取得军工保密资格单位突破 300 家。

---

① 广东省统计局：《2017 年广东省国民经济和社会发展统计公报》，2018 年 3 月。

3. 降本增效成效明显

广东省把降低企业成本作为扶持实体经济的重中之重，出台了《广东省降低制造业企业成本支持实体经济发展的若干政策措施》，为企业减负约 621 亿元。落实"强市放权"，将 8 项行政审批和 14 项服务事项下放委托广州、深圳等市实施。推进去产能，淘汰落后造纸产能 9.22 万吨，取缔"地条钢"产能 1143 万吨。创建了 3 个国家级产业集群区域品牌示范区，并培育 24 家国家"质量标杆"企业。

4. 先进制造业加速壮大

广东省出台实施方案及配套政策，推动 4K 电视网络应用与产业发展，实现全省 4K 用户 980 万户，增长约 2 倍，2277 个省级扶贫村基本开通应用。发展智能制造，建设 21 个省级智能制造公共技术支撑平台，全省应用工业机器人 8 万台，保有量约占全国 1/5，工业机器人产量同比增长 50.2%。加快珠江西岸先进装备制造产业带建设，中兴智能汽车等 225 个亿元以上项目新开工，哈工大机器人等 172 个亿元以上项目新投产，珠海 AG600 大型水陆两栖飞机成功首飞；珠西装备制造业增加值同比增长 12.5%，投资同比增长 16.1%。突出芯片和高端面板发展新一代电子信息产业，加快建设中芯国际 12 英寸线、富士康 10.5 代线、科大讯飞华南总部等重大项目。

5. 工业创新驱动发展步伐加快

国家印刷及柔性显示创新中心获工信部批复同意组建，成为全国 5 个国家级制造业创新中心之一；筹建 5 家省级制造业创新中心。建成 2 个国家产业技术基础公共服务平台、92 家国家企业技术中心、1096 家省级企业技术中心。

6. 工业投资稳步扩大

广东省创新招商工作方式，积极开展精准招商、专业招商。加大技术改造扶持力度，把技改事后奖补扶持的企业覆盖到主营业务收入 1000 万元以上，省市县三级财政共奖补资金 26.3 亿元。完成技术改造三年行动计划，共推动超过 2 万家规上工业企业开展技术改造，累计完成工业技改投资 1.17 万亿元。2017 年，工业投资同比增长 9.6%，工业技术改造投资增长 26.7%。

二、两化融合发展水平分析

（一）综合分析

2017 年，广东省两化融合发展指数为 107.71，比 2016 年提高 3.35 个点。基础环境方面，2017年基础环境指数为107.81，2016年基础环境指数为105.73，比2016年提高2.08个点。工业应用方面，2017年工业应用指数为89.5，2016年工业应用指数为86.99，比2016年提高2.51个点。应用效益方面，2017年应用效益指数为144.01，2016年应用效益指数为137.75，比2016年提高6.26个点。

表21-1 2016—2017年广东省两化融合指数情况

指标	2016年指数	2017年指数	变化情况
基础环境	105.73	107.81	↑2.08
工业应用	86.99	89.5	↑2.51
应用效益	137.75	144.01	↑6.26
发展指数	104.36	107.71	↑3.35

资料来源：赛迪智库整理，2017年12月。

图21-1 2016—2017年广东省两化融合指数情况

资料来源：赛迪智库整理，2017年12月。

（二）具体分析

1. 基础环境指数

2017年，广东省基础环境指数为107.81。在信息基础设施建设方面，2017年，广东省城（省）域网出口带宽指数为224.21，比2016年提高30.29个点；2017年，广东省固定宽带普及率指数为106.46，比2016年提高2.58个点；固定带宽端口平均速率指数为123.01，比2016年提高3.77个点；移动电话普及率指数为80.62，比2016年下降2.77个点。在互联网应用普及方面，2017年，广东省互联网普及率指数为84.4，比2016年提高1.08个点。在两化融合政策环境建设方面，2017年，中小企业信息化服务平台数指数与2016年持平；重点行业典型企业信息化专项规划指数为81.03，比2016年提高1.07个点。

表21-2　2016—2017年广东省两化融合基础环境指数情况

指标	2016年指数	2017年指数	变化情况
城（省）域网出口带宽	193.92	224.21	↑30.29
固定带宽普及率	103.88	106.46	↑2.58
固定宽带端口平均速率	119.24	123.01	↑3.77
移动电话普及率	83.39	80.62	↓2.77
互联网普及率	83.32	84.4	↑1.08
两化融合专项引导资金	100.00	100.00	—
中小企业信息化服务平台数	150	150	—
重点行业典型企业信息化专项规划	79.96	81.03	↑1.07

资料来源：赛迪智库整理，2017年12月。

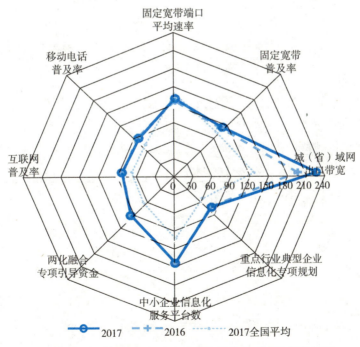

图21-2　2016—2017年广东省两化融合基础环境指数情况

资料来源：赛迪智库整理，2017年12月。

2. 工业应用指数

2017 年，广东省工业应用指数为 89.5。2017 年，广东省重点行业典型企业 ERP 普及率指数为 73.54，比 2016 年下降 0.24 个点。重点行业典型企业 MES 普及率指数为 95.96，比 2016 年提高 0.68 个点。重点行业典型企业 PLM 普及率指数为 84.12，比 2016 年提高 0.63 个点。重点行业典型企业 SCM 普及率指数为 67.79，比 2016 年提高 0.56 个点。重点行业典型企业采购环节电子商务应用普及率指数为 122.43，比 2016 年提高 1.91 个点。重点行业典型企业销售环节电子商务应用普及率指数为 138.19，比 2016 年提高 1.40 个点。重点行业典型企业装备数控化率指数为 67.62，比 2016 年提高 1.43 个点。国家新型工业化产业示范基地两化融合发展水平指数为 72.8，比 2016 年显著提高 12.27 个点。

表 21-3　2016—2017 年广东省两化融合工业应用指数情况

指标	2016 年指数	2017 年指数	变化情况
重点行业典型企业 ERP 普及率	73.78	73.54	↓0.24
重点行业典型企业 MES 普及率	95.28	95.96	↑0.68
重点行业典型企业 PLM 普及率	83.49	84.12	↑0.63
重点行业典型企业 SCM 普及率	67.23	67.79	↑0.56
重点行业典型企业采购环节电子商务应用	120.52	122.43	↑1.91
重点行业典型企业销售环节电子商务应用	136.79	138.19	↑1.40
重点行业典型企业装备数控化率	66.19	67.62	↑1.43
国家新型工业化产业示范基地两化融合发展水平	60.53	72.8	↑12.27

资料来源：赛迪智库整理，2017 年 12 月。

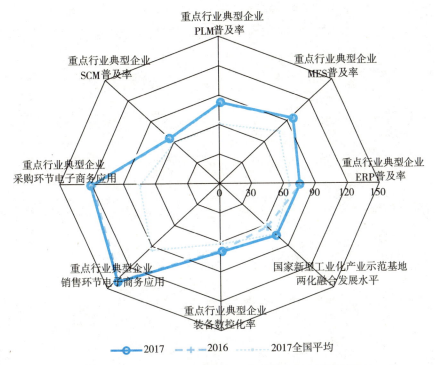

图 21－3　2016—2017 年广东省两化融合工业应用指数情况

资料来源：赛迪智库整理，2017 年 12 月。

3. 应用效益指数

2017 年，广东省两化融合应用效益指数为 144.01。在地区工业生产效益和水平方面，2017 年，工业增加值 GDP 比重指数为 47.38，比 2016 年下降 1.01 个点；第二产业全员劳动生产率指数为 102.97，比 2016 年提高 5.43 个点；工业成本费用利润率指数为 46.94，比 2016 年提高 3.52 个点；单位工业增加值工业专利量指数为 159.22，比 2016 年显著提高 15.12 个点。在节能减排水平方面，单位地区生产总值电耗指数为 97.85，比 2016 年提高 2.66 个点。在信息产业发展水平方面，电子信息制造业主营业务收入指数为 324.5，比 2016 年提高 8.42 个点；软件业务收入指数为 302.38，比 2016 年提高 10.37 个点。

表 21 - 4　2016—2017 年广东省两化融合应用效益指数情况

指标	2016 年指数	2017 年指数	变化情况
工业增加值占 GDP 比重	48.39	47.38	↓1.01
第二产业全员劳动生产率	97.54	102.97	↑5.43
工业成本费用利润率	43.42	46.94	↑3.52
单位工业增加值工业专利量	144.1	159.22	↑15.12
单位地区生产总值电耗	95.19	97.85	↑2.66
电子信息制造业主营业务收入	316.08	324.5	↑8.42
软件业务收入	292.01	302.38	↑10.37

资料来源：赛迪智库整理，2017 年 12 月。

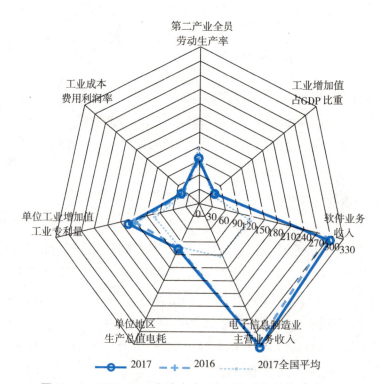

图 21 - 4　2016—2017 年广东省两化融合应用效益指数情况

资料来源：赛迪智库整理，2017 年 12 月。

三、优劣势评价

广东省两化融合具有如下一些优势：

一是两化融合管理体系认知较高。广东省对两化融合管理体系具备了广泛的认知和良好的认可度，形成了各类主体共同参与两化融合管理体系推广的良好氛围，基础环境、工业应用、应用效益均有所提升，两化融合管理体系成为提升广东省制造业乃至各行业信息化水平的重要手段。

二是信息基础设施进一步完善升级。2017 年，广东省完成信息基础设施建设三年行动计划，大力发展高速融合泛在的互联网基础设施，光纤入户率提升至 79%，基本建成高水平全光网省；4G 基站及用户数、互联网用户数、互联网发展综合指数均居全国第一。13 个原中央苏区县 3301 个行政村在全国率先开展超高速无线局域网应用试点。通过实施"互联网＋"行动，首批 18 个"互联网＋"小镇产值规模达 6760 亿元。

三是企业规模持续扩大。广东省通过培育大型骨干企业，新支持 6 家骨干企业建设中央研究院。全省超百亿元企业 260 家、新增 17 家，超千亿元企业 25 家、新增 2 家；进入世界 500 强企业增至 11 家。通过扶持民营企业做大做强，全国民营企业 500 强增至 60 家。加大对中小微企业的帮扶，推进 8300 家小微工业企业上规模，建成 258 个国家级和省级中小企业公共服务示范平台。

四是绿色低碳循环发展成效明显。出台了《广东省降低制造业企业成本支持实体经济发展的若干政策措施》，为企业减负约 621 亿元。推进去产能，实现淘汰落后造纸产能 9.22 万吨，取缔"地条钢"产能 1143 万吨。2017 年，全省规模以上工业增加值 3.3 万亿元，增长 7.2%；利润总额 8986 亿元，增长 15.7%；软件和信息服务业收入 9317.5 亿元，增长 14.2%；单位 GDP 能耗下降 3.7%。

与此同时，广东省两化融合也存在一些劣势，主要体现在：

一是生产经营成本不断提高。广东省土地、房地产价格等生产要素价格持续攀升，带动生产性服务业成本同步升高，不仅对生产性服务业的发展带来不利影响，也对工业向制造服务化转型带来不利影响。

二是制造业"双创"平台支撑服务能力仍显不足。制造业"双创"平台数量的快速增长尚未真正满足制造业转型升级的需求，平台支撑服务能力不足，带动技术产品创新、组织管理变革的潜力远远没有发挥出来，难以有力支撑新技术、新产品、新业态、新模式的培育发展。

四、相关建议

对广东省两化融合提出以下建议：

一是强化创新驱动。进一步提升制造业创新能力，加快建设大企业"双创"示范和制造业"双创"平台试点示范，鼓励大型骨干企业搭建、开放"双创"平台，并与中小企业通过企业分工、服务外包、订单生产等多种形式，建立协同创新、合作共赢的产业生态环境。构建一批低成本、便利化、全要素的"双创"服务平台，发展面向制造环节的分享经济，打破企业界限，共享技术、设备和服务，提升中小企业快速响应和柔性高效的供给能力。

二是强化基础支撑。实施新一轮信息基础设施建设三年行动（2018—2020年），建设高速泛在先进的信息基础设施，推广超高速无线局域网在轨道交通、工业园区等领域的应用。推进企业内外部网络建设，推进中小企业专线建设，协调电信运营商出台实施降低工业企业"上云上平台"网络费用等优惠政策。促进企业内部网络改造，加快IPv6和5G试点部署。

三是强化融合带动。围绕深化"互联网＋先进制造业"发展工业互联网相关实施方案和扶持政策，打造工业互联网平台体系，建设一批工业互联网平台，推动工业企业实施数字化、网络化、智能化升级。

第二十二章 广西壮族自治区
两化融合发展水平分析

一、总体情况

（一）经济概况

2017 年，广西壮族自治区地区生产总值（GDP）20396.25 亿元，比上年增长 7.3%。其中，第一产业增加值 2906.87 亿元，同比增长 4.1%；第二产业增加值 9297.84 亿元，同比增长 6.6%；第三产业增加值 8191.54 亿元，同比增长 9.2%。第一、二、三产业增加值占地区生产总值的比重分别为 14.2%、45.6% 和 40.2%，对经济增长的贡献率分别为 8.3%、41.9% 和 49.8%。按常住人口计算，全年人均地区生产总值 41955 元。全年全区全部工业增加值 7663.71 亿元，比上年增长 6.8%。全区规模以上工业增加值同比增长 7.1%。在规模以上工业中，分经济类型看，国有控股企业同比增长 9.4%，集体企业同比增长 8.3%，股份合作企业同比下降 47.2%，股份制企业同比增长 7.6%，外商及港澳台商投资企业同比增长 6.5%，其他经济类型企业同比下降 0.3%。分门类看，采矿业同比增长 2.8%，制造业同比增长 6.9%，电力热力燃气及水生产和供应业同比增长 11.5%。全年全区规模以上工业中，农副食品加工业增加值比上年增长 6.4%，木材加工和木竹藤棕草制品业同比增长 17.5%，通用设备制造业同比增长 10.7%，专用设备制造业同比增长 10.7%，计算机通信和其他电子设备制造业同比增长 19.7%，电气机械及器材制造业同比增长 5.6%，汽车制造业同比增长 5.1%，非金属矿物制品业同比增长 6.6%，化学原料及化学制品制造业同比增长 7.7%，有色金属冶炼及压延加工业同比增长 14.1%，黑色金属冶炼及压延加工业下降 18.6%，电力热力生产和供应业同比增长 11.4%，石油加工炼焦及核燃料加工业同比增长 14.8%。高技术制造业增加值同比增长 15.4%，占规模以上工业增加值的比重为 7.8%。装备制造业增加值同比增长 9.2%，占规模以上工业增加值的比重为 23.1%。六大高耗能行业增加值同比增长 3.9%，占规模以上工业增加值的比重为 39.7%。①

（二）两化融合主要进展

1. 两化融合工作迈上新台阶

根据《全国两化融合发展数据地图》，2017 年，广西两化融合总体发展水平从 2016 年前的第四梯队进入了第三梯队。柳州市和桂林市通过建设国家级两化融合试验区，突出了地方特色，成效明显。截至 2017 年 12 月 31 日，广西累计参与两化融合评估诊断和对标引导企业数量达 1327 家，国家级两化融合贯标试点企业 44 家，其中通过工信部评定的有 13 家，广西玉柴机器股份有限公司被评为 2017 年国家级两化融合管理体系贯标示范企业。重点行业骨干企业"双创"平台普及率达 37.1%，实现网络化协同的企业占比 18.8%，开展服务型制造的企业占比 12.3%，应用电子商务开展采购、销售等业务的企业比例突破 70%。拟制了《广西壮族自治区人民政府关于深化制造业与互联网融合发展的实施方案》（桂政发〔2017〕1 号）报送自治区人民政府审定印发，广西深化"互联网 + 先进制造业"发展工业互联网相关实施方案已报自治区人民政府审定。南宁市成为全国首批 25 个国家信息消费示范城市之一，柳州、桂林成为国家信息消费试点城市。

2. 智能制造有新突破

2017 年，通过开展智能制造项目申报和评审，鼓励企业加快建设"智能工厂/车间"，广西智能制造试点企业取得明显成效。广西汽车集团有限公司的轻量化汽车底盘关键零部件智能工厂新模式列入工信部 2017 年智能制造综合标准化与新模式应用项目。海能达通信股份有限公司、桂林福达重工锻造有限公司列入工信部 2017 年智能制造试点示范项目。一是企业生产效率明显提高。如皇氏集团股份有限公司的灌装中控及仓储自动化系统智能工厂建设项目，企业的生产效率平均提升 20% 以上。二是企业产品质量明显提升。南

---

① 广西壮族自治区统计局：《2017 年广西壮族自治区国民经济和社会发展统计公报》，2018 年 4 月。

南铝业股份有限公司通过建设 6 条高档铝合金家电零组件精深加工智能生产线，产品的不良品率降低 21%。三是产品研制周期大幅缩短。如广西三创科技有限公司通过建立产品数据中心，实现产品的智能设计，产品设计周期从原来的 8 个月减少到 6 个月，缩短了 25%。四是绿色制造水平显著提升。如中铝广西国盛稀土通过建设节能环保智能化监测监控系统，能源利用率提高 10% 以上。

3. 全区三网融合健康有序发展

全面推动《广西壮族自治区三网融合推广实施方案》，主要指标超过既定目标。截至 2017 年底，广西三网融合用户数为 428 万户，超额完成 33.75%，其中 IPTV 总用户数达到 255 万户，高清用户数约 200 万户，占总用户数的 80%；广西广电宽带用户 73 万户；广西互联网宽带电视订购用户数超 100 万户。节目源方面，共传送电视直播频道 112 路，其中高清频道 24 路，存储的点播节目时长超 8 万小时。宽带基础设施建设方面，光纤宽带网络测试覆盖率已达 98%、行政村覆盖率达 90%；城市和农村家庭宽带接入能力分别达到 20Mbps 和 4Mbps；4G 网络信号覆盖全区城乡，圆满完成既定目标。

4. 建立健全重点领域信息安全保障体系

一是制定检查指南，检查方法进一步规范，完成了《广西工业行业网络安全检查指南》的制订工作。二是以查促防，组织开展全区重点领域信息系统安全检查，掌握广西地区工业企业工控系统运行维护和信息安全防护情况。三是完成工业和控制系统生产企业摸底调查工作。四是工控信息系统安全技术支撑建设进一步加强。广西信息安全测评中心被授予"国家工业信息安全态势感知平台"技术支撑机构。

二、两化融合发展水平分析

（一）综合分析

2017 年，广西壮族自治区两化融合发展指数为 79.87，较 2016 年提高 2.89 个点。其中，基础环境指数为 81.48，比 2016 年下降 0.09 个点；工业应用指数为 80.71，比 2016 年提高 4.23 个点；应用效益指数为 76.6，比 2016 年提高 3.24 个点。

表 22-1 2016—2017 年广西壮族自治区两化融合指数情况

指数	2016 年指数	2017 年指数	变化情况
基础环境	81.57	81.48	↓0.09
工业应用	76.48	80.71	↑4.23
应用效益	73.36	76.6	↑3.24
发展指数	76.98	79.87	↑2.89

资料来源：赛迪智库整理，2017 年 12 月。

图 22-1 2016—2017 年广西壮族自治区两化融合指数情况

资料来源：赛迪智库整理，2017 年 12 月。

（二）具体分析

1. 基础环境指数

2017 年，广西壮族自治区两化融合基础环境指数为 81.48，比 2016 年略微有所下降。在信息基础设施建设方面，城（省）域网出口带宽指数为 109.55，比 2016 年的大幅上升 12.19 个点；固定宽带普及率指数为 85.02，较 2016 年提高 4.15 个点；固定宽带端口平均速率为 116.32，比 2016 年提高 3.8 个点；移动电话普及率指数为 57.66，比 2016 年提高 0.97 个点。在互联网应用普及方面，2017 年，广西互联网普及率指数为 62.68，比 2016 年提高 3.06 个点。在两化融合政策环境建设方面，2017 年，广西中小企业信息化服务平台数量指数为 66.1，比 2016 年大幅下降 24.27 个点；重点行业典型企业信息化专项规划指数为 80.78，比 2016 年提高 3.4 个点。

表 22 - 2　2016—2017 年广西壮族自治区两化融合基础环境指数情况

指标	2016 年指数	2017 年指数	变化情况
城（省）域网出口带宽	97.36	109.55	↑12.19
固定宽带普及率	80.87	85.02	↑4.15
固定宽带端口平均速率	112.52	116.32	↑3.8
移动电话普及率	56.69	57.66	↑0.97
互联网普及率	59.62	62.68	↑3.06
两化融合专项引导资金	100.00	100.00	—
中小企业信息化服务平台数	90.37	66.1	↓24.27
重点行业典型企业信息化专项规划	77.38	80.78	↑3.4

资料来源：赛迪智库整理，2017 年 12 月。

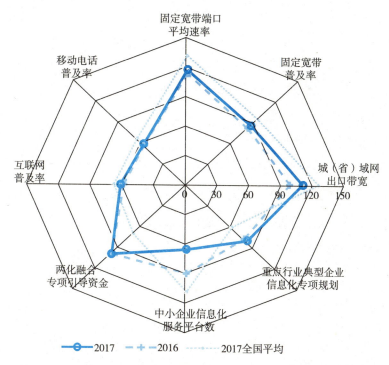

图 22 - 2　2016—2017 年广西壮族自治区两化融合基础环境指数情况

资料来源：赛迪智库整理，2017 年 12 月。

2. 工业应用指数

2017 年，广西壮族自治区重点行业典型企业 ERP 普及率指数为 73.11，比 2016 年提高 2.44 个点；重点行业典型企业 MES 普及率指数为 95.03，比 2016 年上升 1.79 个点；重点行业典型企业 PLM 普及率指数为 84.72，比 2016 年上升 2.34 个点；重点行业典型企业 SCM 普及率指数为 67.8，比 2016 年提高 1.22 个点；重点行业典型企业采购环节电子商务应用普及率指数为 88.68，比 2016 年提高 7.25 个点；重点行业典型企业销售环节电子商务应用普及率指数为 100.07，比 2016 年提高 2.83 个点；重点行业典型企业装备数控化率指数为 71.89，比 2016 年提高 0.46 个点；国家新型工业化产业示范基地两化融合发展水平指数为 67.95，比 2016 年显著提高 19.94 个点。

表 22-3   2016—2017 年广西壮族自治区两化融合工业应用指数情况

指标	2016 年指数	2017 年指数	变化情况
重点行业典型企业 ERP 普及率	70.67	73.11	↑2.44
重点行业典型企业 MES 普及率	93.24	95.03	↑1.79
重点行业典型企业 PLM 普及率	82.38	84.72	↑2.34
重点行业典型企业 SCM 普及率	66.58	67.8	↑1.22
重点行业典型企业采购环节电子商务应用	81.43	88.68	↑7.25
重点行业典型企业销售环节电子商务应用	97.24	100.07	↑2.83
重点行业典型企业装备数控化率	71.43	71.89	↑0.46
国家新型工业化产业示范基地两化融合发展水平	48.01	67.95	↑19.94

资料来源：赛迪智库整理，2017 年 12 月。

图 22 – 3 2016—2017 年广西壮族自治区两化融合工业应用指数情况

资料来源：赛迪智库整理，2017 年 12 月。

3. 应用效益指数

2017 年，广西两化融合应用效益指数为 76.6。其中，工业增加值占 GDP 比重指数为 44.6，比 2016 年下降 0.57 个点；第二产业全员劳动生产率指数为 134.79，比 2016 年提高 4.78 个点；工业成本费用利润率指数为 45.58，比 2016 年增加 2.79 个点；单位工业增加值工业专利量指数为 65.31，比 2016 年增加 4.64 个点。在工业节能减排水平方面，单位地区生产总值能耗指数为 94.27，比 2016 年增加 3.52 个点。在信息产业发展水平方面，电子信息制造业主营业务收入指数为 124.16，比 2016 年提高 8.72 个点；软件业务收入指数为 32.89，比 2016 年降低 0.75 个点。

表 22 – 4 2016—2017 年广西壮族自治区两化融合应用效益指数情况

指标	2016 年指数	2017 年指数	变化情况
工业增加值占 GDP 比重	45.17	44.6	↓0.57
第二产业全员劳动生产率	130.01	134.79	↑4.78
工业成本费用利润率	42.79	45.58	↑2.79

续表

指标	2016 年指数	2017 年指数	变化情况
单位工业增加值工业专利量	60.67	65.31	↑4.64
单位地区生产总值能耗	90.75	94.27	↑3.52
电子信息制造业主营业务收入	115.42	124.16	↑8.72
软件业务收入	33.64	32.89	↓0.75

资料来源：赛迪智库整理，2017 年 12 月。

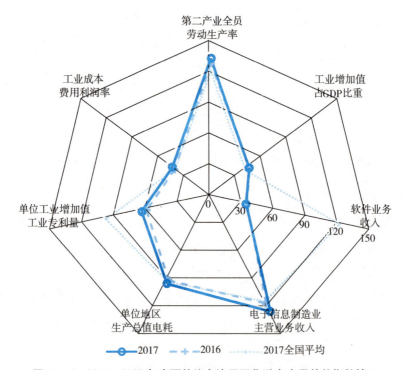

图 22－4 2016—2017 年广西壮族自治区两化融合应用效益指数情况

资料来源：赛迪智库整理，2017 年 12 月。

三、优劣势评价

广西两化融合发展的优势：

一是软件和信息技术服务业规模稳步扩大。2017 年，广西软件和信息技术服务业完成主营业务收入 145.05 亿元，同比增长 10%，近几年年均增长率达10%以上。

二是技术创新能力持续提升。云计算、移动互联网、工业软件、行业解决方案、北斗导航、信息安全服务等成为广西产业新的增长点。国家新型工业化产业示范基地建设成效显著，重点行业典型企业ERP普及率、MES普及率、PLM普及率、SCM普及率、采购环节电子商务应用、销售环节电子商务应用、装备数控化率等指标均有所上升，在协同创新、集群集约、智能融合、绿色安全等方面具有显著示范带动作用。

广西两化融合发展的劣势：

一是产业基础较为薄弱。产业基础研发能力较弱，关键核心技术和产品对外依存度大，原始创新不足，缺少平台型龙头企业，对新模式新业态的驱动能力不强。2017年，中小企业信息化服务平台数指数较2016年下降了24.27个点，出现较大幅度的下降。

二是人力智力资源紧缺。两化融合发展所需的融合型、实用型人才缺口较大，缺乏高层次复合型人才队伍，培养体系尚未建设完善，制约产业创新发展。

四、相关建议

对广西两化融合提出以下建议：

一是强化信息基础设施建设。进一步建设完善新一代信息通信基础设施，加强数据安全、工控系统安全、移动互联网安全监测管理等关键网络防护和信息安全技术研发及产业化。加快推进下一代互联网（IPv6）建设，全面提升IPv6用户普及率和网络接入覆盖率，推动地区互联网企业、商业网站系统及政府、学校、企事业单位与业务向IPv6平滑过渡。培育一批大数据产业园区，支持具备条件的高新技术园区、开发区及大中型骨干企业建设"云＋网＋端"三级工业信息基础设施服务平台，为行业企业提供优质的信息化解决方案。加强网络信息安全保障体系建设，加强数据安全、工控系统安全、移动互联网安全监测管理等关键网络防护和信息安全技术研发及产业化。

二是拓展工业经济发展新空间。加快组织实施"一个平台、二个标准、三大行动"，重点支持一批有前瞻性布局、技术先进、行业影响力大的工业云应用、物联网、工业大数据以及增材制造公共服务平台项目，加快构建网络化协同、个性化定制、服务型制造、制造业"双创"等基于工业互联网平台的新模式新业态。深化新一代信息技术与制造业融合发展，加快传统产业数字化、智能化，构筑形成网络化、服务化、协同化的数字经济新形态。

三是重点支持制造业"双创"公共服务平台建设。以试点示范和专项支持为抓手，推动企业研发设计、生产制造和组织管理模式创新，积极培育智能化生产、网络化协同、个性化定制、服务化延伸等新模式新业态。积极营造分享经济发展氛围，推动产能设备、紧缺人才等重点分享工程尽快按照企业主体、市场化运作的原则推进分享平台建设等工作。

第二十三章　海南省两化融合发展水平分析

一、总体情况

（一）经济概况

2017 年，海南省地区生产总值 4462.54 亿元，按可比价格计算，比上年增长 7.0%。其中，第一产业增加值 979.33 亿元，同比增长 3.6%；第二产业增加值 997.14 亿元，同比增长 2.7%；第三产业增加值 2486.07 亿元，同比增长 10.2%。三次产业增加值占地区生产总值的比重分别为 22.0:22.3:55.7。按年平均常住人口计算，全省人均地区生产总值 48430 元，按现行平均汇率计算约合 7179 美元，比上年增长 6.1%。全年全省工业完成增加值 528.28 亿元，按可比价格计算，比上年增长 0.6%。其中，规模以上工业增加值 487.08 亿元，同比增长 0.5%。按轻重工业分，轻工业增加值 161.15 亿元，同比增长 7.9%；重工业增加值 325.93 亿元，同比下降 2.3%。按经济类型分，国有企业增加值同比增长 4.3%，股份制企业同比增长 3.9%，外商及港澳台投资企业同比下降 5.4%，其他经济类型同比增长 14.2%。在八大工业支柱行业增加值中，农副食品加工业比上年同比增长 6.1%，造纸及纸制品业同比增长 3.2%，石油加工业同比下降 9.8%，化学原料和化学制品制造业同比下降 7.4%，医药制造业同比增长 15.1%，非金属矿物制品业同比增长 4.6%，汽车制造业同比下降 20.7%，电力、热力的生产和供应业同比增长 7.8%。全年规模以上工业企业综合效益指数 377.2%，比上年提高 35.5 个百分点；实现主营业务收入 1671.11 亿元，同比增长 12.4%；实现利润总额 110.20 亿元，同比增长 18.1%。[①]

---

① 海南省统计局：《2017 年海南省国民经济和社会发展统计公报》，2018 年 1 月 24 日。

（二）两化融合主要进展

1. 全省经济发展态势良好

海南省始终坚持稳中求进工作总基调，坚定不移推动供给侧结构性改革等各项工作，实现经济经济运行稳定增长，主要经济指标达到全年预期，地区生产总值同比增长7%，主要经济指标增长快于全国。同时调结构取得较好成效，产业结构得到进一步优化，制造投资占固定资产投资比重提高0.6个百分点，互联网产业投资占比提高0.24个百分点，全省经济呈现稳中有进、稳中向好、稳中提质的良好态势。

2. 制定规划和政策体系

制定了两化融合、深化供给侧结构性改革、优化发展环境、园区建设等一系列配套政策措施。结合国际旅游岛产业定位，明确未来重点发展互联网产业、医药制造、低碳制造、油气化工以及军民融合等产业，并出台了产业规划和产业专项扶持资金，相关市县也配套专项资金。

3. 产业环境不断优化

海南省坚持"集约、集群、环保、高科技、园区化"的原则，规划建设产业园区，在"多规合一"统筹布局下，重点建设多个省级工业、高新技术和信息产业园区。通过建设专项资金，带动各种渠道的配套和建设资金投向基础设施，进一步改善园区"五网"条件。开展信息基础设施专项行动，加快互联网、大数据、人工智能等信息化建设步伐，促进城乡信息资源的均等化。

4. 深化推进"互联网＋"行动计划

发挥农业科研院所作用，加快农业科技推广与应用，完善良种良苗繁育体系，高标准建设"五基地一区"，打造一批国家级、省级现代农业产业园和示范基地，创建全国生态循环农业示范省。着力发展"互联网＋农业"，培育定制农业、物联网农业、创意农业、休闲农业等新业态，促进农超对接、农餐对接、农企对接，推进农村一二三产业深度融合发展，提升农业综合效益。加大科技创新投入，建立以财政投入为引导、企业投入为主体、风险投资为补充的多元投入体系，实施省级重大科技项目，引进国内外一流科研机构在海南建设研发基地，增强本省高校和科研院所研发和成果转化能力。加强科技中介服务体系建设，创建中小企业产业孵化基地。

二、两化融合发展水平分析

(一) 综合分析

2017 年，海南省两化融合发展指数为 56.35，比 2016 年提高 1.38 个点。基础环境方面，指数为 77.68，比 2016 年提高 3 个点。工业应用方面，工业应用指数为 43.88，比 2016 年降低 0.65 个点。应用效益指数为 59.94，比 2016 年增加 3.8 个点。

表 23-1　2016—2017 年海南省两化融合指数情况

指标	2016 年指数	2017 年指数	变化情况
基础环境	74.68	77.68	↑3
工业应用	44.53	43.88	↓0.65
应用效益	56.14	59.94	↑3.8
发展指数	54.97	56.35	↑1.38

资料来源：赛迪智库整理，2017 年 12 月。

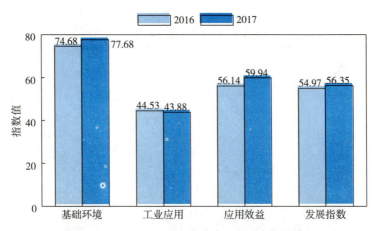

图 23-1　2016—2017 年海南省两化融合指数情况

资料来源：赛迪智库整理，2017 年 12 月。

(二) 具体分析

1. 基础环境指数

2017 年，海南省基础环境指数为 77.68，在信息基础设施建设方面，海南省城（省）域网出口带宽指数为 51.6，比 2016 年显著增长 12.23 个点，固定宽带普及率指数为97.71，比2016年提高5.91个点；固定宽带端口平均速率为130.06，比2016年提高8.37个点；移动电话普及率指数为69.19，比2016年提高0.69个点；重点行业典型企业信息化专项规划指数为55.5，比2016年提高0.91个点。

表23-2　2016—2017年海南省两化融合基础环境指数情况

指标	2016年指数	2017年指数	变化情况
城（省）域网出口带宽	39.37	51.6	↑12.23
固定宽带普及率	91.8	97.71	↑5.91
固定宽带端口平均速率	121.69	130.06	↑8.37
移动电话普及率	68.5	69.19	↑0.69
互联网普及率	67.51	67.51	—
两化融合专项引导资金	0	0	—
中小企业信息化服务平台数	88.63	88.63	—
重点行业典型企业信息化专项规划	54.59	55.5	↑0.91

资料来源：赛迪智库整理，2017年12月。

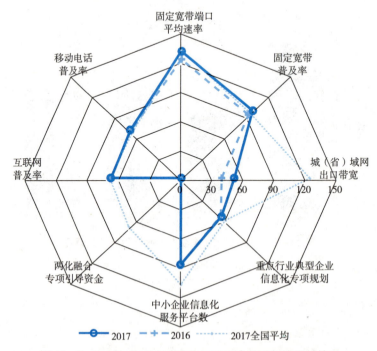

图23-2　2016—2017年海南省两化融合基础环境指数情况

资料来源：赛迪智库整理，2017年12月。

2. 工业应用指数

2017 年，海南省工业应用指数为 43.88。其中，海南省重点行业典型企业 ERP 普及率指数为 44.06，比 2016 年提高 2.3 个点。重点行业典型企业 MES 普及率指数为 45.45，比 2016 年下降了 1.27 个点。重点行业典型企业 PLM 普及率指数为 47.05，与 2016 年上升了 1.17 个点。重点行业典型企业 SCM 普及率指数为 49.28，比 2016 年提高 0.09 个点。重点行业典型企业采购环节电子商务应用普及率指数为 47.54，比 2016 年上升 2.05 个点。重点行业典型企业销售环节电子商务应用普及率指数为 63.31，比 2016 年上升 4.1 个点。重点行业典型企业装备数控化率指数为 31.57，比 2016 年下降了 0.18 个点。国家新型工业化产业示范基地两化融合发展水平指数为 27.57，比 2016 年下降了 11.69 个点。

表 23-3　2016—2017 年海南省两化融合工业应用指数情况

指标	2016 年指数	2017 年指数	变化情况
重点行业典型企业 ERP 普及率	41.76	44.06	↑2.3
重点行业典型企业 MES 普及率	46.72	45.45	↓1.27
重点行业典型企业 PLM 普及率	45.88	47.05	↑1.17
重点行业典型企业 SCM 普及率	49.19	49.28	↑0.09
重点行业典型企业采购环节电子商务应用	45.49	47.54	↑2.05
重点行业典型企业销售环节电子商务应用	59.21	63.31	↑4.1
重点行业典型企业装备数控化率	31.75	31.57	↓0.18
国家新型工业化产业示范基地两化融合发展水平	39.26	27.57	↓11.69

资料来源：赛迪智库整理，2017 年 12 月。

图 23-3　2016—2017 年海南省两化融合工业应用指数情况

资料来源：赛迪智库整理，2017 年 12 月。

3. 应用效益指数

2017 年，海南省两化融合应用效益指数为 59.94，具体指标中，工业增加值 GDP 比重、第二产业全员劳动生产率、工业成本费用利润率、电子信息制造业主营业务收入和软件业务收入均有所提高，其余指标均有所下降。在地区工业生产效益和水平方面，2017 年，工业增加值占 GDP 比重指数为 17.45，比 2016 年下降 1.57 个点；第二产业全员劳动生产率指数为 130.39，比 2016 年提高了 5.06 个点；工业成本费用利润率指数为 47.29，比 2016 年提高 3.34 个点；单位工业增加值工业专利量指数为 77.03，比 2016 年提高 6.72 个点。在工业节能减排水平方面，单位地区生产总值电耗指数为 96.71，比 2016 年提高 1.96 个点。在信息产业发展水平方面，电子信息制造业主营业务收入指数为 5.68，比 2016 年下降了 1.45 个点；软件业务收入指数为 34.25，比 2016 年上升了 13.1 个点。

表 23 - 4　2016—2017 年海南省两化融合应用效益指标情况

指标	2016 年指数	2017 年指数	变化情况
工业增加值占 GDP 比重	19.02	17.45	↓1.57
第二产业全员劳动生产率	125.33	130.39	↑5.06
工业成本费用利润率	43.95	47.29	↑3.34
单位工业增加值工业专利量	70.31	77.03	↑6.72
单位地区生产总值电耗	94.75	96.71	↑1.96
电子信息制造业主营业务收入	7.13	5.68	↓1.45
软件业务收入	21.15	34.25	↑13.1

资料来源：赛迪智库整理，2017 年 12 月。

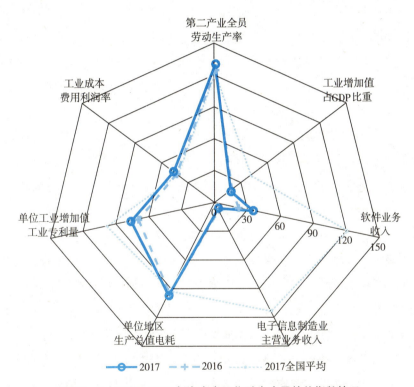

图 23 - 4　2016—2017 年海南省两化融合应用效益指数情况

资料来源：赛迪智库整理，2017 年 12 月。

三、优劣势评价

海南省两化融合发展的优势：

一是产业创新环境优越。海南省具备生态环境、经济特区、国际旅游岛三大优势，拥有全国最好的生态环境，同时也是全国最大的经济特区和全国唯一的省域国际旅游岛，后发优势多，发展潜力大，是中国对外开放的重要窗口。2017年海南举办了智慧城市创新大会、"互联网+"创新创业等一系列创新创业活动，品牌效应进一步增强。

二是信息技术产业发展迅速。互联网产业一直保持着较高速度的增长，成为海南省十二个重点产业中发展最快的产业，"互联网+"指数位居全国前列。已建成全省统一的信息共享交换平台、政务大数据公共服务平台、政务数据开放平台等三大基础平台和人口库、法人库、空间地理库等三大基础数据库；形成"一张网、一个中心、一朵云"的信息基础设施建设格局。

海南省两化融合发展也存在一些劣势：

一是工业经济内在结构不尽合理。目前海南的主要工业产品是石油化工及衍生产品，一方面原料从国外进口，一方面成品大量出口，受国际市场的影响很大。其他一些主要工业产品受两头在外、物流和人力成本过高等因素制约。全省产业园区起步晚、起点低，往往是在现有零零星星企业的基础上扩展为园区，有完善配套服务功能的产业园区较少，产业生态环境尚未形成，没有形成产业规模和产业链条，岛内产业发展配套不足，过于依赖岛外的发展要素。从指数上看，2017年重点行业典型企业MES普及率、重点行业典型企业装备数控化率及国家新型工业化产业示范基地两化融合发展水平指数均有所降低，且国家新型工业化产业示范基地两化融合发展水平降幅较大。

二是高层次人才严重不足。海南省一般性人力资本尚不能完全自给，专业性技术人才、企业家等高层次人才更加不足，尤其是以互联网、人工智能等产业为代表的战略性新兴产业，属于知识技术密集型产业，是"智力产业"和"创造产业"，对专业性人才和经营者要求很高。同时，由于产业氛围不足、发展平台缺乏，教育、医疗、就业等配套条件不够，造成招人难、留人也难。人才匮乏成为海南未来两化融合深度发展的重大制约因素。

四、相关建议

一是优化产业布局，大力培育骨干企业和重点品牌。坚持以企业支持产业、以产业推动发展，通过培育发展一批骨干企业，逐步壮大主导产业规模，发挥骨干企业的引领和示范带动作用，带动中小企业快速发展，切实提高自主创新能力和产业技术水平，巩固提升优势特色产业、培育壮大新兴产业，促进新兴产业规模化集聚发展，进一步增强信息化及软件业整体竞争实力。

二是创新人才机制，优化人才结构。推动组织结构向扁平化、平台化、创新型组织转型，鼓励大企业引入有限合伙制度，创新科技评价、业绩考核机制，形成鼓励员工开发新技术、新产品、新业务的"双创"新环境。搭建人才公共服务平台，对接产业人才需求，加强政府、企业、高校、职业院校、培训机构、行业协会等合作，注重引进高层次复合型信息化人才。

第二十四章　重庆市两化融合发展水平分析

一、总体情况

（一）经济概况

2017年，重庆市实现地区生产总值19500.27亿元，比上年增长9.3%。按产业分，第一产业增加值1339.62亿元，同比增长4.0%；第二产业增加值8596.61亿元，同比增长9.5%；第三产业增加值9564.04亿元，同比增长9.9%。三次产业结构比为6.9∶44.1∶49.0。非公有制经济实现增加值11924.69亿元，同比增长9.5%，占全市经济的61.2%。其中，民营经济实现增加值9832.61亿元，同比增长9.9%，占全市经济的50.5%。按常住人口计算，全市人均地区生产总值达到63689元（约合9433美元），比上年增长8.3%。全年实现工业增加值6587.08亿元，比上年增长9.4%，占全市地区生产总值的33.8%。规模以上工业增加值比上年增长9.6%。分产业看，汽车制造业同比增长6.2%，电子制造业同比增长27.7%，装备制造业同比增长9.3%，化医行业同比增长12.6%，材料行业同比增长7.6%，消费品行业同比增长9.3%，能源工业同比下降5.9%。分门类看，采矿业同比下降17.3%，制造业同比增长11.2%，电力、热力、燃气及水生产和供应业同比增长5.6%。分行业看，农副食品加工业同比增长5.4%，化学原料和化学制品制造业同比增长14.0%，非金属矿物制品业同比增长8.5%，黑色金属冶炼和压延加工业同比下降5.4%，有色金属冶炼和压延加工业同比增长14.8%，通用设备制造业同比增长11.4%，铁路、船舶、航空航天和其他运输设备制造业同比增长4.7%，电气机械和器材制造业同比增长8.3%，计算机、通信和其他电子设备制造业同比增长33.2%，电力、热力生产和供应业同比增长2.8%。①

---

① 重庆市统计局：《2017年重庆市国民经济和社会发展统计公报》，2018年7月。

（二）两化融合主要进展

1. 产业快速发展

2017 年重庆市实现软件业务收入 1210 亿元，同比增长 18%，高于全国平均增速约 4 个百分点。行业发展呈现以下特点：一是软件业务收入稳步增长。2017 年，重庆市实现软件业务收入 1210 亿元，同比增长 18%，高于全国平均增速 4 个百分点，软件业务收入居全国第 13 位，增速居全国第 9 位。目前重庆市软件企业 1515 家，同比增长 5%，从业人员 17.1 万人，行业规模不断扩大，总体平稳较快增长。二是产业结构不断优化升级。得益于移动互联网、物联网、云计算、大数据等新模式新业态的快速发展，重庆市软件产业链不断向服务化、网络化延伸和升级，全年信息技术服务板块实现业务收入 690.5 亿元，同比增长 18.9%，高出全行业平均水平 0.9 个百分点，软件产品、信息技术服务、嵌入式系统软件占软件业务总收入的比例分别为 22%、56.2%、21.8%，其中，信息技术服务收入的占比较上年同期提高 0.9 个百分点。三是行业创新能力进一步提升。2017 年重庆市全行业研发投入强度（R&D）达到 8.5%，研发投入同比增长 18.8%。软件和信息技术服务业的专利授权总量达到 1496 件，同比增长 16.6%，其中大数据类专利授权 82 件，同比增长 54%。截至 2017 年底，重庆市获得高新技术企业认定的软件企业数量超过 700 家，2017 年全年软件著作权登记数量超过 5500 件。截至 2017 年底，重庆市共有市级企业技术中心 24 家，包括猪八戒、同趣、梅安森、金算盘、中联信息等。2017 年，重庆市新增的 23 家国家级科技企业孵化器和国家级众创空间正式获得授牌，截至 2017 年底，重庆市国家级科技企业孵化器累计达到 15 家，国家级众创空间累计达到 33 家。

2. 信息化水平不断提升

2017 年，重庆市电子政务云平台新增机柜 462 个、累计达到 700 个，新迁移设备 676 台、累计迁移设备 4837 台；服务器虚拟化率达到 51.4%，同比提升 7.8 个百分点；计算、存储资源服务价格同比平均下降 30% 以上。重庆市信息化系统集约化建设已实现由"按需而建"向"按需而用"的战略转型。二是信息基础设施支撑能力进一步增强。2017 年 5 月，重庆已在西部率先全面建成"全光网城市"，实现城市光纤到户家庭全覆盖，20M 以上宽带用户占比超过

60%。全市固定宽带人口普及率超过26%，居全国第6位、中西部第1位；固定宽带网络平均下载速率达16.49Mbp，居全国第15位、西部第1位。重庆国家级互联网骨干直联点主要工程目标任务全面完成，省际直联城市由年初的18个增至29个、网内出口带宽由年初的7.38T增至18.02T、网间互通带宽由年初的210G增至340G，有力支撑了重庆市网内和网间访问需求的快速增长，巩固了重庆在全国的互联网骨干核心节点和西南地区的信息通信枢纽地位。二是信息惠民工作取得新的进展。信息惠民应用平台公共服务项目由年初的不到300项增至700余项；注册用户增加120万户，累计达141万户；APP总安装次数比2016年底增长130%，达27.8万次。江津区、潼南区、荣昌区等3个地区的92个试点行政村光纤宽带用户数超过800户，平均速率达到77.6Mbps。百事易农村金融信息服务用户数超14万，发送信息条数超550万条。农事提醒信息服务用户数超18万，发送信息条数超1400万条。

3. 两化融合持续深化

2017年，重庆市两化融合发展稳步推进，企业两化融合发展水平达到53.8，高于全国水平2个点，位于全国第6位。重庆市通过国家两化融合管理体系评定企业34家，排名全国第8位、西部第1位。一是基于互联网的制造业新模式加快发展。重庆市实施制造业双创平台以及制造业与互联网融合重大工程，确定了55个市级制造业与互联网融合发展试点项目，带动企业投资40亿元以上。二是物联网人工智能产业快速发展。2017年，重庆市物联网产业产值超过400亿元，增长超过36%，其中，人工智能产业实现产值约23亿元。三是信息安全产业生态逐步形成。合川区信息安全产业基地项目进展顺利，到2020年，该基地将引进10亿元以上产值企业5—6家，亿元以上产值企业10—12家，产业规模突破300亿元，形成以信息安全为主的信息技术产业集群，将合川打造成西南地区乃至中国的"信息安全产业示范基地"。

二、两化融合发展水平分析

（一）综合分析

2017年，重庆市两化融合发展指数为84.5，比2016提高6.18个点。基础环境指数为96.93，比2016年提高了4.13个点。工业应用指数为63.04，比 2016 年提高了 5.36 个点。应用效益指数为 114.97，比 2016 年提高了 9.87个点。

表 24 - 1　2016—2017 年重庆市两化融合指数情况

指标	2016 年指数	2017 年指数	变化情况
基础环境	92.8	96.93	↑4.13
工业应用	57.68	63.04	↑5.36
应用效益	105.1	114.97	↑9.87
发展指数	78.32	84.5	↑6.18

资料来源：赛迪智库整理，2017 年 12 月。

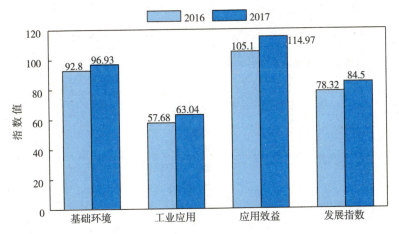

图 24 - 1　2016—2017 年重庆市两化融合指数情况

资料来源：赛迪智库整理，2017 年 12 月。

（二）具体分析

1. 基础环境指数

2017 年，重庆市城（省）域网出口带宽指数为 114.67，比 2016 年显著提高 32.91 个点；固定宽带普及率指数为 104.37，比 2016 年提高 5.6 个点；固定宽带端口平均速率指数为 126.36，比 2016 年提高 7.33 个点；移动电话普及率指数为 65.67，比 2016 年提高 1.05 个点。互联网普及率指数为 67.51，比 2016 年提高 2.86 个点。2017 年，两化融合专项引导资金指数和中小企业信息化服务平台数指数均与 2016 年持平。重点行业典型企业信息化专项规划指数为 67.66，比 2016 年提高了 0.99 个点。

表 24-2　2016—2017 年重庆市两化融合基础环境指数情况

指标	2016 年指数	2017 年指数	变化情况
城（省）域网出口带宽	81.76	114.67	↑32.91
固定宽带普及率	98.77	104.37	↑5.6
固定宽带端口平均速率	119.03	126.36	↑7.33
移动电话普及率	64.62	65.67	↑1.05
互联网普及率	64.65	67.51	↑2.86
两化融合专项引导资金	100	100	—
中小企业信息化服务平台数	150.00	150	—
重点行业典型企业信息化专项规划	66.67	67.66	↑0.99

资料来源：赛迪智库整理，2017 年 12 月。

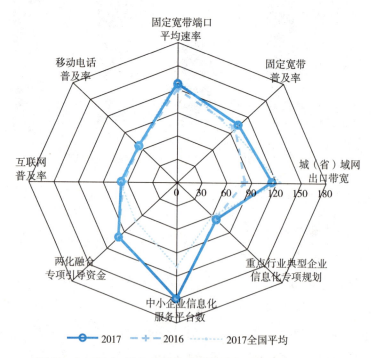

图 24-2　2016—2017 年重庆市两化融合基础环境指数情况

资料来源：赛迪智库整理，2017 年 12 月。

2. 工业应用指数

2017 年，重庆市两化融合工业应用指数为 63.04，比 2016 年提高了 5.36 个点。其中，重点行业典型企业 ERP 普及率指数为 60.44，比 2016 年提高 0.2 个点。重点行业典型企业 MES 普及率指数为 71.07，比 2016 年上升 3.16 个点。重点行业典型企业 PLM 普及率指数为 50.4，比 2016 年下降 0.44 个点。重点行业典型企业 SCM 普及率指数为 63.36，比 2016 年下降 0.31 个点。重点行业典型企业采购环节电子商务应用普及率指数为 62.71，比 2016 年上升 5.21 个点。重点行业典型企业销售环节电子商务应用普及率指数为 76，比 2016 年下降 0.75 个点。重点行业典型企业装备数控化率指数为 28.54，比 2016 年下降 0.43 个点。2017 年，重庆市国家新型工业化产业示范基地两化融合发展水平指数为 92.62，比 2016 年提高 32.63 个点，增幅较大。

表 24 - 3　2016—2017 年重庆市两化融合工业应用指数情况

指标	2016 年指数	2017 年指数	变化情况
重点行业典型企业 ERP 普及率	60.24	60.44	↑0.2
重点行业典型企业 MES 普及率	67.91	71.07	↑3.16
重点行业典型企业 PLM 普及率	50.84	50.4	↓0.44
重点行业典型企业 SCM 普及率	63.67	63.36	↓0.31
重点行业典型企业采购环节电子商务应用	57.5	62.71	↑5.21
重点行业典型企业销售环节电子商务应用	76.75	76	↓0.75
重点行业典型企业装备数控化率	28.97	28.54	↓0.43
国家新型工业化产业示范基地两化融合发展水平	59.99	92.62	↑32.63

资料来源：赛迪智库整理，2017 年 12 月。

图 24－3　2016—2017 年重庆市两化融合工业应用指数情况

资料来源：赛迪智库整理，2017 年 12 月。

3. 应用效益指数

2017 年重庆市两化融合应用效益指数为 114.97，比 2016 年提高了 9.87 个点。在地区工业生产效益和水平方面，工业增加值占 GDP 比重有略微下降，2017 年工业增加值占 GDP 比重指数为 42.47，比 2016 年下降 0.46 个点；2017 年第二产业全员劳动生产率指数为 116.29，比 2016 年上升 7.37 个点；2017 年工业成本费用利润率指数为 49.44，比 2016 年上升 4.48 个点；单位工业增加值工业专利量指数为 130.98，比 2016 年下降 15.52 个点，降幅明显。在工业节能减排水平方面，2017 年单位地区生产总值电耗指数 113.69，比 2016 年提高 3.75 个点。信息产业继续保持快速发展，2017 年，电子信息制造业主营业务收入和软件业务收入均有大幅提升，其中电子信息制造业主营业务收入指数为 175.37，比 2016 年提高 15.02 个点；软件业务收入指数为 216.8，比 2016 年提高 69.02 个点。

表 24 - 4　2016—2017 年重庆市两化融合应用效益指数情况

指标	2016 年指数	2017 年指数	变化情况
工业增加值占 GDP 比重	42.93	42.47	↓0.46
第二产业全员劳动生产率	108.92	116.29	↑7.37
工业成本费用利润率	44.96	49.44	↑4.48
单位工业增加值工业专利量	146.5	130.98	↓15.52
单位地区生产总值电耗	109.94	113.69	↑3.75
电子信息制造业主营业务收入	160.35	175.37	↑15.02
软件业务收入	147.78	216.8	↑69.02

资料来源：赛迪智库整理，2017 年 12 月。

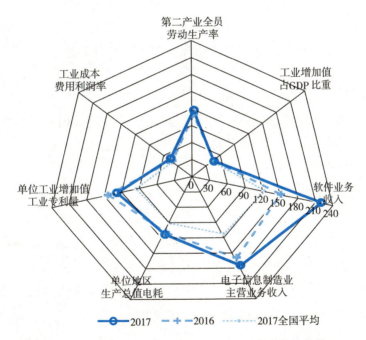

图 24 - 4　2016—2017 年重庆市两化融合应用效益指数情况

资料来源：赛迪智库整理，2017 年 12 月。

三、优劣势评价

重庆市两化融合发展的优势：

一是信息基础设施不断完善。重庆市加快建设国家级互联网骨干直联点运行监测系统，优化国家级互联网骨干直连点网络架构，加快老旧小区光纤到户改造，全面实现新建小区光纤到户，完成行政村光纤全覆盖。推进4G网络在城区的深度覆盖和在农村的广域覆盖，加大公共区域的无线局域网热点建设。扩大三网融合试点范围，推动IPTV集成播控平台和有线媒体云平台建设。

二是新兴信息技术服务业统筹推进。重庆市在大力培育市内高成长性企业同时，围绕国内外人工智能、大数据、云计算、移动互联网、物联网等新兴信息技术服务业龙头企业，加大招商引资力度，拓展完善全市云计算大数据互联网产业链，建设腾讯、联通（二期）高等级数据中心，未来将建成两江国际云计算产业园、渝北仙桃大数据谷、两江新区数字经济产业园等一批特色园区，产业集聚效应显现。

三是"互联网＋"行动计划成果显著。出台了《重庆市制造业与互联网融合创新实施方案》，在全市大力开展智能制造试点示范，推广重庆市工业云建设。利用移动、腾讯等平台企业的优势资源，已完成30个"移动互联网村"试点任务，引导农民企业互联网打造特色生态农业和生态旅游产业。围绕"互联网＋"试点项目，加快推进互联网在教育、医疗、社区服务、文体、旅游等政务民生领域的应用。

重庆市两化融合发展存在的劣势主要包括：

一是产业发展主体亟须培育壮大。重庆市缺少在全国知名的总部型、平台型及从事底层技术研发的大型软件和信息技术服务类企业，难以形成龙头带动、具有核心竞争力的产业集群。另外从行业应用看，重庆市相关企业主要集中在教育、医疗、政务等传统应用型领域，在基础软件、数据库、工业软件等领域较为薄弱，在大数据、人工智能方面也普遍处于起步阶段，规模和影响力较小。

二是人才供求矛盾突出。重庆市两化人才结构性缺失问题较为突出，人才总量和结构上都存在一定供求矛盾。具体体现在高层次、高技能和创新型人才供给不足，特别是企业架构师、首席技术官（CTO）、信息安全人才等严重匮乏，导致企业创新动力和能力不足。

四、相关建议

对重庆两化融合提出以下建议：

一是积极培育龙头企业。引导企业围绕细分市场向差异化方向发展，通过联合重组、合资合作及跨界融合，加快培育在工业互联网、大数据、人工智能等领域管理水平先进、创新能力强、效率高、效益好、市场竞争力强的龙头企业。充分发挥龙头企业带动作用，以龙头企业为引领形成良好的产业生态环境，带动中小企业向"专、精、特、新"方向发展，形成全产业链协同发展的局面。

二是深化行业应用示范。以全面推动云应用软件和服务在企业中的应用为抓手，加快推进云计算公共服务平台建设；深入开展大数据创新应用示范，培育数据即服务模式，支持第三方大数据服务；继续推进"互联网＋"行动计划，强化示范项目宣传、推广；积极营造分享经济发展氛围，推动产能设备、紧缺人才等重点分享工程尽快按照企业主体、市场化运作的原则推进分享平台建设。

三是进一步加强人才保障。创新人才机制，完善培育和引进高层次、高技能和创新型人才，优化人才发展的创业环境、制度环境和生活环境。鼓励通过多种方式开展校企合作，鼓励高校、人才培训结构与企业开展人才定制培训。开展人才培养计划，加快培养软件及大数据中高级人才。落实软件企业所得税优惠政策，激发企业创新活力。

第二十五章　四川省两化融合发展水平分析

一、总体情况

（一）经济概况

2017 年，四川省实现地区生产总值（GDP）36980.2 亿元，按可比价格计算，比上年增长 8.1%。其中，第一产业增加值 4282.8 亿元，增长 3.8%；第二产业增加值 14294.0 亿元，同比增长 7.5%；第三产业增加值 18403.4 亿元，同比增长 9.8%。三次产业对经济增长的贡献率分别为 5.5%、40.8% 和 53.7%。人均地区生产总值 44651 元，同比增长 7.5%。三次产业结构由上年的 11.9∶40.8∶47.3 调整为 11.6∶38.7∶49.7。全年工业增加值 11517.3 亿元，比上年增长 8.3%，对经济增长的贡献率为 37.5%。年末规模以上工业企业 14144 户，全年规模以上工业增加值同比增长 8.5%。在规模以上工业中，分轻重工业看，轻工业增加值比上年增长 9.3%，重工业增加值同比增长 8.0%，轻重工业增加值之比为 1∶1.9。分经济类型看，国有及国有控股企业同比增长 8.2%，集体企业同比下降 14.2%，股份制企业同比增长 8.3%，外商及港澳台商投资企业同比增长 13.4%。分行业看，规模以上工业 41 个行业大类中有 34 个行业增加值增长。其中，酒、饮料和精制茶制造业比上年增长 13.7%，电力、热力生产和供应业增加值同比增长 10.2%，计算机、通信和其他电子设备制造业同比增长 19.2%，非金属矿物制品业同比增长 6.1%，汽车制造业同比增长 12.1%，化学原料和化学制品制造业同比增长 4.1%，农副食品加工业同比增长 7.8%，石油和天然气开采业同比增长 16.0%，医药制造业同比增长 13.0%。高技术制造业增加值同比增长 16.1%，六大高耗能行业增加值同比增长 6.0%，占规模以上工业增加值的比重为 26.6%。全年规模以上工业企业实现主营业务收入 42423.4 亿元，比上年增长 14.2%。

盈亏相抵后实现利润总额 2610.6 亿元，同比增长 29.0%。其中，国有控股工业企业实现利润 717.8 亿元，同比增长 73.1%；股份制企业 2177.4 亿元，同比增长 32.1%；外商及港澳台商投资企业 357.1 亿元，同比增长 18.3%。全年规模以上工业企业每百元主营业务收入中的成本为 84.2 元，比上年下降 0.2 元。年末规模以上工业企业资产负债率为 57.4%，比上年末下降 1.7 个百分点。①

（二）两化融合主要进展

2017 年，四川省以"制造强省"和"网络强省"建设为目标，通过抢抓数字经济发展先机，加快新旧动能接续转换，构建基于工业互联网平台的新型工业体系，大力推进两化深度融合，不断取得新进展。

1. 加强顶层设计，完善政策体系

四川省不断完善政策支持体系，推动两化融合。2017 年，出台了《四川省"十三五"信息化和工业化融合发展指导意见》《四川省人民政府关于深化制造业与互联网融合发展的实施方案》《四川省"十三五"大数据产业发展指导意见》《四川省"十三五"信息经济发展指导意见》，持续推进两化融合管理体系贯标。发布了，省经信委与省发展改革委、省网信办共同制定《四川省促进大数据发展工作方案》，积极推动《四川省大数据发展促进办法》列入 2018 年立法项目。落实产业优惠政策，全省软件企业享受软件产品增值税退税 8.47 亿元；164 家符合所得税减免条件的软件企业（含 13 家国家规划布局内重点软件企业）享受所得税减免 13.75 亿元，在 2016 年减免 6.1771 亿元的基础上增长了 120% 以上。落实软件与信息安全方向专项资金，支持了基于互联网的医务、酒业、应急等行业应用、网络靶场建设、工控仿真平台等方向的 27 个产业项目。

2. 加快信息基础设施建设，推动两化融合发展

深入推进"光网四川"和"无线四川"建设，成功争取四川广电"宽带乡村"配套支撑工程纳入国家发展改革委 2017 年新一代信息基础设施重大专项布局，获中央预算内资金支持 5000 万元。组织编制形成了《四川省信息基础设施重大工程建设行动方案》，推动城乡光纤网络覆盖和扩容提速，加快

---

① 四川省统计局：《2017 年四川省国民经济和社会发展统计公报》，2018 年 2 月。

5G研发布局。截至2017年底，互联网省际出口总带宽达到22.6Tbps，城镇地区全面具备百兆以上宽带接入能力，全省互联网宽带接入端口4519个，行政村光纤通达比例达到91%。全省移动基站总数达到32万个，其中4G基站18.3万个，实现城区和乡镇4G全覆盖，行政村通达比例93%。全省光纤入户、3G/4G基站数、光缆长度等宽带基础设施规模在全国领先，IPTV用户规模和家庭普及率均全国排名第一。

3. 深化大数据应用，培育新的经济增长点

全省积极推进大数据在提高政府治理能力、民生服务水平、经济转型方面的应用；深化大数据与云计算、物联网、移动互联网的融合发展；鼓励投资建设大区级互联网数据中心、云计算（运营、服务）中心、移动支付平台，有力地促进了基于云计算的在线研发设计、教育医疗、交通旅游、智慧社区、移动支付、视频云服务等新应用。西部大数据创新中心、"天虎云商"电子商务平台、游戏行业大数据挖掘系统、教育行业大数据平台、移动医疗系统、全媒体数据分析平台系统等40多个试点示范项目相继建设。

4. 推进工业互联网建设，促进两化融合

深入推动工业互联网创新发展，强力打造工业互联网。联合航天科工集团举办了中西部首届工业互联网高峰论坛（中国成都）；推动航天科工IN-DICS工业互联网云平台全球首次发布在成都举行，成功争取国内首家工业大数据应用技术国家工程实验室落户成都。推动清华大学、省机械设计研究院等机构组建了四川省工业大数据创新中心。指导积微物联积极探索"工业互联网新模式"，树立了传统制造业数字化转型升级的优秀典型；支持了中石油西南油气田、四川长虹等龙头企业开展工业互联网创新应用试点示范，提升了在精益管理、供应链协同等方面的核心竞争力。

二、两化融合发展水平分析

（一）综合分析

2017年，四川省两化融合发展总指数为77.78，比2016年降低了1.77个点。其中，应用效益指数大幅降低。2017年，基础环境指数为88.12，比2016年的86.99提高了1.13个点；工业应用指数为67.58，比2016年的62.85提高

了 4.73 个点；应用效益指数为 87.84，比 2016 年的 105.51 降低了 17.67 个点。

表 25 - 1　2016 - 2017 年四川省两化融合指数情况

指标	2016 年指数	2017 年指数	变化情况
基础环境	86.99	88.12	↑1.31
工业应用	62.85	67.58	↑4.73
应用效益	105.51	87.84	↓17.67
发展指数	79.55	77.78	↓1.77

资料来源：赛迪智库整理，2017 年 12 月。

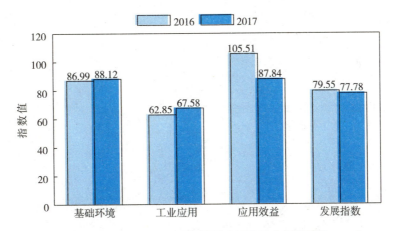

图 25 - 1　2016—2017 年四川省两化融合指数情况

资料来源：赛迪智库整理，2017 年 12 月。

（二）具体分析

1. 基础环境指数

2017 年，四川省基础环境指数提升了 1.31 个点，达到 88.12。其中，城
（省）域网出口带宽指数值为 181.04，比 2016 年的 161.62 提高了 19.78 个
点；固定宽带普及率指数为 100，比 2016 年的 96.9 提高了 3.1 个点；固定宽
带端口平均速率指数为 131.55，比 2016 年提高了 5.32 个点；移动电话普及
率指数为 62.63，比 2016 年提高了 2.15 个点。在互联网应用普及方面，互联
网普及率指数为 60.37，比 2016 年提高了 4.27 个点。在两化融合政策环境建
设方面，继续设立两化融合专项引导资金；中小企业信息化服务平台数指数
与 2016 年持平；重点行业典型企业信息化专项规划情况指数为 40.86，比

2016 年下降 15.8 个点。

表 25 - 2　2016—2017 年四川省两化融合基础环境指数情况

指标	2016 年指数	2017 年指数	变化情况
城（省）域网出口带宽	161.62	181.04	↑19.78
固定宽带普及率	96.9	100	↑3.1
固定宽带端口平均速率	126.23	131.55	↑5.32
移动电话普及率	60.48	62.63	↑2.15
互联网普及率	56.91	60.37	↑4.27
两化融合专项引导资金	100	100	—
中小企业信息化服务平台数	93.72	93.72	—
重点行业典型企业信息化专项规划	56.66	40.86	↓15.8

资料来源：赛迪智库整理，2017 年 12 月。

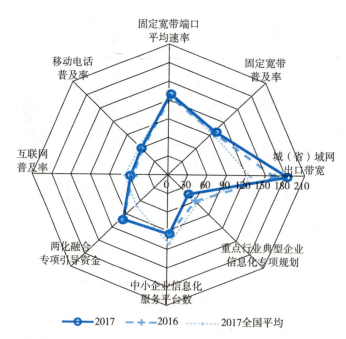

图 25 - 2　2016—2017 年四川省两化融合基础环境指数情况

资料来源：赛迪智库整理，2017 年 12 月。

2. 工业应用指数

2017 年，四川省工业应用指数提升了 4.73 个点。其中，重点行业典型企业 ERP 普及率指数为 71.51，比 2016 年提高了 6.69 个点。重点行业典型企业 MES 普及率指数为 84.19，比 2016 年提高了 11.16 个点。重点行业典型企业 PLM 普及率指数为 43.91，比 2016 年下降了 8.46 个点。重点行业典型企业 SCM 普及率指数为 66.78，比 2016 年提高了 4.61 个点。重点行业典型企业采购环节电子商务应用普及率指数为 61.3，比 2016 年下降 3.11 个点。重点行业典型企业销售环节电子商务应用普及率指数为 83.47，比 2016 年提高了 4.31 个点。重点行业典型企业装备数控化率指数为 56.45，比 2016 年下降 0.17 个点。国家新型工业化产业示范基地两化融合发展水平指数为 73.86，比 2016 年大幅提高 20.74 个点。

表 25 - 3　2016 - 2017 年四川省两化融合工业应用指数情况

指标	2016 年指数	2017 年指数	变化情况
重点行业典型企业 ERP 普及率	64.57	71.51	↑6.69
重点行业典型企业 MES 普及率	73.03	84.19	↑11.16
重点行业典型企业 PLM 普及率	52.37	43.91	↓8.46
重点行业典型企业 SCM 普及率	62.17	66.78	↑4.61
重点行业典型企业采购环节电子商务应用	64.41	61.3	↓3.11
重点行业典型企业销售环节电子商务应用	79.16	83.47	↑4.31
重点行业典型企业装备数控化率	56.62	56.45	↓0.17
国家新型工业化产业示范基地两化融合发展水平	53.12	73.86	↑20.74

资料来源：赛迪智库整理，2017 年 12 月。

图 25 - 3　2016—2017 年四川省两化融合工业应用指数情况

资料来源：赛迪智库整理，2017 年 12 月。

3. 应用效益指数

2017 年，四川省两化融合应用效益有所降低，下降了 17.67 个点。在地区工业生产效益和水平方面，工业增加值占 GDP 比重指数为 41.28，比 2016 年下降了 2.89 个点；第二产业全员劳动生产率指数为 115.67，比 2016 年提高了 4 个点；工业成本费用利润率指数为 42.23，比 2016 年提高了 3.23 个点；单位工业增加值工业专利量指数为 109.51，比 2016 年下降 0.71 个点。在工业节能减排水平方面有了较快提升，单位地区生产总值电耗指数为 102.4，比 2016 年提升了 2.1 个点。在信息产业发展水平方面，电子信息制造业主营业务收入指数为 167.57，比 2016 年提高了 3.26 个点；软件业务收入指数为 50.46，比 2016 年大幅下降了 157.41 个点。

表 25－4　2016—2017 年四川省两化融合应用效益指数情况

指标	2016 年指数	2017 年指数	变化情况
工业增加值占 GDP 比重	44.17	41.28	↓2.89
第二产业全员劳动生产率	111.67	115.67	↑4
工业成本费用利润率	39	42.23	↑3.23
单位工业增加值工业专利量	110.22	109.51	↓0.71
单位地区生产总值电耗	100.3	102.4	↑2.1
电子信息制造业主营业务收入	164.31	167.57	↑3.26
软件业务收入	207.87	50.46	↓157.41

资料来源：赛迪智库整理，2017 年 12 月。

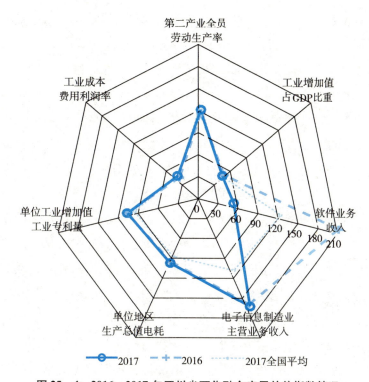

图 25 – 4　2016—2017 年四川省两化融合应用效益指数情况

资料来源：赛迪智库整理，2017 年 12 月。

三、优劣势评价

总体来看，四川省两化融合处于比较高的水平，并且具有很大的发展潜力。四川省一直大力推进信息网络基础设施建设，经过多年快速发展，电子信息制造业和软件业规模水平也稳居全国前列。在看到这些优势的同时，也应客观看到其网络普及率和企业信息化水平与先进省份相比，发展相对滞后。

具体优势表现在：

一是两化融合整体水平位于全国前列，2017 年全省两化融合发展水平位居全国第 10 位，同比上升 7 位，进入全国第一梯队。出台了《四川省"十三五"信息化和工业化融合发展指导意见》，持续推进两化融合管理体系贯标，2017 年全省新增 3 家国家级贯标示范企业，32 家国家级试点企业，累计 12 家企业通过贯标评定，2000 多家企业参与两化融合自评估、自诊断和自对标，

293

参评企业数增长100%，居全国第8位，同比上升9位，两化融合良好发展氛围逐步形成。开展了2017年全国两化深度融合四川行活动；与中国信通院共同承办了中国—东盟互联网与制造业融合发展研讨会，融合发展的国际国内影响力持续扩大。

二是大数据产业培育和集聚出现成效。四川在大数据产业链包括数据源层、大数据硬件支撑层、大数据技术层、大数据交易层、大数据应用层、大数据衍生层等六层级均有企业、机构涉猎。在数据存储、数据运算管理、数据挖掘和分析、数据安全、数据应用与服务等大数据产业环节涌现出一批专家学者、研发机构和企业，尤其在信息计算、存储、网络和安全等方面具有较强的比较优势。逐渐形成以应用为导向、大数据为业务引擎、云计算为基础支撑的生态系统。成长起一批大数据优势企业，映潮科技、数联铭品、四方伟业、亚信科技、勤智数码、科耐睿、斯沃茨等8家企业上榜2017年《中国大数据企业排行榜》；崇州加快建设大数据新型工业示范基地，郫县打造大数据特色产业基地。绵阳成立了科技城大数据产业研究院，依托龙头企业和军民融合，大数据产业链逐步完善。眉山市将大数据产业定位为其重点投入和发展的战略新兴产业，携手华为创建有四川特色的大数据产业示范园区。泸州市以大数据产业为突破口，在泸州国家高新区规划3平方公里建设西南云海泸州大数据产业园，开展政务大数据、商贸大数据、医疗健康、智慧城市、精准农业、金融服务、工业大数据、白酒交易中心等大数据应用，11月，泸州华为四川大数据中心上线。

四川省两化融合发展也存在一些不足和劣势：

一是移动电话和互联网普及率还比较低。跟四川省先进的宽带网络设施相比，跟先进地区的相关普及率相比，四川省的这两项指标分别位列全国第21位和第27位，明显处于落后地位，也不适应未来四川省经济和社会快速发展的要求。

二是企业信息化发展还有很大的提升空间。重点行业典型企业PLM普及率、重点行业典型企业SCM普及率、重点行业典型企业采购环节电子商务应用、重点行业典型企业销售环节电子商务应用，分别位居全国第28位、第12位、第20位和第18位。

四、相关建议

对四川省两化融合提出以下建议：

一是进一步完善工业信息安全保障体系。建设省级工业信息安全制造业创新中心，全面梳理全省工业信息安全基础与现状，以解决国家工业信息安全领域共性的、关键的、基础的技术需求为目标，创新企业法人经营管理模式，创新企业联盟效用，在核心技术和核心能力上提供有效供给。强化工控安全检查制度，及时对标国家工控安全检查专项行动，组织专业技术力量对四川省工控安全工作开展检查。建立工业控制系统目录清单，逐步提升抽查比例，通过检查不断完善更新。建立工控安全检查情况通报机制，及时通报并责成整改发现的问题。通过以查促改，逐步推进密码及关键核心产品的国产化，推动重要电力监控等系统的国产密码应用。

二是探索数据资源开放共享。推动互联网、大数据、人工智能和行业及实体经济深度融合。结合"中国制造2025"四川行动计划，深化互联网与制造业深度融合，打造工业互联网生态、推动工业互联网云平台、专业应用服务平台建设，实施企业上云行动。推进大数据、人工智能、AR/VR、区块链等在各行业的普遍应用，带动大数据产业发展，利用应用带动产业转型升级，以应用推动大数据关键技术、产品、产业化突破，培育产业新模式、新业态。

三是加速四川省工业企业的信息化人才队伍建设。企业信息化发展滞后，信息化人才不足是关键制约因素。要积极对接产业人才需求，搭建信息化人才公共服务平台。加强政府、企业、高校、职业院校、培训机构、行业协会等合作，推动建立多层次的信息化人才培养体系。注重引进高层次复合型信息化人才，特别是具有国际视野的企业家群体。依托国信安基地、中国网安等行业骨干企业，开展四川省工控安全专题培训，并在工控安全专项检查中重点检查培训效果。

第二十六章　贵州省两化融合发展水平分析

一、总体情况

（一）经济概况

2017 年，贵州省地区生产总值 13540.83 亿元，比上年增长 10.2%。按产业分，第一产业增加值 2020.78 亿元，同比增长 6.7%；第二产业增加值 5439.63 亿元，增长 10.1%；第三产业增加值 6080.42 亿元，同比增长 11.5%。第一产业增加值占地区生产总值比重为 14.9%；第二产业增加值比重为 40.2%；第三产业增加值比重为 44.9%。人均地区生产总值 37956 元，比上年增加 4710 元。年末规模以上工业法人企业 5637 个，比上年末增加 590 个。其中，年主营业务收入超过 100 亿元、500 亿元的企业分别为 7 个和 2 个。全年规模以上工业增加值 4304.80 亿元，比上年增长 9.5%。其中，轻工业增加值 1708.59 亿元，比上年增长 12.2%，占规模以上工业增加值比重为 39.7%；重工业增加值 2596.22 亿元，同比增长 7.7%，占规模以上工业增加值比重为 60.3%。规模以上工业中，酒、饮料和精制茶制造业增加值比上年增长 13.5%，电力、热力生产和供应业增加值同比增长 13.0%，烟草制品业增加值同比增长 2.0%，煤炭开采和洗选业增加值同比下降 4.9%，煤电烟酒四大传统行业增加值合计 2422.91 亿元，占规模以上工业增加值比重为 56.3%。其中，酒、饮料和精制茶制造业增加值 897.15 亿元，占规模以上工业增加值比重为 20.8%，是工业第一大支柱行业。全年高技术产业增加值比上年增长 39.9%，占规模以上工业增加值比重为 8.1%，比上年提高 1.3 个百分点。计算机、通信和其他电子设备制造业，医药制造业，汽车制造业增加值分别为 118.64 亿元、148.30 亿元和 75.60 亿元，分别比上年增长 86.3%、21.3% 和 19.1%，占规模以上工业增加值比重分别为 2.8%、3.4% 和 1.8%。①

---

①　贵州省统计局：《2017 年贵州省国民经济和社会发展统计公报》，2018 年 4 月。

（二）两化融合主要进展

1. 制定政策标准，开展大数据战略行动

2017 年，贵州省实施了"大数据＋"产业深度融合行动计划，省人民政府印发了《贵州省实施万企融合大行动打好数字经济攻坚战》方案，提出以应用核心深化大数据、云计算、人工智能等在实体经济中的创新融合，促进实体经济向数字化、网络化、智能化转型，每年建设一百个融合标杆项目，一千个融合示范项目。五年带动一万户以上企业与大数据深度融合，同时在工业、农业、服务业以及旅游、煤炭等行业，分别结合自身实际情况，推进融合应用。各市州也在相应领域推动深化应用。省政府和各市州还将万企融合工作纳入绩效目标考核和年度目标考核，并预留相应的配套资金用于开展融合工作。目前，全省已梳理融合标杆项目，培育对象有 94 个，融合示范培育项目有 450 个，完成投资 8.58 亿元，带动 854 户实体经济企业与大数据深度融合。

2. 坚持平台引领，打造服务平台

在工业、旅游、物流等领域形成一批开放性、差异化、特色明显的行业融合大数据平台，利用贵州工业云为企业提供各类产品及应用 3000 个，共享工具软件 120 项，增强了全省工业互联网支撑能力，形成了各有侧重、协同发展的工业互联网平台体系。电商云聚集了全国及省内优质服务厂家 200 余家，超过 2200 家入驻平台进行销售管理和服务。助推建设网货下乡、农货进城等农业农商新模式，物流云借助全省 8 家物流信息化平台和 10 家物流园区信息系统，提高了物流园区的公共服务能力。特色农业产品互联网涵盖了 146 个项目，实现了农田、农业气象、农作物生长、病虫害等环节实时监控与预警。智慧旅游一站式服务平台聚集了 28 大类 1000 多个小类的旅游资源、基础数据和经营数据，构建了旅游大数据生态圈，增加了旅客的获得感。华为软件开发云为软件企业、园区、"双创"中心、高校培训机构提供了软件开发服务，提升研发效率，上线两个多月以来，已有 50 余家企业和机构在使用，效果明显。目前贵州三资产业企业云平台使用率已经达到 36.4%，达到全国平均水平。

3. 全面系统培训，培育示范项目，坚持示范引领典型带动

2017年，贵州省共打造了123个典型示范项目，建立了一支由113家知名大数据企业组成的万企融合服务队，形成了331个典型应用解决方案，以点带面，分行业、分领域建设打造一批高水平融合典型。2017年7月，工信部在贵州召开了全国工业云现场会，将贵州工业云作为全国制造业与互联网融合典型进行推广。航天电气入选中德智能制造合作示范项目，农业大数据中心入选全国"互联网+"现代农业百家实践案例。比如说在工业领域大家耳熟能详的贵州老干妈几十年来一直坚持使用传统生产工艺，现在也在利用大数据对生产、营销、质量进行全程管理。原材料全球采购，产品全球销售，一瓶辣椒酱飘香全世界。贵州的货车帮，颠覆了传统物流界的车货匹配模式，为货主、火车司机提供在线交易平台，货车帮与另一家物流企业合并组建满邦平台，实名用户已经达520万，货主数量超过125万，每天运费交易额达到120亿元。每年为企业节约燃油消耗165亿元，减少碳排放3700万吨。企业以历史交易数据和行为交易数据构建企业征信体系，延伸出卡车销售、二手车交易贷款等一系列增值服务。

二、两化融合发展水平分析

（一）综合分析

2017年，贵州省两化融合发展总指数为77.58，比2016年增加5.34个点。比全国平均值79.18低1.6个点，与全国平均值的差距进一步缩小。其中，基础环境指数为84.39，比2016年的81.24提高了3.15个点；工业应用指数为80.23，比2016年提高8.16个点；应用效益为65.50，比2016年提高1.9个点。三个细分指数中，工业应用指数提高得最多。

表26-1　2016—2017年贵州省两化融合指数情况

指标	2016年指数	2017年指数	变化情况
基础环境	81.24	84.39	↑3.15
工业应用	72.07	80.23	↑8.16
应用效益	63.60	65.5	↑1.9
发展指数	72.24	77.58	↑5.34

资料来源：赛迪智库整理，2017年12月。

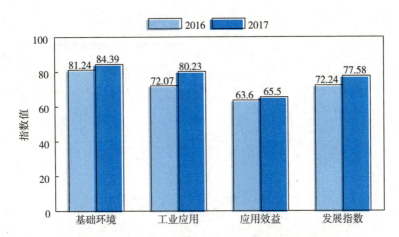

图 26 - 1　2016—2017 年贵州省两化融合指数情况

资料来源：赛迪智库整理，2017 年 12 月。

（二）具体分析

1. 基础环境指数

2017 年，贵州省两化融合基础环境水平略提高了 3.15 个点，由 2016 年的 81.24 提高到 84.39。其中，宽带网络快速发展，城（省）域网出口带宽指数值为 101.09，比 2016 年增长 25.35 个点；固定宽带普及率指数为 72.79，比 2016 年增加 2.98 个点；固定宽带端口平均速率指数为 128.66，比 2016 年提高 2.88 个点；移动电话普及率指数为 61.87，比 2016 年增加 1.12 个点。在互联网应用普及方面，贵州省互联网普及率指数为 60，比 2016 年提高 4.68 个点。在两化融合政策环境建设方面，贵州省设立了两化融合专项引导资金。中小企业信息化服务平台数指数为 116.1，与 2016 年相同。重点行业典型企业信息化专项规划指数为 55.43，比 2016 年提高 1.85 个点。

表 26 - 2　2016—2017 年贵州省两化融合基础环境指数情况

指标	2016 年指数	2017 年指数	变化情况
城（省）域网出口带宽	75.74	101.09	↑25.35
固定宽带普及率	69.81	72.79	↑2.98
固定宽带端口平均速率	125.78	128.66	↑2.88
移动电话普及率	60.62	61.87	↑1.25

指标	2016 年指数	2017 年指数	变化情况
互联网普及率	55.32	60	↑4.68
两化融合专项引导资金	100	100	—
中小企业信息化服务平台数	116.1	116.1	—
重点行业典型企业信息化专项规划	53.58	55.43	↑1.85

资料来源：赛迪智库整理，2017 年 12 月。

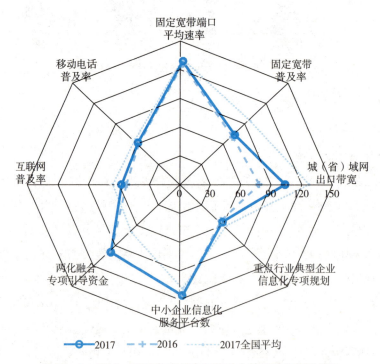

图 26 – 2　2016—2017 年贵州省两化融合基础环境指数情况

资料来源：赛迪智库整理，2017 年 12 月。

2. 工业应用指数

2017 年，贵州省工业应用指数为 80.23，比 2016 年的 72.07 提高 8.16 个点。具体来看，重点行业典型企业 ERP 普及率指数为 76.45，比 2016 年提高 0.66 个点。重点行业典型企业 MES 普及率指数为 91.96，比 2016 年提高 6.23 个点。重点行业典型企业 PLM 普及率指数为 65.24，比 2016 年降低 7.97 个点。重点行业典型企业 SCM 普及率指数为 71.19，比 2016 年降低 0.37 个点。

重点行业典型企业采购环节电子商务应用普及率指数为 83.79，比 2016 年提高了 14.93 个点。重点行业典型企业销售环节电子商务应用普及率指数为 105.19，比 2016 年提高 9.36 个点。重点行业典型企业装备数控化率指数为 76.84，比 2016 年提高 6 个点。国家新型工业化产业示范基地两化融合发展水平指数为 72.76，比 2016 年提升 18.77 个点。

表 26 - 3　2016—2017 年贵州省两化融合工业应用指数情况

指标	2016 年指数	2017 年指数	变化情况
重点行业典型企业 ERP 普及率	75.79	76.45	↑0.66
重点行业典型企业 MES 普及率	85.64	91.96	↑6.23
重点行业典型企业 PLM 普及率	57.27	65.24	↑7.97
重点行业典型企业 SCM 普及率	71.56	71.19	↓0.37
重点行业典型企业采购环节电子商务应用	68.86	83.79	↑14.93
重点行业典型企业销售环节电子商务应用	95.83	105.19	↑9.36
重点行业典型企业装备数控化率	70.84	76.84	↑6
国家新型工业化产业示范基地两化融合发展水平	53.99	72.76	↑18.77

资料来源：赛迪智库整理，2017 年 12 月。

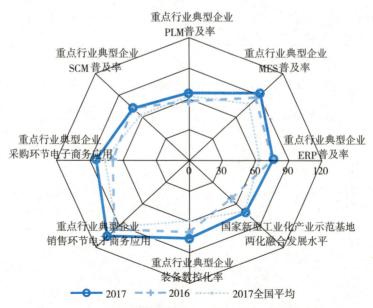

图 26 - 3　2016—2017 年贵州省两化融合工业应用指数情况

资料来源：赛迪智库整理，2017 年 12 月。

3. 应用效益指数

2017年，贵州省两化融合应用效益指数为65.5，比2016年的63.6提高1.9个点。其中，电子信息制造业主营业务收入指数增长较快。在地区工业生产效益和水平方面，工业增加值占GDP比重指数为39.36，比2016年降低0.01个点；第二产业全员劳动生产率指数为120.19，比2016年提高5.03个点；工业成本费用利润率指数为54.73，比2016年提高5.12个点；单位工业增加值工业专利量指数为82.25，比2016年提高1.25个点。在工业节能减排水平方面，单位地区生产总值电耗指数为76.72，比2016年增加2.74个点。在信息产业发展水平方面，电子信息制造业主营业务收入指数为49.57，比2016年增加14.58个点；软件业务收入指数为24.19，比2016年降低20.31个点。

表 26 – 4　2016—2017 年贵州省两化融合应用效益指数情况

指标	2016 年指数	2017 年指数	变化情况
工业增加值占 GDP 比重	39.37	39.36	↓0.01
第二产业全员劳动生产率	111.85	120.19	↑5.03
工业成本费用利润率	49.61	54.73	↑5.12
单位工业增加值工业专利量	81	82.25	↑1.25
单位地区生产总值电耗	73.98	76.72	↑2.74
电子信息制造业主营业务收入	34.99	49.57	↑14.58
软件业务收入	45.21	24.19	↓20.31

资料来源：赛迪智库整理，2017 年 12 月。

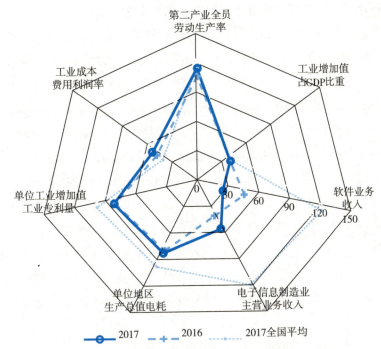

图 26-4 2016—2017 年贵州省两化融合应用效益指数情况

资料来源：赛迪智库整理，2017 年 12 月。

三、优劣势评价

贵州省两化融合的优势主要有以下三点：

一是信息安全保障工作完善。实施了信息安全保障能力提升工程，发展关键信息安全技术和产品，加强信息安全保障能力建设。成立了省大数据安全领导小组，统筹开展大数据安全管理工作；组建省大数据及网络安全专家委员会，建立大数据网络安全专家智库。提出大数据安全保护"1+1+3+N"总体思路和"八大体系"建设架构。推进贵阳国家级大数据安全靶场、大数据及网络安全技术创新中心、应用示范中心和科研培训、技术验证等基地建设。贵阳市获批全国首个大数据安全试点示范城市。

二是高精尖企业资源丰富。通过大力开展"寻苗行动"，并到美国、日本、印度等国际大数据先进国家开展多次大数据招商，取得了良好成效。目前，已有苹果、高通、微软、华为、腾讯、阿里巴巴、联想、浪潮、中国移动、中国电信、中国联通等众多世界知名大数据企业落户贵州。

三是信息技术基础雄厚。2017年,全省软件和信息技术服务业的研发投入占比为4.9%,获得高新技术企业认定的软件企业数量38家,软件著作权登记数1705件,科技企业孵化器、国家级众创空间分别超过40、20家,在孵企业1456家。揭牌了提升政府治理能力大数据应用技术国家工程实验室、大数据协同安全技术国家工程实验室。百度创新中心已经启动运营并有13家企业入驻。与微软共建"块数据"实验室,与英特尔合作人工智能开放平台、人工智能创新加速器,与加州大学伯克利分校、斯坦福大学合作设立研发机构等事宜正在加紧推进。建成贵州省大数据产业发展研究院、贵州大学公共大数据重点实验室、中科院软件所贵阳分所、大数据战略重点实验室、戴尔—高新翼云IT联合实验室、博科—高新翼云网络交换技术实验室等一批大数据科研平台,成立贵阳大数据创新产业(技术)发展中心、太极—IBM贵阳智慧旅游联合创新中心、思爱普贵阳大数据应用创新中心等一批大数据创新平台。

同时,贵州省两化融合也存在诸多劣势:

一是整体融合应用水平不高。贵州省软件和信息技术服务业产业总体规模偏小、缺乏龙头企业带动,服务创新和业态创新还不足。贵州省大部分传统工业企业自动化和信息化水平较低,对软件和信息技术的应用仍处于初步阶段,数据驱动作用未能有效发挥,对企业产出的倍增效应不明显。传统企业研发创新能力普遍较弱,缺少既懂技术、又懂市场和企业经营管理的融合解决方案服务商,在技术支撑上有难度,在融合软件特别是工业软件的研发和应用上能力欠缺。部分企业资金短缺,推动企业网络化、智能化、数字化转型需要一定的前期投入,还需要不断追加运维经费,一些企业缺少相应的资金投入,只能是零敲碎打或望而却步。

二是专业人才缺口较大。贵州在软件和信息技术服务业专业人才结构方面矛盾突出,领军型人才、复合型人才和高技能人才紧缺。一是全省大数据机构人才缺口大,大数据管理队伍建设亟待进一步加强,缺乏既懂行政管理(实体经济)又熟悉大数据技术的复合型人才,与大数据发展需求严重脱节。企业从事软件和信息技术服务业深度融合研发的人员较少,科研机构、高等院校对大数据深度融合应用的解决方案未作深入研究。

四、相关建议

对贵州省两化融合发展建议如下：

一是加快完善信息基础设施。围绕大数据发展需求，利用5G（第五代移动通信）、北斗、IPv6（互联网协议第六版）、物联网等新兴信息技术推动数字基础设施改造升级，构建高速、移动、安全、泛在的新一代信息基础设施体系。加快汇聚数据资源，建设中国南方数据中心示范基地和全国一流的信息存储交换枢纽。推进建设高速公路、高速铁路、城市轨道交通3G/4G信号全覆盖。

二是加快提升软件和信息技术服务业创新能力。促进大数据、物联网、云计算、人工智能、个性化定制等技术的跨界融合，发展与重点行业领域业务流程及数据应用需求深度融合的大数据解决方案。围绕数据采集、整理、分析、挖掘、展现、应用等环节，发展海量数据存储、数据清洗、数据库、数据分发、数据分析挖掘等领域关键技术及软硬件产品，带动芯片、操作系统等信息技术核心基础产品发展。围绕"量子通信"和"量子计算"等前沿领域开展技术攻关。

三是加快推动大数据、软件业与实体经济深度融合。聚焦三大领域，重点推动大数据与工业、农业、服务业三大领域的实体经济深度融合。工业方面主要是推动工业向智能化生产、网络化协同、个性化定制、服务化延伸融合升级；农业方面主要推动农业向生产管理精准化、质量追溯全程化、市场销售网络化融合升级；服务业方面主要是向平台型、智慧型、共享型融合升级。

四是加快运用大数据、信息化手段提升政府治理与民生服务能力。编制一批标准化服务规范，打造一批试点示范项目，打通"放管服"改革"经脉"，显著提升政府决策科学化、政府治理精准化、公共服务便捷化水平。政府数据资源管理、共享开放、融合利用等机制进一步健全。完善政务和公共数据资源、应用创新、安全运维等服务体系，建成完善全省一体化的政务数据中心体系，加快推动政府各类非涉密业务专网向电子政务外网整合。构建"政府＋市场＋互联网"的便民服务生态体系。整合全省各级政府便民服务应用，打造全省统一的数字民生移动服务平台。在精准扶贫、生态治理、地灾防治、数据铁笼、健康医疗、智慧教育、智慧交通、全域旅游等关键领域，打造一批全国典型示范项目。

第二十七章　云南省两化融合发展水平分析

一、总体情况

（一）经济概况

2017 年，云南省地区生产总值 16531.34 亿元，比上年增长 9.5%，增速高于全国水平 2.6 个百分点。其中，第一产业增加值 2310.73 亿元，同比增长 6.0%；第二产业增加值 6387.53 亿元，同比增长 10.7%；第三产业增加值 7833.08 亿元，同比增长 9.5%。全省规模以上工业（统计口径为全部年主营业务收入 2000 万元及以上的工业企业）增加值 3900 亿元左右，比上年增长 10.6%，增速高于全国水平 4.4 个百分点。规模以上采矿业增加值同比增长 9.3%，增速比上年同期下降 8.0 个百分点，拉动规模以上工业增长 0.7 个百分点；制造业同比增长 8.5%，增速比上年提高 2.9 个百分点，拉动规模以上工业增长 6.2 个百分点；电力热力燃气及水的生产和供应业同比增长 19.5%，增速比上年提高 14.6 个百分点，拉动规模以上工业生产增长 3.7 个百分点。电力行业保持高速增长，各月对云南规模以上工业增长的贡献率均超过 30.0%，拉动作用均超过 3.0 个百分点，成为第一大拉动力。石油行业异军突起，2017 年石油加工、炼焦和核燃料加工业增加值同比增长 534.3%，对全省规模以上工业增速贡献率达 15.3%，拉动全省工业增长 1.6 个百分点，是仅次于电力的第二大拉动力。电子行业发展迅猛。2017 年，电子行业占云南规模以上工业增加值比重为 1.5%，增速同比增长 127.4%，拉动云南规模以上工业增长 1.1 个百分点，成为继电力、石油炼化之后的第三大拉动力。烟草制品业增加值同比增长 0.5%，增速较 2016 年（同比下降 4.3%）提高了 4.8 个百分点，烟草制品业增速"扭负为正"，超额完成了省委省政府下达的工作目标，拉动全年规模以上工业增速 0.18 个百分点，充分发挥了"稳定器"的作用，为全省工业经济增长作出贡献。有色金属冶炼和压延加工业、非金属矿物制品业、农副食品加工业、化学原料和化学制品制造业、医药制造业、有色金属矿采选业、酒饮料和精制茶制造业、煤炭开采和洗选业、黑色金属冶炼和压延加工业等九大传统行业均实现增长，合计对云南规模以上工业增长的贡献率高达 29.3%，拉动增长 3.2 个百分点。①

（二）两化融合工作进展

2017 年以来，云南省结合国家战略对云南提出的新要求，以信息化和工业化深度融合为主线，以智能制造为主攻方向，以"互联网＋协同制造"为抓手，以工业企业特别是制造企业为主战场，以新一代信息技术的深度应用着力推动两化融合发展，取得了显著成效。

一是加强组织领导，做好两化融合顶层设计。

云南省印发了《云南省深化制造业与互联网融合发展实施方案》，拟制了《关于对云南省制造业与互联网融合发展实施方案进行任务分解》，制定出台了《中共云南省委办公厅云南省人民政府办公厅关于贯彻落实〈国家信息化发展战略纲要〉的意见》《云南省人民政府关于贯彻落实〈国务院关于深化制造业与互联网融合发展的指导意见〉的意见》《云南省人民政府办公厅关于推进重点行业和领域大数据开放开发的指导意见》《云南省信息化和信息产业发展"十三五"专项规划》等一批政策文件，为发挥"互联网＋"力量，深入推进信息化建设，打造平台经济，发展大数据产业，推进经济社会转型升级提供政策依据。

二是持续推进两化融合贯标和推广。

2017 年，云南省有 11 户企业被工信部遴选为 2017 年两化融合管理体系贯标试点企业。根据工信部统一部署，云南省遴选的昆明钢铁控股有限公司"昆钢网络化协同制造工业云平台"和"云内动力"等两个项目获得工信部2017 年制造业与互联网融合试点项目。

三是推进信息通信基础设施建设。

印发了《关于加快推进信息通信基础设施建设实施方案的通知》（云政办

---

① 云南省统计局：《跨越发展见成效，亮点纷呈展新姿》，2018 年 2 月。

函〔2017〕37号），并通过专项督查、检查等多种手段，优化了移动通信基站环评审批、用地审批、电力引入审批等流程，规范了信息通信基础设施建设政府收费项目及标准，着力解决了当前信息通信基础设施建设中存在的关键性问题，构建信息通信基础设施发展的良好环境。

二、两化融合发展水平分析

（一）综合分析

2017年，云南省两化融合水平整体呈现上升趋势，全省两化融合发展指数为58.43，比2016年的54.53上升3.9个点。基础环境方面，基础环境指数为65.27，比2016年的62.1提升3.17个点。工业应用方面，工业应用指数为57.39，比2016年的51.45上升了5.79个点。应用效益方面，应用效益指数为53.66，比2016年的53.12提升0.45个点。

表 27-1 2016—2017 年云南省两化融合指数情况

指标	2016 年指数	2017 年指数	变化情况
基础环境	62.1	65.27	↑3.17
工业应用	51.45	57.39	↑5.94
应用效益	53.12	53.66	↑0.54
发展指数	54.53	58.43	↑3.9

资料来源：赛迪智库整理，2017 年 12 月。

图 27-1 2016—2017 年云南省两化融合指数情况

资料来源：赛迪智库整理，2017 年 12 月。

（二）具体分析

1. 基础环境指数

2017 年，云南省两化融合基础环境建设稳步推进，指数值比 2016 年增加了 3.17 个点。具体来看，2016 年云南省城（省）域网出口带宽指数为 110.05，与 2016 年提升 6.56 个点；固定宽带普及率指数为 76.18，比 2016 年提升 3.67 个点；固定宽带端口平均速率指数为 128.07，比 2016 年提升 12.15 个点；移动电话普及率指数为 59.84，比 2016 年提升 1.33 个点。在互联网普及应用方面，2017 年云南省互联网普及率指数为 56.82，比 2016 年提升 2.15 个点。在两化融合政策环境建设方面，2016 年和 2017 年云南省均没有设立两化融合专项引导资金；中小企业信息化服务平台数指数 43.72，与 2016 年持平；重点行业典型企业信息化专项规划指数为 35.6，比 2016 年下降 1.99 个点。

表 27 - 2　2016—2017 年云南省两化融合基础环境指数情况

指标	2016 年指数	2017 年指数	变化情况
城（省）域网出口带宽	103.49	110.05	↑6.56
固定宽带普及率	72.51	76.18	↑3.67
固定宽带端口平均速率	115.92	128.07	↑12.15
移动电话普及率	58.51	59.84	↑1.33
互联网普及率	54.31	56.82	↑2.15
两化融合专项引导资金	0	0	—
中小企业信息化服务平台数	43.72	43.72	—
重点行业典型企业信息化专项规划	37.59	35.6	↓1.99

资料来源：赛迪智库整理，2017 年 12 月。

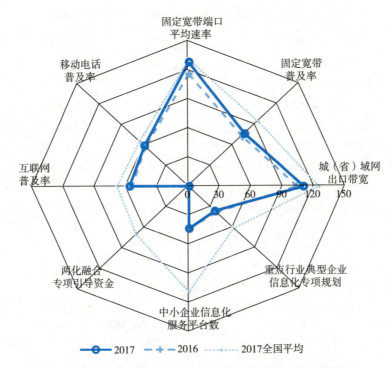

图 27－2 2016—2017 年云南省两化融合基础环境指数情况

资料来源：赛迪智库整理，2017 年 12 月。

2. 工业应用指数

2017 年，云南省两化融合工业应用指数为 57.39，比 2016 年的 51.45 上升了 5.94 个点。具体来看，2017 年云南省重点行业典型企业 ERP 普及率指数为 56.35，比 2016 年下降 2.43 个点；重点行业典型企业 MES 普及率指数为 71.07，比 2016 年提升 7.86 个点；重点行业典型企业 PLM 普及率指数为 25.35，比 2016 年大幅下降 20.52 个点；重点行业典型企业 SCM 普及率指数为 58.92，比 2016 年上升 2.53 个点；重点行业典型企业采购环节电子商务应用普及率指数为 41.23，比 2016 年大幅下降 20.47 个点；重点行业典型企业销售环节电子商务应用普及率指数为 50.17，比 2016 年上升 0.95 个点；重点行业典型企业装备数控化率指数为 53.55，比 2016 年上升 29.28 个点；国家新型工业化产业示范基地两化融合发展水平指数为 96.6，比 2016 年提升 40.68 个点。

表27－3　2016—2017年云南省两化融合工业应用指数情况

指标	2016年指数	2017年指数	变化情况
重点行业典型企业ERP普及率	58.78	56.35	↓2.43
重点行业典型企业MES普及率	63.21	71.07	↑7.86
重点行业典型企业PLM普及率	45.87	25.35	↓20.52
重点行业典型企业SCM普及率	56.39	58.92	↑2.53
重点行业典型企业采购环节电子商务应用	61.7	41.23	↓20.47
重点行业典型企业销售环节电子商务应用	49.22	50.17	↑0.95
重点行业典型企业装备数控化率	24.27	53.55	↑29.28
国家新型工业化产业示范基地两化融合发展水平	55.92	96.6	↑40.68

资料来源：赛迪智库整理，2017年12月。

图27－3　2016—2017年云南省两化融合工业应用指数情况

资料来源：赛迪智库整理，2017年12月。

3. 应用效益指数

2017年，云南省两化融合应用效益指数为53.66，比2016年提升0.54个点。具体来看，2017年云南省工业增加值占GDP比重指数为34.13，比2016年下滑1.99个点；第二产业全员劳动生产率指数为110.68，比2016年提升

3.65 个点；工业成本费用利润率指数为 29.42，比 2016 年下降了 6.15 个点；单位工业增加值工业专利量指数为 86.32，比 2016 年提升 12.77 个点；单位地区生产总值电耗指数为 81.54，比 2016 年上升 4.9 个点；电子信息制造业主营业务收入指数为 18.19，比 2016 年提升 10.13 个点；软件业务收入指数为 0，比 2016 年下滑 21.57 个点。

表 27-4　2016—2017 年云南省两化融合应用效益指数情况

指标	2016 年指数	2017 年指数	变化情况
工业增加值占 GDP 比重	36.12	34.13	↓1.99
第二产业全员劳动生产率	107.03	110.68	↑3.65
工业成本费用利润率	35.57	29.42	↓6.15
单位工业增加值工业专利量	73.55	86.32	↑12.77
单位地区生产总值电耗	76.64	81.54	↑4.9
电子信息制造业主营业务收入	8.06	18.19	↑10.13
软件业务收入	21.57	0	↓21.57

资料来源：赛迪智库整理，2017 年 12 月。

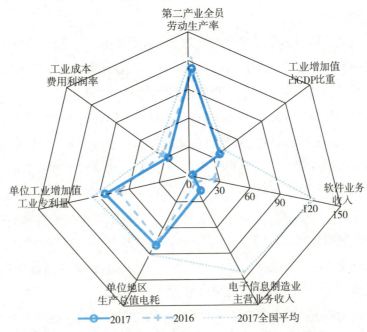

图 27-4　2016—2017 年云南省两化融合应用效益指数情况

资料来源：赛迪智库整理，2017 年 12 月。

三、优劣势评价

云南省两化融合发展具有如下优势：

一是云南省高度重视两化融合工作，形成了一定的财政优惠政策。设立省级信息化及信息产业发展专项资金。自2015年起到2020年，每年新设规模为2亿元的发展专项，用于全省信息化建设和信息产业发展。优化财政对产业支持方式，引入市场化运作模式，由财政拨款扶持向政府引导、基金运作扶持转变，充分发挥财政资金的杠杆作用，增强资金使用者主体责任，引导社会资本共同推动投资前移、鼓励自主创新、推动产业集群发展、培育发展市场。

二是积极开展试点示范申报工作。组织开展了3次大数据领域项目申报工作。根据工信部的统一安排，组织征集了一批大数据试点示范项目、智慧健康养老应用试点示范项目报、大数据优秀产品和应用解决方案上报工信部。其中云南省推荐上报的6个智慧健康养老类项目被评为工信部、民政部、卫计委三部委的示范项目。

三是云南省网络基础建设发展迅速。云南省加强信息网络建设，网络接入和传输能力显著增强，具备支撑信息化跨越式发展能力。2017年，云南省固定宽带普及指数为76.18，与2016年的72.51位相比，稳步提升，固定宽带端口平均速率为128.07，相较于2016年的115.92，有大幅度提升。

与2016年相比，2017年云南省两化融合水平整体呈现上升趋势，但两化融合整体水平远远落后于全国平均水平，存在的几个劣势不容忽视：

一是信息化总体水平落后，发展不均衡。云南省80%的指标排名在20名以后，创新意识、创新能力在全国总体落后。虽然发展水平仍在不断提高，但信息化发展明显低于经济增速，说明信息对经济发展的正向引领、带动和促进作用严重不足。各地区信息化发展水平不均衡，昆明地区信息化发展较好，边远州（市）的发展水平则相对偏低。

二是人才匮乏。信息化产业工作人员劳动力素质不高、技能型人才不足，专业技术人才和企业管理人才匮乏。高端人才严重不足，没有形成人才聚集效应，云计算、大数据、物联网、移动互联网等领域的存在较大人才缺口，对产业发展形成了不利影响，制约产业创新能力的提升。也造成新兴产业基础薄弱，影响新兴产业项目的落地和发展。

三是环境支撑不足。产业配套体系不完善。云南省电子信息制造业产业链上下游配套不健全，电子零配件、注塑、包装等较为缺乏或不能满足产业发展需求，配套产品从珠三角或长三角采购，导致成本增加效率降低。产业园区基地配套水平不高。产业园区公共配套基础设施不完善，缺乏集成测试、工程实验室、智能化园区、产业互联网公共服务等产业发展基本配套要素，现有孵化器、加速器在硬件设施、配套功能、政策咨询等重要板块仍存在不同程度缺失，对形成高效协作、互助互利的产业集群，推动电子信息产业集聚化、集约化、规模化发展形成制约。固定资产投资增长乏力。受经济下行压力影响，部分项目投资力度减弱、投资周期拉长，缺少投资强度大、带动效应强的重大后备项目，对今后的投资增长支撑不足。企业在扩大生产经营过程中所需的融资难、融资贵仍然突出，在融资担保方面未能形成突破。

四、相关建议

为了进一步推进云南省两化深度融合，我们提出以下建议：

一是继续加大信息通信及应用基础设施建设管理。围绕推进国际通信枢纽基础设施、宽带接入网、4G网络和窄带物联网等建设工作，按照《云南省人民政府办公厅关于"三网"融合推广工作的实施意见》要求，持续推进"三网"融合工作，不断提升全省信息通信基础设施支撑能力和应用水平。进一步优化提升网络承载能力，积极鼓励和引进有技术优势的企业，加强信息化应用基础设施建设，为重点行业、领域的云计算大数据应用提供基础支撑。积极推进下一代互联网IPv6升级改造，以下一代互联网技术发展为引领，有计划有步骤地实施基础网络及网站资源、应用、安全等升级改造。

二是不断推进大数据等新兴产业发展。通过组建大数据平台公司，以平台公司为引擎，组织行业大数据的整合与汇聚工作，推进行业大数据生产、加工、交换、交易规则等相关工作，完成资源汇集整合、数据开发开放，推动大数据产业发展。

三是抓好运行监测，完善工作机制。进一步完善统计监测体系，将新一代信息技术产业、信息消费、信息经济等纳入统计体系，逐步完善信息化和信息产业发展综合指标体系，做好行业运行监测相关工作。加大督查力度。按照全省重点产业工作部署，把与省政府签约投资的项目和省委、省政府确定的重点项目纳入督查内容，实行"月上报、季调度、半年督查、年终考核"。

四是促进云计算、大数据、物联网与工业领域的融合。贯彻落实工信部云计算产业发展三年行动计划，聚合相关政策和措施，积极组织公共云服务企业与云南省企业进行对接，全面推动云计算等新一代信息技术的应用深入与普及。重点引导中小企业"上云"获得基础架构（IaaS）、平台（PaaS）及软件应用（SaaS）等相关服务，推动企业实现数字化、网络化、智能化转型，提高企业信息化应用水平。

第二十八章　西藏自治区两化融合发展水平分析

一、总体情况

（一）经济概况

2017 年，西藏自治区实现地区生产总值（GDP）1310.63 亿元，按可比价格计算，比上年增长 10.0%。其中：第一产业增加值 122.80 亿元，同比增长 4.3%；第二产业增加值 514.51 亿元，同比增长 11.9%；第三产业增加值 673.32 亿元，同比增长 9.7%。人均地区生产总值 39259 元，同比增长 8.0%。按年平均美元汇率折算，人均地区生产总值 5814.6 美元。在全区生产总值中，第一、二、三产业增加值所占比重分别为 9.4%、39.2%、51.4%，与上年相比，第一产业比重提高 0.2 个百分点，第二产业提高 1.7 个百分点，第三产业下降 1.9 个百分点。全区居民消费价格总水平比上年上涨 1.6%。其中：城市上涨 1.6%，农村上涨 1.7%。服务价格上涨 1.2%，消费品价格上涨 1.8%。从居民消费价格构成大类看，食品烟酒类、衣着类、居住类、生活用品及服务类、交通和通信类、教育文化和娱乐类、医疗保健类、其他用品和服务类，分别比上年上涨 2.0%、2.3%、1.6%、0.6%、0.8%、1.1%、2.7%、0.4%。商品零售价格上涨 1.4%。农业生产资料价格上涨 1.6%。工业产品出厂价格上涨 10.0%。全年全部工业实现增加值 103.02 亿元，比上年增长 10.4%。规模以上工业增加值同比增长 14.2%。在规模以上工业中，分经济类型看，国有控股企业同比增长 47.7%；股份制企业同比增长 14.3%，外商及港澳台商投资企业同比增长 13.5%。分门类看，采矿业同比增长 10.6%，制造业同比增长 5.3%，电力、热力、燃气及水生产和供应业同比增长 36.3%。全年规模以上工业中，黑色金属矿采选业同比下降

23.4%，有色金属矿采选业同比增长12.1%，农副食品加工业增加值比上年同比下降15.5%，食品制造业同比下降26.8%，酒、饮料和精制茶制造业增长16.4%，医药制造业同比增长8.1%，非金属矿物制品业同比增长1.9%，电力、热力生产和供应业同比增长36.4%。六大高耗能行业增加值同比增长40.3%，占规模以上工业增加值的比重为48.8%。能源消费总量466.22万吨标准煤，比上年增长6.6%。全年规模以上工业企业实现利润总额25.23亿元，比上年增长43.2%。国有控股企业扭亏为盈，实现利润总额4.27亿元。其中：股份制企业实现利润18.66亿元，同比增长36.7%。外商及港澳台企业实现利润6.70亿元，同比增长79.7%；集体企业亏损0.15亿元。规模以上工业企业产品销售率95.4%。全年规模以上工业企业完成水泥产量642.14万吨，比上年增长5.9%；发电量50.24亿千瓦时，同比增长7.9%；啤酒17.86万吨，同比增长8.5%；中成药（藏医药）2253.00吨，同比增长10.1%；自来水13659万吨，同比下降4.0%；包装饮用水68.70万吨，同比增长28.6%；铬矿石6.06万吨，同比下降10.8%[①]。

（二）两化融合主要进展

2017年以来，西藏自治区贯彻落实国家制造业与互联网融合发展大政方针，加快推进重点领域信息化项目建设，研究部署两化深度融合、"互联网＋"行动计划、软件和信息技术服务业发展规划，支持和培育本地软件和信息技术服务企业发展壮大，带动全区信息化和软件服务业平稳快速发展，持续提升两化融合发展水平。

1. 两化融合逐步推进

2017年，西藏自治区制定印发了《西藏自治区信息化和工业化深度融合专项行动计划》（藏工信发〔2017〕63号），明确了今后一个时期全区两化融合工作的总体目标、主要任务和具体措施；组织开展"2017年全区两化融合工作会议暨制造业与互联网融合发展培训活动"。开展两化融合体系贯标工作。组织各地（市）及区内规模以上工业企业开展2017年两化融合试点争创工作，西藏高争民爆股份有限公司等8家企业被工信部列为国家级两化融合

---

① 西藏自治区统计局：《2017年西藏自治区国民经济和社会发展统计公报》，2018年4月。

管理体系贯标试点企业。指导西藏华泰龙矿业开发有限公司以联合体申报2017年国家智能制造试点示范项目，获得补助资金1080万元，成为全区首个获得国家工业转型升级资金支持的项目。开展两化融合发展水平评估诊断，信息化和工业化融合水平稳步提升。持续推进互联网与制造业加快协同发展。加强重点工程和重点工业系统的网络安全保障，组织开展全区工业企业安全培训与重点工程系统自查工作，举办首届西藏自治区云计算、大数据与网络安全论坛。2017年，全区工业控制系统未出现网络安全事故。

2. 加强两化融合领域产业创新机制和载体建设

西藏自治区面向重点领域和重大需求，加强产学研用对接，布局国家级创新中心建设，建立以快速应用为导向的创新成果持续改进提高机制。突出企业技术创新主体地位，推进建设企业技术创新中心。引导企业进一步通过市场化方式向社会开放提供优势平台资源和服务。加强产业联盟建设，发挥开源社区对创新的支撑促进作用。

3. 增强信息技术服务基础能力

2017年，西藏自治区信息技术服务创新对接面向重点行业领域应用需求，形成面向新型系统架构及应用场景的工程化、平台化、网络化信息技术服务能力，着重发展微服务、智能服务、开发运营一体化等新型服务模式。探索面向移动智能终端、智能网联汽车、机器人等平台的移动支付、位置服务、社交网络服务、数字内容服务，拓展智能应用、虚拟现实等新型在线运营服务，培育面向数字化营销、互联网金融、电子商务、游戏动漫、人工智能等领域的技术服务平台和解决方案，发展基于新一代信息技术的高端外包服务。

二、两化融合发展水平分析

（一）综合分析

2017年，西藏自治区两化融合发展指数为53.04，比2016年提升9.26个点。基础环境方面，2017年西藏自治区基础环境指数为58.98，比2015年提升4.27个点。工业应用方面，2017年西藏自治区工业应用指数为35.33，比2016年提升1.22个点。应用效益方面，2017年西藏自治区应用效益指数为82.54，比2016年提升30.33个点。

表 28-1　2016—2017 年西藏自治区两化融合指数情况

指标	2016 年指数	2017 年指数	变化情况
基础环境	54.71	58.98	↑4.27
工业应用	34.11	35.33	↑1.22
应用效益	52.21	82.54	↑30.33
发展指数	43.78	53.04	↑9.26

资料来源：赛迪智库整理，2017 年 12 月。

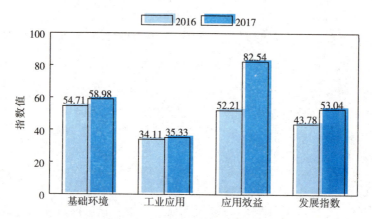

图 28-1　2016—2017 年西藏自治区两化融合指数情况

资料来源：赛迪智库整理，2017 年 12 月。

（二）具体分析

1. 基础环境指数

2017 年，西藏自治区两化融合基础环境指数在国内较为落后，但保持提升态势。西藏自治区城（省）域网出口带宽指数为 26.07，比 2016 年大幅提升 10.8 个点；固定宽带普及率指数为 76.18，比 2015 年提升 8.22 个点，固定宽带端口平均速率指数为 135.72，比 2016 年提升 10.87 个点；移动电话普及率指数为 62.11，比 2016 年小幅提升 1.1 个点。在互联网应用普及方面，2017 年西藏自治区互联网普及率指数为 62.68，比 2016 年小幅提升 1.37 个点。在两化融合政策环境建设方面，2017 年西藏自治区没有设立两化融合专项引导资金，尚未建立中小企业信息化服务平台；重点行业典型企业信息化专项规划指数为 33.86，比 2016 年提升 3.16 个点。

表 28 - 2　2016—2017 年西藏自治区两化融合基础环境指数情况

指标	2016 年指数	2017 年指数	变化情况
城（省）域网出口带宽	15.27	26.07	↑10.8
固定宽带普及率	67.96	76.18	↑8.22
固定宽带端口平均速率	124.85	135.72	↑10.87
移动电话普及率	61.01	62.11	↑1.10
互联网普及率	61.31	62.68	↑1.37
两化融合专项引导资金	0	0	—
中小企业信息化服务平台数	0	0	—
重点行业典型企业信息化专项规划	30.70	33.86	↑3.16

资料来源：赛迪智库整理，2017 年 12 月。

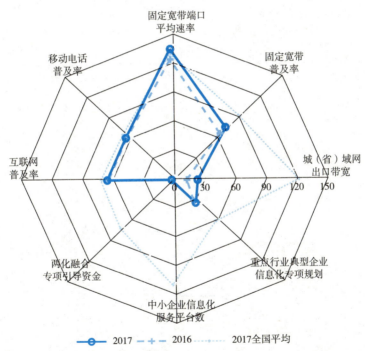

图 28 - 2　2016—2017 年西藏自治区两化融合基础环境指数情况

资料来源：赛迪智库整理，2017 年 12 月。

2. 工业应用指数

2017 年，西藏自治区工业应用指数为 35.33，比 2016 年提升 1.22 个点。其中，重点行业典型企业 ERP 普及率指数为 51.56，重点行业典型企业 MES 普及率指数为 39.21，重点行业典型企业 PLM 普及率指数为 14.59，重点行业典型企业 SCM 普及率指数为 49.97，重点行业典型企业采购环节电子商务应用普及率指数为 31.42，重点行业典型企业销售环节电子商务应用普及率指数为 58.77，重点行业典型企业装备数控化率指数为 40.18，国家新型工业化产业示范基地两化融合发展水平为 1.75。

表 28-3　2016—2017 年西藏自治区两化融合工业应用指数情况

指标	2016 年指数	2017 年指数	变化情况
重点行业典型企业 ERP 普及率	50.81	51.56	↑0.75
重点行业典型企业 MES 普及率	38.79	39.21	↑0.42
重点行业典型企业 PLM 普及率	11.12	14.59	↑3.47
重点行业典型企业 SCM 普及率	50.00	49.97	↓0.03
重点行业典型企业采购环节电子商务应用	31.59	31.42	↓0.17
重点行业典型企业销售环节电子商务应用	56.65	58.77	↑2.12
重点行业典型企业装备数控化率	38.79	40.18	↑1.39
国家新型工业化产业示范基地两化融合发展水平	—	1.75	↑1.75

资料来源：赛迪智库整理，2017 年 12 月。

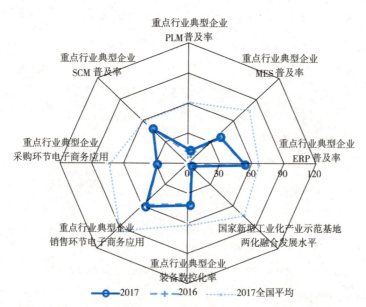

图 28-3　2016—2017 年西藏自治区两化融合工业应用指数情况

资料来源：赛迪智库整理，2017 年 12 月。

3. 应用效益指数

2017 年，西藏自治区两化融合应用效益指数达到 82.54，比 2016 年大幅提升30.33个点，工业增加值占GDP比重指数为11.49，较2016年小幅提升；第二产业全员劳动生产率指数为176.01，比2015年上升15.29个点；工业成本费用利润率指数为67.49，比2016年提升32.17个点；单位工业增加值工业专利量指数为47.33，比2016年提升20.91个点；单位地区生产总值能耗指数为125.28，比2016年有略微提升，在信息产业发展水平方面，电子信息制造业主营业务收入指数为0，软件业务收入指数为159.46。

表28-4　2016—2017年西藏自治区两化融合应用效益指数情况

指标	2016年指数	2017年指数	变化情况
工业增加值占GDP比重	10.49	11.49	↑1
第二产业全员劳动生产率	160.72	176.01	↑15.29
工业成本费用利润率	35.32	67.49	↑32.17
单位工业增加值工业专利量	26.42	47.33	↑20.91
单位地区生产总值电耗	124.4	125.28	↑0.88
电子信息制造业主营业务收入	0.07	0	↓0.07
软件业务收入	0	159.46	↑159.46

资料来源：赛迪智库整理，2017年12月。

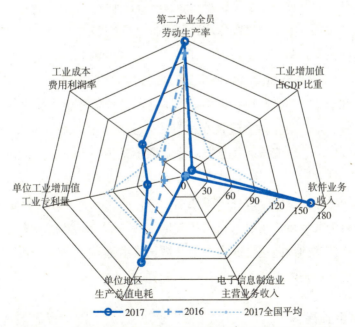

图28-4　2016—2017年西藏自治区两化融合应用效益指数情况

资料来源：赛迪智库整理，2017年12月。

三、优劣势评价

西藏自治区两化融合发展具有以下优势：

一是两化融合有力支撑西藏自治区经济社会发展需求，助力西藏高质量发展。当前，西藏面临的最大短板是发展不足，补齐发展不足的短板关键在产业，因此，推动两化融合具有重要战略意义。西藏的特殊地理区位、资源条件为发展两化融合奠定基础，充分利用政策优势，释放发展动力。近年来，通过与国内两化融合领域领先服务商、设备商、运营商开展合作，引进布局新一代信息技术，加速赋能传统产业转型升级。

二是宽带基础设施建设提速明显，固定宽带端口平均速率指数居全国前列。2017年，自治区固定宽带端口平均速率指数位居全国第6位，与2016年的第18位相比，排名继续保持大幅提升，说明自治区近两年来不断加强通信基础设施建设，全区数字通信特别是4G通信已基本完成。边远地区特别是边境地区移动通信、村村通网络建设持续快速推进，全区通信保障覆盖面及质量稳步提升，为两化融合提供良好的信息网络基础支撑。

同时，西藏自治区两化融合发展也存在一些劣势：

一是两化融合基础薄弱，2017年西藏自治区区域两化融合发展指数仍处全国第31位，在两化融合基础环境、工业应用方面还需努力。全区工业产业规模小、底子薄，初级阶段特征明显，本地软件和信息技术服务业支撑能力不足。目前，全区两化融合建设在信息化侧主要依靠内地服务商提供支持，本地软件开发、系统集成、信息服务企业数量较少，且规模和能力都不能完全满足实际需要。

二是因地理区位所限致使投资成本较高，两化融合基础设施建设仍然滞后。西藏自治区地域广阔、人员居住分散，县与县、乡与乡、村与村距离较远，信息通信基础设施建设成本和运行维护成本远高于内地，部分信息基础设施建设仍滞后于内地。

四、相关建议

对西藏自治区两化融合提出以下建议：

一是努力提升信息技术对两化融合支撑服务能力。加强新一代信息基础网络建设，推进实施云计算工程，重点提升公共服务开放共享能力，引导行业信息化应用向云计算平台迁移。

二是促进产业园区两化融合发展。以园区两化深度融合示范为指引，建设一批高水平、高标准产业园区，整体提升园区内企业的两化融合发展水平，推动园区企业间合作，打造产业集群发展。提升工业园区信息化服务能力。

三是着力提升中小企业两化融合发展水平。完善中小企业信息化应用及公共服务信息化平台建设，为中小企业提供信息咨询、投资融资、企业管理、技术创新、人才培养等综合服务，激发中小企业发展活力。重点开展中小企业信息化应用试点建设，发挥示范带动作用。推动中小企业公共服务平台网络建设，各中小企业信息化平台实现互联互通、信息共享和数据开放，鼓励中小企业使用云计算、大数据服务，整合调配资源，促进中小企业与大企业合作，实现大中小微企业融通发展。

四是提高企业产品附加值和生产效率，促进战略性新兴产业发展，探索形成跨领域、跨行业协同发展的新业态、新模式。以云计算、大数据、物联网的发展为带动，实现西藏自治区电子制造业、软件及信息技术服务业的快速发展。鼓励企业增加服务环节投入，聚焦个性化定制服务、全生命周期管理、网络精准营销和在线支持服务等领域，促进生产型制造向服务型制造转变。

第二十九章　陕西省两化融合发展水平分析

一、总体情况

（一）经济概况

2017年，陕西省地区生产总值21898.81亿元，比上年增长8.0%。其中，第一产业增加值1739.45亿元，同比增长4.6%，占生产总值的比重为7.9%；第二产业增加值10895.38亿元，同比增长7.9%，占49.8%；第三产业增加值9263.98亿元，同比增长8.7%，占42.3%。人均生产总值57266元，比上年增长7.3%。全年非公有制经济增加值11849.22亿元，占生产总值的54.1%，比上年提升0.3个百分点。全年全部工业增加值8721.45亿元，比上年增长8.1%。其中，规模以上工业增加值增长8.2%。规模以上工业中，重工业增加值同比增长7.4%，轻工业同比增长11.5%；分工业门类看，采矿业增加值同比增长4.3%，制造业同比增长10.5%，电力、热力、燃气及水生产和供应业同比增长8.0%；能源工业增加值同比增长5.5%，非能源工业同比增长10.2%；六大高耗能行业增加值同比增长4.5%。全年规模以上工业主营业务收入22374.99亿元，比上年增长17.3%；利润2185.68亿元，同比增长49.3%①。

（二）两化融合工作进展

2017年，陕西省积极推动互联网、大数据、人工智能与实体经济深度融合，认真抓好两化融合工作。

1. 持续推进两化深度融合

2017年，陕西省发布《陕西省深化制造业与互联网融合发展的实施意

---

① 陕西省统计局：《2017年陕西省国民经济和社会发展统计公报》，2018年2月。

见》（陕政发〔2017〕5 号）和《关于深入推进信息化和工业化融合管理体系的实施意见》（陕工信发〔2017〕378 号），并编制了《两化融合"十三五"规划》（陕工信发〔2017〕16 号）等相关政策文件，指导推进全省两化深度融合工作。

2017 年，陕西省已有累计 99 户企业实施两化融合管理体系贯标试点，其中，70 户企业被列为国家试点，累计 24 户企业通过国家评定认证，通过率全国排名第 11 位。中航工业 618 所、西电高压开关、陕鼓动力 3 户企业被评为全国两化融合管理体系贯标示范企业。陕鼓动力"透平装备全生命周期的大数据平台建设"项目被评为工信部 2017 年制造业"双创"平台试点示范项目。全省累计 1500 多家企业实现常态化参与年度两化融合自评估、自诊断、自对标工作。统计显示，全省 69.5% 的企业处于单项应用覆盖阶段，12.5% 的企业处于集成提升阶段，3% 的企业信息化达到协同创新阶段。同时，完善两化融合服务体系，培育了信息化工程研究院等 6 家国家级两化融合管理体系贯标咨询服务机构，组织开展两化融合培训 3000 余人次。着力保障工业控制系统信息安全，开展联网工控系统安全排查，组织专家及第三方服务机构深入重点行业企业现场抽查和排查，及时防范工业控制系统信息安全风险，保障重点领域工业控制系统信息安全。

2. 积极推进软件服务业发展

2017 年，陕西省以软件技术与工业制造、现代服务业等各领域的融合渗透带动了智慧城市、电子政务、智能制造、智慧物流、电子商务等新兴业态的蓬勃发展，形成了行业应用软件、嵌入式软件、集成电路设计、信息技术服务、云计算大数据物联网、移动互联网和电子商务以及数字出版和游戏动漫七大特色产业集群。

2017 年，陕西省软件行业实现营业收入 2400 亿元，完成软件业务收 1755 亿元，同比增长 22.24%；实现利润总额 98.02 亿元，同比增长 24.81%；软件业实现出口 14.46 亿美元，同比增长 36.35%。其中，外包服务出口同比增长 45.49%，嵌入式系统软件出口同比增长 22.52%；从业平均人数 17.59 万人，同比增长 6.53%。根据工业和信息化部 2017 年软件和信息技术服务业主要经济指标完成情况统计，陕西省软件业务收入列全国第 10 位。

3. 用大数据驱动两化融合

在打造电子政务"陕西模式"和新型智慧城市"咸阳模式"的基础和优势上，陕西省提出运营政府数据，吸引社会数据，带动产业发展的总体思路，努力构建"一网一池"，营造产业发展环境，不断完善大数据发展顶层设计的组织架构、生态架构、技术架构和数据资源体系，重点建设西咸国家新型工业化大数据产业示范基地，打造"十位一体"的产业生态，加快推进建设全省统一的数据资源网和数据资源池。

2017年，陕西省引进10个部委、4大运营商数据中心落户，推进与华为、京东、紫光等龙头企业间的合作进程。

二、两化融合发展水平分析

（一）综合分析

2017年，陕西省两化融合发展指数为77.64，比2016年提升6.11个点。基础环境方面，2017年陕西省基础环境指数为94.65，比2016年提升0.45个点。工业应用方面，2017年陕西省工业应用指数为61.68，比2016年提升9.73个点。应用效益方面，2017年陕西省应用效益指数为92.53，比2016年提升4.53个点。

表 29-1　2016—2017 年陕西省两化融合指数情况

指标	2016 年指数	2017 年指数	变化情况
基础环境	94.20	94.65	↑0.45
工业应用	51.95	61.68	↑9.73
应用效益	88.00	92.53	↑4.53
发展指数	71.53	77.64	↑6.11

资料来源：赛迪智库整理，2017 年 12 月。

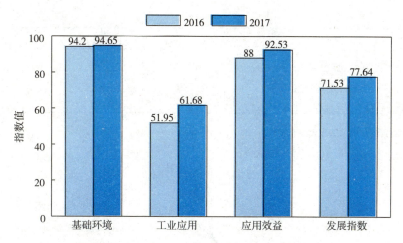

图 29 – 1　2016—2017 年陕西省两化融合指数情况

资料来源：赛迪智库整理，2017 年 12 月。

（二）具体分析

1. 基础环境指数

陕西省两化融合基础环境水平持续提升，有力支撑两化融合工作的发展。2017 年，陕西省城（市）域网出口带宽指数为 163.14，比 2016 年提升 18.85 个点；固定宽带普及率指数为 95.34，比 2016 年提升 1.89 个点；固定宽带端口平均速率指数为 129.89，比 2016 年提升 3.7 个点；移动电话普及率指数为 67.89，比 2016 年提升 1.68 个点。在互联网应用普及率方面，2017 年陕西省互联网普及率指数为 68.19，比 2016 年提升 2.05 个点。在两化融合政策环境建设方面，陕西省设有两化融合专项引导资金，中小企业信息化服务平台数指数保持不变；重点行业典型企业信息化专项规划指数为 35.97，比 2016 年下降 14.95 个点，下降较为明显。

表 29 – 2　2016—2017 年陕西省两化融合基础环境指数情况

指标	2016 年指数	2017 年指数	变化情况
城（省）域网出口带宽	144.29	163.14	↑18.85
固定宽带普及率	93.45	95.34	↑1.89
固定宽带端口平均速率	126.19	129.89	↑3.70
移动电话普及率	66.21	67.89	↑1.68
互联网普及率	66.14	68.19	↑2.05

续表

指标	2016 年指数	2017 年指数	变化情况
两化融合专项引导资金	100	100	—
中小企业信息化服务平台数	150	150	—
重点行业典型企业信息化专项规划	50.92	35.97	↓14.95

资料来源：赛迪智库整理，2017 年 12 月。

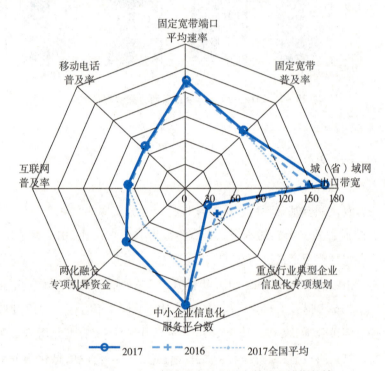

图 29－2　2016—2017 年陕西省两化融合基础环境指数情况

资料来源：赛迪智库整理，2017 年 12 月。

2. 工业应用指数

2017 年，陕西省重点行业典型企业 ERP 普及率指数为 45.26，比 2016 年下降 0.15 个点；重点行业典型企业 MES 普及率指数为 61.21，比 2016 年提升 13.92 个点；重点行业典型企业 PLM 普及率指数为 56，比 2016 年提升 5.08 个点；重点行业典型企业 SCM 普及率指数为 44.51，比 2016 年下降 8.13 个点；重点行业典型企业采购环节电子商务应用指数为 60.96，比 2016 年提升

12.22 个点；重点行业典型企业销售环节电子商务应用指数为 89.18，比 2016 年提升 20.42 个点；重点行业典型企业装备数控化率指数为 50.94，比 2016 年提升 13.19 个点；国家新型工业化产业示范基地两化融合发展水平指数为 83.57，比 2016 年提升 19.15 个点。

表 29-3 2016—2017 年陕西省两化融合工业应用指数情况

指标	2016 年指数	2017 年指数	变化情况
重点行业典型企业 ERP 普及率	45.41	45.26	↓0.15
重点行业典型企业 MES 普及率	47.29	61.21	↑13.92
重点行业典型企业 PLM 普及率	50.92	56.00	↑5.08
重点行业典型企业 SCM 普及率	52.64	44.51	↓8.13
重点行业典型企业采购环节电子商务应用	48.74	60.96	↑12.22
重点行业典型企业销售环节电子商务应用	68.76	89.18	↑20.42
重点行业典型企业装备数控化率	37.75	50.94	↑13.19
国家新型工业化产业示范基地两化融合发展水平	64.42	83.57	↑19.15

资料来源：赛迪智库整理，2017 年 12 月。

图 29-3 2016—2017 年陕西省两化融合工业应用指数情况

资料来源：赛迪智库整理，2017 年 12 月。

3. 应用效益指数

2017 年，陕西省两化融合应用效益稳步提升，应用效益指数达到 92.53，比 2016 年提升 4.53 个点。在地区工业生产效益和水平方面，2017 年陕西省工业增加值占 GDP 比重指数为 46.33，比 2016 年下降 1.37 个点；第二产业全员劳动生产率发展水平指数为 123.9，比 2016 年提升 4.5 个点；工业成本费用利润率指数为 53.84，比 2016 年提升 4.75 个点；单位工业增加值工业专利量指数为 77.92，比 2016 年提升 2.07 个点；单位地区生产总值电耗指数为 97.41，比 2017 年下降 1.69 个点；电子信息制造业主营业务收入指数为 96.08，比 2016 年提升 17.54 个点；软件业务收入指数为 174.92，比 2016 年提升 8.59 个点。

表 29 - 4　2016—2017 年陕西省两化融合应用效益指数情况

指标	2016 年指数	2017 年指数	变化情况
工业增加值占 GDP 比重	47.70	46.33	↓1.37
第二产业全员劳动生产率	119.40	123.9	↑4.5
工业成本费用利润率	49.09	53.84	↑4.75
单位工业增加值工业专利量	75.85	77.92	↑2.07
单位地区生产总值电耗	99.10	97.41	↓1.69
电子信息制造业主营业务收入	78.54	96.08	↑17.54
软件业务收入	166.33	174.92	↑8.59

资料来源：赛迪智库整理，2017 年 12 月。

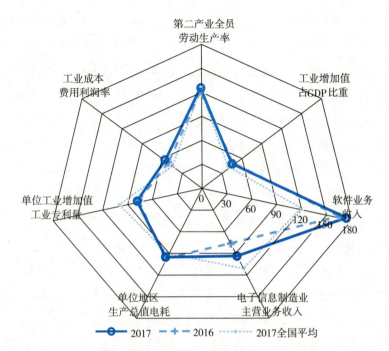

图 29－4　2016—2017 年陕西省两化融合应用效益指数情况

资料来源：赛迪智库整理，2017 年 12 月。

三、优劣势评价

陕西省两化融合发展具有以下优势：

一是陕西省作为能源大省、教育大省，在煤炭、石化、机械、教育、医疗等领域拥有产业优势、资源优势，可应用于实现生产制造数字化、产品数字化智能化、信息化促进节能减排、企业信息化、新兴业态培育等关键能力的提升。

二是陕西省两化融合工业应用能力持续提升，在重点行业典型企业采购环节电子商务应用、重点行业典型企业销售环节电子商务应用、重点行业典型企业装备数控化率等指数上均实现较好增长。陕西省引导两化融合贯标示范企业系统总结经验，深入开展两化融合管理体系标准应用，不断加强信息化环境下的企业新型能力建设，积极探索行业两化融合共性解决方案，助力全省两化融合工业应用能力提升。

三是陕西省两化融合应用效益显著提升，继续处于西部地区领先水平，多项指标值处于全国上游水平。电子信息制造业和软件产业优势进一步加强。电子信息制造业业务收入指数全国排名提升2位。陕西省电子信息产业以集成电路、智能终端、平板显示等三大产业为重点，强化专业化、集群化精准招商，彩虹8.6代液晶面板线、三星芯片二期、奕斯伟硅产业基地等一批重大项目的落地，带动了全省电子信息产业的快速发展。

2017年，陕西省两化融合发展水平不断攀升，但同时也存在一些问题和劣势：

一是从政府层面看，各级政府在推进政策和资金支持上缺乏合力，各自为政、职能交叉的现象还需改善。

二是对企业进行两化融合的宣贯有待加强，要关注到企业决策层领导认识不到位的现状，助力企业破解在开展两化融合建设中所面临的资金不足、人才匮乏等现实困境，完善对两化融合建设的配套激励机制建设。

三是受制于区域经济社会发展水平，陕西省两化融合领域企业规模小，省内区域间两化融合发展不平衡。

四是省内两化融合领域第三方咨询、服务机构现有力量不足，需加速培育本地能力、引入外部资源，同时，软硬件投资环境尚需进一步加强。

四、相关建议

对陕西省两化融合提出如下建议：

一是持续推进两化融合管理体系贯标，构建制造业新生态。结合陕西省工业基础，着力发展工业互联网，加快陕西"双创"平台、工业互联网、工业大数据创新中心应用等项目建设，关注先进制造业与互联网融合发展重点项目，常态化开展两化融合管理体系贯标。出台、落实相关的优惠政策，鼓励有能力的大企业做好平台建设工作。组织实施工业互联网平台培育工程，构建基于工业互联网平台的制造业新生态。

二是推动数据汇聚共享，拓展大数据创新应用。一方面，筑牢大数据公共基础设施，促进数据汇聚共享，通过政府引导，市场、企业共同投资建设陕西省统一的数据资源网和数据资源池，统筹协调通信运营商、各类企业数据中心搭建云工程基础资源中心，实现大数据基础资源的统一管理、统一分配、分级运营，提升陕西省大数据产业发展基础资源承载和服务能力。依托云大数据交换共享平台，构建陕西省大数据汇聚总平台。另一方面，建立数据资源管理体系，推进大数据创新应用，应制定政府数据资源管理服务办法，开展数据分类定级，发布数据共享和开放目录，引导企业、行业协会、科研机构、公共组织等主动采集并开放数据，推动数据资源开发利用。完善数据资产登记制度和交易规则等相关规定，营造数据市场环境，盘活海量数据资产，以大数据创新应用助力两化融合。

三是促进信息消费升级，推动产业创新发展。围绕各类信息消费重点领域，组织开展信息消费试点示范工作，扩大信息消费覆盖面，推动热点产品及服务创新研发。推动省内相关企业，特别是制造业企业与科研院所聚焦产业链，形成产学研结合、覆盖全产业链的创新链合作体系。持续优化发展环境，引进省外知名企业，大力扶植、培育省内龙头企业，打造大数据基础架构、处理与服务、行业应用产业链，打造"大数据＋制造业""大数据＋服务业"产业集群，完善信息化产业生态体系。围绕重点领域，以龙头企业为牵引，系统谋划产业链，集中资源，加速构建集成电路、平板显示、智能终端等三个千亿级电子信息产业集群。

四是提升信息安全能力，做好人才储备工作。强化数据安全保障，提高安全管控和风险防御能力。充分利用省内西安电子科技大学、西安交通大学、陕西华为联合学院等教育培训资源，组织开展全方位专业培训，提高相关领导干部、企业主要负责人利用信息技术和大数据的能力，丰富其在两化融合、精益管理、信息化技术和应用等领域的知识积累。

第三十章　甘肃省两化融合发展水平分析

一、总体情况

（一）经济概况

2017 年，甘肃省实现地区生产总值 7677.0 亿元，比上年增长 3.6%。其中，第一产业增加值 1063.6 亿元，同比增长 5.4%；第二产业增加值 2562.7 亿元，同比下降 1.0%；第三产业增加值 4050.8 亿元，同比增长 6.5%。三次产业结构比为 13.85∶33.38∶52.77。按常住人口计算，人均生产总值 29326 元，比上年增长 3.0%。全年全部工业增加值 1769.7 亿元，比上年下降 1.5%。规模以上工业增加值 1603.7 亿元，同比下降 1.7%。在规模以上工业中，分经济类型看，国有及国有控股企业完成工业增加值 1251.8 亿元，同比下降 3.9%；集体企业完成工业增加值 9.8 亿元，同比下降 12.5%；股份制企业完成工业增加值 1164.6 亿元，同比下降 3.1%；外商及港澳台投资企业完成工业增加值 41.0 亿元，同比增长 80.3%。分隶属关系看，中央企业完成工业增加值 913.7 亿元，同比增长 0.4%；省属企业完成工业增加值 250.0 亿元，同比增长 0.6%；省以下地方企业完成工业增加值 440.0 亿元，同比下降 11.6%。分轻重工业看，轻工业增加值 260.0 亿元，同比下降 5.2%；重工业增加值 1343.7 亿元，同比下降 1.2%。全年规模以上工业中，石化、有色、食品、电力、冶金、煤炭和装备制造等重点行业完成工业增加值 1430.9 亿元，比上年下降 1.4%，占规模以上工业增加值的比重为 89.2%。全年规模以上工业中，战略性新兴产业完成工业增加值 134.3 亿元，同比增长 11.3%，占规模以上工业增加值的比重为 8.4%。高技术产业完成工业增加值 75.5 亿元，同比增长 8.7%，占规模以上工业增加值的比重为 4.7%。①

（二）两化融合主要进展

2017 年，甘肃省抢抓两化融合政策叠加机遇，立足产业基础、发展条件和区位优势，以两化深度融合为抓手深入推进工业结构调整转型升级，不断提高创新能力，深化互联网和制造业融合发展，促进产业向中高端迈进，实现工业经济健康可持续发展。

1. 做好政策宣贯，开展全省两化融合深度行系列活动

2017 年 3 月起，甘肃省为深入贯彻落实国务院《关于深化制造业与互联网融合发展的指导意见》（国发〔2016〕28 号）和《中国制造 2025》（国发〔2015〕28 号）文件精神，在全省范围内开展两化融合深度行系列活动，通过分地区、分批次的模式举办了 9 场关于深化两化融合发展的专题培训活动。

在各地市活动中，邀请相关领域的专家学者、信息技术企业负责人就两化融合发展作专题演讲，通过法规政策解读、两化融合标准宣贯、工控系统安全指导、经典案例成果展示及研讨交流典型经验等多种形式，进一步引导企业发挥两化融合的主体作用，从自上而下的外部政策导向，转化为自下而上的企业需求驱动，主动适应两化融合的大趋势，结合实际，对症下药，补齐短板，推动两化融合工作取得实效，提高企业经济效益和管理水平。注重对企业主体意识的提升，通过两化深度融合推动业务流程再造和优化，推动技术创新、管理创新和商业模式创新，促进管理体制、生产模式的变革，建立组织管理新模式，降低生产和管理成本，提高效率，提升创新力和竞争力，加速企业向智能化、绿色化、服务化转型发展。

2. 布局大数据生态建设，企地合作助推两化融合

2017 年，甘肃省借力外部能力推动甘肃科技创新，促进信息化与工业化融合发展，用信息化改造提升传统产业，构建战略性新兴产业。酒泉市政府、甘肃省公航旅集团分别与浪潮集团签署战略合作协议。酒泉市将与浪潮集团以大数据、云计算为着力点，合作建设云计算中心，加快推动"智慧酒泉"建设；甘肃省公航旅集团将与浪潮集团携手在信息化建设、投融资、技术培

---

① 甘肃省统计局：《2017 年甘肃省国民经济和社会发展统计公报》，2018 年 4 月。

训等方面展开深入合作。启动甘肃省自主建设的第一个超大型大数据中心项目——甘肃金昌紫金云产业园区一期数据中心，该数据中心按照国际标准设计，拥有5万机柜服务能力，能满足客户需求定制化、合作多元化等需求。其中，一期工程总投资8.67亿元，建设机柜5808个。依托金昌发电公司、售电公司保障用电需求，降低核心成本；与阿里巴巴集团数梦工场合资成立甘肃大数据运营公司，形成存储与开发运营的完整上下游产业链；借助上市公司运作平台，保障资金需求。

2017年，甘肃省人民政府与中国铁塔签署战略合作协议，将共同推进"政府主导、政策支持、企业协同、社会共享"的建设新模式，加快甘肃信息通信基础设施建设。甘肃省工业和信息化厅（原甘肃省工业和信息化委员）与中国航天科工信息技术研究院、中兴通讯股份有限公司、华为技术有限公司签署战略合作框架协议，上海诺基亚贝尔股份有限公司和敦煌研究院，中国移动甘肃公司和甘肃未来云数据科技有限公司，甘肃省电力投资集团有限责任公司、华为技术有限公司、甘肃航天云网科技有限责任公司、新华三集团紫光华山科技有限公司，甘肃省电力投资集团有限责任公司、浪潮集团有限公司、数梦工场科技有限公司、苏交科集团股份有限公司，兰州北科维拓科技股份有限公司、华为技术有限公司、哈萨克斯坦资金投资公司，分别签署战略合作框架协议。

3. 重视信息安全保障，建立全方位监管防控体系

2017年，甘肃省高度重视工业信息安全保障工作，在国家出台相关政策文件基础上，同步下发了指导意见，成立省工控安全专家保障组，抓好技术专家库、工控安全实验室、人才培训等配套设施建设，初步完成组织、政策到位及相关配套保障措施落地，常态化督导检查机制基本固化，工控安全保障工作在逐步趋于规范和完善。从准入、检查、追责等全方位建立监管防控体系，加强人才培养、督导企业完善技防体系建设，合理利用社会组织力量，推动技术创新实践。

二、两化融合发展水平分析

（一）综合分析

2017年，甘肃省两化融合发展指数为57.94，比2016年上升了4.37个

点，在基础环境、工业应用、应用效益方面指数都有所提升。基础环境指数为76.69，比2016年提升5.08个点。工业应用指数为53.65，比2016年提升4.24个点。应用效益指数为47.75，比2016年提升3.9个点。

表 30 - 1　2016—2017 年甘肃省两化融合指数情况

指标	2016 年指数	2017 年指数	变化情况
基础环境	71.61	76.69	↑5.08
工业应用	49.41	53.65	↑4.24
应用效益	43.85	47.75	↑3.90
发展指数	53.57	57.94	↑4.37

资料来源：赛迪智库整理，2017 年 12 月。

图 30 - 1　2016—2017 年甘肃省两化融合指数情况

资料来源：赛迪智库整理，2017 年 12 月。

（二）具体分析

1. 基础环境指数

2017 年，甘肃省两化融合信息基础设施建设稳步推进，基础环境指数为76.69，比2016年提升5.08个点。具体来看，2017年甘肃省城（省）域网出口带宽指数为89.95，比2016年提升25.26个点；固定宽带普及率指数为87.74，比2016年提升11.13个点；固定宽带端口平均速率指数为132.42，比2016年提升7.98个点；移动电话普及率指数为60.67，比2016年提升1.66个点。在互联网应用普及方面，互联网普及率指数为59.24，比2016年提升3.52个点。在两化融合政策环境建设方面，2016 年和 2017 年甘肃省均设有两化融合专项引导资金；中小企业信息化服务平台数指数为 52.94，与 2016 年持平；重点行业典型企业信息化专项规划指数为 36.08，比 2016 年提升 1.57 个点。

表 30 - 2　2016—2017 年甘肃省两化融合基础环境指数情况

指标	2016 年指数	2017 年指数	变化情况
城（省）域网出口带宽	64.69	89.95	↑25.26
固定宽带普及率	76.61	87.74	↑11.13
固定宽带端口平均速率	124.44	132.42	↑7.98
移动电话普及率	59.01	60.67	↑1.66
互联网普及率	55.72	59.24	↑3.52
两化融合专项引导资金	100	100	—
中小企业信息化服务平台数	52.94	52.94	—
重点行业典型企业信息化专项规划	34.51	36.08	↑1.57

资料来源：赛迪智库整理，2017 年 12 月。

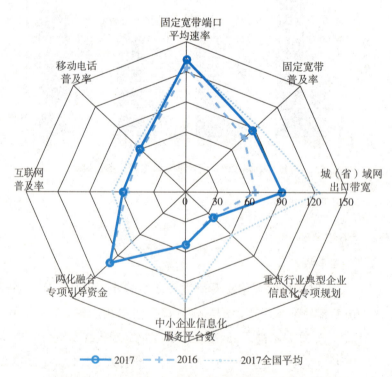

图 30 - 2　2016—2017 年甘肃省两化融合基础环境指数情况

资料来源：赛迪智库整理，2017 年 12 月。

2. 工业应用指数

2016 年，甘肃省两化融合工业应用指数为 53.65，比 2016 年提升 4.24 个点。从具体指标看，重点行业典型企业 ERP 普及率指数为 52.07，比 2016 年下降 0.37 个点；重点行业典型企业 MES 普及率指数为 52.40，比 2016 年下降 0.80 个点；重点行业典型企业 PLM 普及率指数为 51.37，比 2016 年提升 0.13 个点；重点行业典型企业 SCM 普及率指数为 48.58，比 2016 年提升 1.28 个点；重点行业典型企业采购环节电子商务应用普及率指数为 54.16，比 2016 年提升 1.3 个点；重点行业典型企业销售环节电子商务应用普及率指数为 47.41，比 2016 年提升 6.93 个点；重点行业典型企业装备数控化率指数为 49.18，比 2016 年提升 2.29 个点；国家新型工业化产业示范基地两化融合发展水平指数为 71.78，比 2016 年提升 20.72 个点。

表 30 - 3　2016—2017 年甘肃省两化融合工业应用指数情况

指标	2016 年指数	2017 年指数	变化情况
重点行业典型企业 ERP 普及率	52.44	52.07	↓0.37
重点行业典型企业 MES 普及率	53.20	52.40	↓0.80
重点行业典型企业 PLM 普及率	51.24	51.37	↑0.13
重点行业典型企业 SCM 普及率	47.30	48.58	↑1.28
重点行业典型企业采购环节电子商务应用	52.86	54.16	↑1.30
重点行业典型企业销售环节电子商务应用	40.48	47.41	↑6.93
重点行业典型企业装备数控化率	46.89	49.18	↑2.29
国家新型工业化产业示范基地两化融合发展水平	51.06	71.78	↑20.72

资料来源：赛迪智库整理，2017 年 12 月。

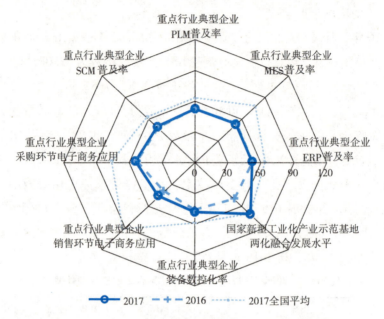

图30-3 2016—2017年甘肃省两化融合工业应用指数情况

资料来源：赛迪智库整理，2017年12月。

3. 应用效益指数

2017年，甘肃省两化融合应用效益有所提升，应用效益指数为47.75，比2016年提升3.9个点。具体来看，工业增加值占GDP比重指数为32.14，比2016年下降1.86个点；第二产业全员劳动生产率指数为91.54，比2016年提升2.55个点；工业成本费用利润率指数为8.55；单位工业增加值工业专利量指数为94.2，比2016年提升8.51个点；单位地区生产总值能耗指数为61.69，比2016年提升3.64个点；电子信息制造业主营业务收入指数为13.88，比2016年提升2.85个点；软件业务收入指数为20.47，比2016年提升2.37个点。

表30-4 2016—2017年甘肃省两化融合应用效益指数情况

指标	2016年指数	2017年指数	变化情况
工业增加值占GDP比重	34.00	32.14	↓1.86
第二产业全员劳动生产率	88.99	91.54	↑2.55
工业成本费用利润率	0	8.55	↑8.55
单位工业增加值工业专利量	85.69	94.2	↑8.51

续表

指标	2016 年指数	2017 年指数	变化情况
单位地区生产总值能耗	58.05	61.69	↑3.64
电子信息制造业主营业务收入	11.03	13.88	↑2.85
软件业务收入	18.1	20.47	↑2.37

资料来源：赛迪智库整理，2017 年 12 月。

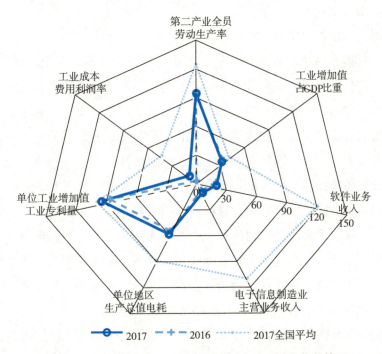

图 30 - 4　2016—2017 年甘肃省两化融合应用效益指数情况

资料来源：赛迪智库整理，2017 年 12 月。

三、优劣势评价

甘肃省两化融合发展主要具有以下优势：

一是甘肃省是中国西北重要的工业基地，工业基础良好，形成以石油化工、有色冶金、机械电子、建筑建材、食品医药及轻工纺织等为主体的工业体系，覆盖电工电气、石油钻采和石油化工、新能源装备、农用机械、工程机械、数控机床等制造业细分领域，产业链较为完整，具有开展两化融合的基础性条件。

二是甘肃省区位优势明显，是新亚欧大陆桥的必经之地，有着良好的通道经济，可开展面向"一带一路"沿线国家和地区多领域汇聚的相关合作，发展空间充足。

三是甘肃省两化融合发展水平整体向好，综合指数相较于 2016 年有所提升，特别是在固定宽带端口平均速率指数上提升明显，网络供给能力有所改善，两化融合发展动力增强。

同时，甘肃省两化融合发展还存在以下劣势：

一是甘肃省两化融合基础环境、工业应用还需提升。由于建设成本高、投资回报率低等原因，甘肃省在工业互联网、云平台等两化融合支撑条件上不完备，加之缺乏一批集战略咨询、架构设计、实施方案、运营评估于一体的整体解决方案提供商，制约着甘肃两化融合发展进程。从数据上看，中小企业信息化服务平台数指数、重点行业典型企业 MES 普及率指数、重点行业典型企业装备数控率等指数在全国的排名相较于 2016 年有所下降。

二是甘肃省两化融合应用效益落后局面未能扭转，涵盖的工业增加值占GDP 比重、第二产业全员劳动生产率、工业成本费用利润率、单位地区生产总值能耗、电子信息制造业主营业务收入、软件业务收入等指数均在全国排位靠后，集中反映出两化融合应用效益水平较低，在电子信息产业、信息设备制造、软件和信息服务等产业化市场拓展能力上较弱。

三是甘肃省在两化融合服务支撑能力建设上还需提升，两化融合全产业链、价值链间的信息交互和集成协作有所欠缺。其一，对省内两化融合贯标咨询服务机构整体服务水平、质量的监督管理有待加强；其二，省内支撑两化融合的人才严重短缺，企业 CIO 制度与企业的经营目标、发展战略间的有效衔接度不足；其三，在政策引导、资金扶持、标准规范、公共服务等方面的工作力度还需进一步加大。

四、相关建议

对甘肃省两化融合提出以下建议：

一是立足现有资源优势，推动两化融合再升级。甘肃省应立足本省产业基础、发展条件和区位优势，围绕企业价值链配置两化融合资源链，顺应全省传统产业转型升级需求，加大两化融合设备、装备、资金、人才等要素资源在企业创新设计、协同研发、柔性生产关键环节的投放力度和应用深度，从组织、政策层面支持和推动企业开展两化融合。

二是坚持政策指引与市场导向，充分激发企业主体能动性。重点培育一批体现新模式、新业态的省内两化融合"双创"平台，就两化融合的目的、意义、实施路径和保障措施向企业做好宣贯工作，引导企业将其自身发展目标、战略方向与两化融合相结合，完善政策配套机制体系。发挥省内产业链、生态链核心企业在两化融合推进中的关键作用，形成各具特色、分工合作、优势互补的合作效应。

三是抢抓"一带一路"重大发展机遇，建设开放合作共享的两化融合服务平台。立足于服务"一带一路"建设，着力升级"数字甘肃"能力水平，促进大数据资源向甘肃汇聚。打造支撑甘肃、面向全国、辐射"一带一路"沿线国家的两化融合服务平台，推动两化深度融合领域国际合作，共同拓展细分行业创新应用领域，丰富应用场景，探寻开放共享合作的应用模式和商业模式。

第三十一章　青海省两化融合发展水平分析

一、总体情况

（一）经济概况

2017 年，青海省地区生产总值 2642.80 亿元，按可比价格计算，比上年增长 7.3%。分产业看，第一产业增加值 238.41 亿元，同比增长 4.9%；第二产业增加值 1180.38 亿元，同比增长 7.2%；第三产业增加值 1224.01 亿元，同比增长 7.9%。第一产业增加值占全省地区生产总值的比重为 9.0%，第二产业增加值比重为 44.7%，第三产业增加值比重为 46.3%。人均地区生产总值 44348 元，比上年增长 6.4%。全年全省全部工业增加值 790.63 亿元，按可比价格计算，比上年增长 6.8%。规模以上工业增加值比上年增长 7.0%。在规模以上工业中，按经济类型分，股份制企业增加值同比增长 7.7%，国有企业增加值同比增长 5.4%，集体企业增加值同比增长 1.1 倍，外商及港澳台商投资企业增加值同比下降 12.6%。按门类分，制造业增加值同比增长 9.5%，采矿业增加值同比下降 8.0%，电力、热力、燃气及水生产和供应业增加值同比增长 8.3%。

全年全省规模以上工业 36 个行业中，24 个行业增加值比上年增长。规模以上工业中，新能源产业增加值比上年增长 10.2%，新材料产业增加值同比增长 22.5%，盐湖化工产业增加值同比增长 9.5%，有色金属产业增加值同比增长 6.7%，轻工纺织业增加值同比增长 14.6%，生物产业增加值同比增长 26.6%，装备制造业增加值同比增长 16.0%。高技术制造业增加值同比增长 21.0%。资源类行业增加值同比下降 8.0%。[1]

---

[1]　青海省统计局：《青海省 2017 年国民经济和社会发展统计公报》，2018 年 2 月。

（二）两化融合主要进展

2017 年，青海省立足特色优势产业基础，抢抓新一轮科技革命和产业变革发展机遇，坚持以信息化推动工业供给侧结构性改革为主题，以信息化激发工业企业创新活力、发展潜力和转型动力为主线，以信息化促进工业经济转方式、调结构、增效益为主要路径，大力推进信息化融合创新，着力培育特色软件产业，各项工作取得显著成效。

1. 社会重点领域信息化建设不断完善

截至 2017 年底，全省政务网络外网已覆盖全省各级政务部门 1500 余个，居民电子健康档案覆盖率达到 90%，乡镇卫生院信息化覆盖率达到 70%，中小学多媒体设备"班班通"覆盖比例达到 100%。省级农村信息服务综合平台已覆盖 20 万户农牧民，林业、水利、气象、环保等领域生态环境监测监控体系持续完善。同时，夯实基础能力，按照省委关于推进"三基建设"要求和责任分工，制定了出台了《关于落实"三基"建设信息化工作方案》，与电信运营企业完成了《关于青海省乡镇网络建设等有关情况的报告》，编制了《青海省党政机关信息技术岗位工作人员基本能力测评试点工作方案训练大纲、培训计划》和《信息技术知识培训教材》，组织实施全省"三基"信息技术专业能力培训测评试点工作，安排 310 万元专项资金支持青海干部教育网升级改造、青海省党员干部现代远程教育网络改版升级等"三基"骨干信息化平台建设。

2. 软件服务业快速发展

目前，全省共有信息传输、软件服务业企业法人单位 339 个，从业人员 14294 人，分别比 2008 年末增长 5.6% 和 30.9%。一是产业发展方面，截至 2017 年底，在统的软件服务业企业营业收入完成 5.84 亿元（快报数据）。业务范围涵盖应用软件开发和维护、信息系统集成、信息技术咨询、数据处理和存储服务、嵌入式软件、互联网和电信增值服务、数字安防、数字内容及多媒体等多个领域。确定了以海东信息产业园为重点的产业发展集聚区，129 户企业相继入驻园区。积极筹办省政府与中国电信、中国移动、中国联通、中国惠普、中国普天、浪潮集团、阿里巴巴，华为等互联网知名企业签订战略合作协议。二是重点项目建设方面，全国首个藏文搜索引擎"云藏"正式上线运行，全国藏区首条电子产品生产线投入使用，藏汉双语科普机器人、藏汉英三语点读机、藏文平板电脑等藏文电子产品获得科技部第四届创新创业大赛青海赛区一等奖 1 项，填补省内空白；科大讯飞与青海师范大学联合成立的语音合成实验室完成了 10 万句对汉藏口语平行语料库的建设工作、藏汉英智能语音教具系统软件和畅言交互式多媒体教学系统设计与实现；班智达藏文字处理软件、班智达藏汉英电子词典、藏文自动分词系统、藏文自动标注系统、藏文 Open Type 字库等产品，先后获得国家科学技术进步二等奖 1 项、青海省科技进步一等奖 1 项、青海省科技进步二等奖 4 项，钱伟长中文信息科学技术奖 1 项，完善了汉藏双语信息处理标准、为推进藏文信息化建设，为缩小藏族地区与内地之间的"数字鸿沟"提供了便利。

3. 两化深度融合取得较快进展

截至 2017 年底，84.3% 的规上工业企业两化融合处于单项覆盖及以上水平，关键工序数控化率达 59.5%，生产装备数控化率达 59.2%，电子商务应用率达 47.7%，各项指标较五年前显著提升。16 户企业入围国家级两化融合管理体系贯标试点企业，34 户企业被省政府办公厅授予"全省两化融合示范企业"称号，22 户企业被评为全省制造业与互联网融合发展优秀企业，10 户企业被确定为省级两化融合贯标试点企业，近 200 户重点工业企业已纳入两化融合统计范畴。"盐湖资源综合利用信息一体化启航项目""基于移动物联网的智慧矿山""'互联网＋'工业智能制造综合应用系统建设"等一批两化融合重点项目陆续建成并发挥实效。

二、两化融合发展水平分析

（一）综合分析

2017 年，青海省两化融合发展指数为 57.88，比 2016 年提高 2.06 个点。基础环境指数为 75.49，比 2016 年提高 3.11 个点。工业应用指数为 53.13，比 2016 年下降 0.47 个点。应用效益指数为 49.77，比 2016 年上升了 6.08 个点。

表 31 – 1 2016—2017 年青海省两化融合指数情况

指标	2016 年指数	2017 年指数	变化情况
基础环境	72.38	75.49	↑3.11
工业应用	53.60	53.13	↓0.47
应用效益	43.69	49.77	↑6.08
发展指数	55.82	57.88	↑2.06

资料来源：赛迪智库整理，2017 年 12 月。

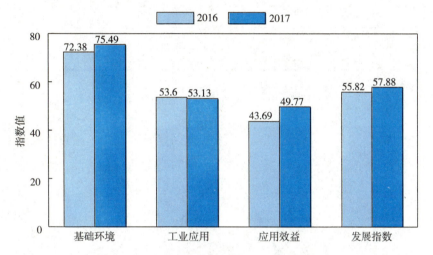

图 31 – 1 2016—2017 年青海省两化融合指数情况

资料来源：赛迪智库整理，2017 年 12 月。

（二）具体分析

1. 基础环境指数

2017 年，青海省两化融合基础设施建设稳步推进，两化融合基础环境有较大改善。具体来看，青海省城（省）域网出口带宽指数为 39.06，比 2016 年提高了 24.95 个点；固定宽带普及率指数为 85.02，比 2016 年提升 2.75 个点；固定宽带端口平均速率指数为 133.26，比 2016 年提升 10.13 个点；移动电话普及率指数为 63.93，比 2016 年下降 0.19 个点。在互联网应用普及方面，2017 年青海省互联网普及率指数为 69.93，与上一年持平。在两化融合政策环境建设方面，2016 年和 2017 年青海省均设立了两化融合专项引导资金；中小企业信息化服务平台数指数为 43.72，与上一年持平；重点行业典型企业信息化专项规划指数为 36.12，比 2016 年提升了 0.64 个点。

表 31 - 2　2016—2017 年青海省两化融合基础环境指数情况

指标	2016 年指数	2017 年指数	变化情况
城（省）域网出口带宽	14.11	39.06	↑24.95
固定宽带普及率	82.27	85.02	↑2.75
固定宽带端口平均速率	123.13	133.26	↑10.13
移动电话普及率	64.12	63.93	↓0.19
互联网普及率	69.93	69.93	—
两化融合专项引导资金	100	100	—
中小企业信息化服务平台数	43.72	43.72	—
重点行业典型企业信息化专项规划	35.48	36.12	↑0.64

资料来源：赛迪智库整理，2017 年 12 月。

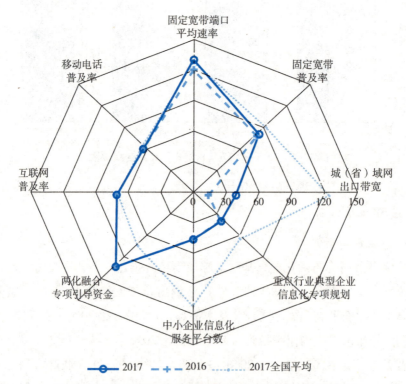

图 31 - 2　2016—2017 年青海省两化融合基础环境指数情况

资料来源：赛迪智库整理，2017 年 12 月。

2. 工业应用指数

2017 年，青海省两化融合工业应用指数为 53.13，比 2016 年下降 0.47 个点。具体来看，重点行业典型企业 ERP 普及率指数为 44.67，比 2016 年下降 0.63 个点；重点行业典型企业 MES 普及率指数为 51.13，比 2016 年上升 2.11 个点；重点行业典型企业 PLM 普及率指数为 58.3，比 2016 年上升 1.72 个点；重点行业典型企业 SCM 普及率指数为 43.73，比 2016 年上升 0.2 个点；重点行业典型企业采购环节电子商务应用普及率指数为 39.93，比 2016 年上升 2.4 个点；重点行业典型企业销售环节电子商务应用普及率指数为 53.62，比 2016 年下降 0.29 个点；重点行业典型企业装备数控化率指数为 84.68，比 2016 年下降 0.24 个点；国家新型工业化产业示范基地两化融合发展水平指数为 45.07，比 2016 年下降 7.81 个点。

表 31-3 2016—2017 年青海省两化融合工业应用指数情况

指标	2016 年指数	2017 年指数	变化情况
重点行业典型企业 ERP 普及率	45.30	44.67	↓0.63
重点行业典型企业 MES 普及率	49.02	51.13	↑2.11
重点行业典型企业 PLM 普及率	56.58	58.3	↑1.72
重点行业典型企业 SCM 普及率	43.53	43.73	↑0.2
重点行业典型企业采购环节电子商务应用	37.53	39.93	↑2.4
重点行业典型企业销售环节电子商务应用	53.91	53.62	↓0.29
重点行业典型企业装备数控化率	84.92	84.68	↓0.24
国家新型工业化产业示范基地两化融合发展水平	52.88	45.07	↓7.81

资料来源：赛迪智库整理，2017 年 12 月。

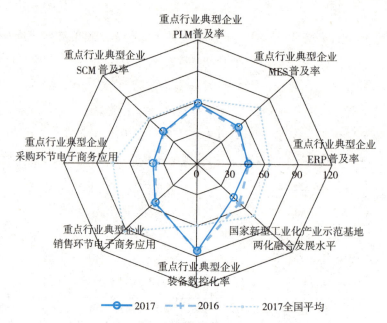

图31-3　2016—2017年青海省两化融合工业应用指数情况

资料来源：赛迪智库整理，2017年12月。

3. 应用效益指数

2017年，青海省两化融合应用效益有所提升，应用效益指数为49.77，比2016年提升6.08个点。具体来看，2017年青海省工业增加值占GDP比重指数为42.64，比2016年下降1.76个点；第二产业全员劳动生产率指数为135.49，比2016年提升4.82个点；工业成本费用利润率指数为29.65，比2016年提升5.93个点；单位工业增加值工业专利量指数为58.06，比2016年上升23.24个点；单位地区生产总值能耗指数为42.68，比2016年上升了2.95个点；电子信息制造业主营业务收入指数为16.97，比2016年提升4.65个点；软件业务收入指数为0.66，比2016年提升0.09个点。

表31-4　2016—2017年青海省两化融合应用效益指数情况

指标	2016年指数	2017年指数	变化情况
工业增加值占GDP比重	44.40	42.64	↓1.76
第二产业全员劳动生产率	130.67	135.49	↑4.82
工业成本费用利润率	23.72	29.65	↑5.93

续表

指标	2016 年指数	2017 年指数	变化情况
单位工业增加值工业专利量	34.82	58.06	↑23.24
单位地区生产总值能耗	39.73	42.68	↑2.95
电子信息制造业主营业务收入	12.32	16.97	↑4.65
软件业务收入	0.57	0.66	↑0.09

资料来源：赛迪智库整理，2017 年 12 月。

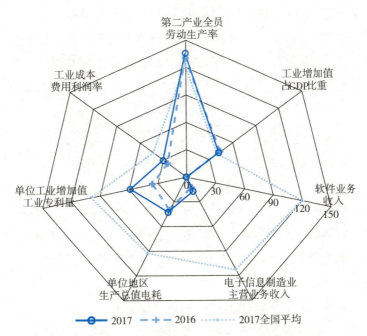

图 31 - 4　2016—2017 年青海省两化融合应用效益指数情况

资料来源：赛迪智库整理，2017 年 12 月。

三、优劣势评价

青海省两化融合发展具有以下优势：

一是网络基础环境持续改善，优势凸显。2017 年，青海省持续加大信息基础设施建设力度，两化融合基础环境得到明显改善和优化。城（省）域网出口带宽指数达到 39.06，较上年大幅度提高了 24.95 个点；固定宽带普及率指数和固定宽带端口平均速率均有增加，分别从 2016 年的 82.27 和 123.13 上升到 2017 年的 85.02 和 133.26，其中固定宽带端口平均速率排名大幅度提高，从第 22 位上升到了第 10 位。

二是顶层设计力度加大。青海省先后制定出台了《青海省关于进一步鼓励软件产业和集成电路产业发展若干政策的实施细则》《关于加快推进物联网发展的实施意见》《青海省人民政府关于推动制造业与互联网融合发展的实施意见》；编制了《青海省信息产业"十三五"规划》，为"十三五"期间全省信息产业发展指明了方向。

三是企业信息化应用持续推进，成效显著。截至 2017 年底，青海省重点行业典型企业 MES 普及率指数、重点行业典型企业 PLM 普及率指数、重点行业典型企业 SCM 普及率指数、重点行业典型企业采购环节电子商务应用普及率指数分别较上年上升了 2.11、1.72、0.2 和 2.4 个点，企业信息化应用稳步推进。

四是加大了对两化融合的指导力度。青海省设立了全省信息服务专项资金支持信息化工作和信息产业发展，已累计投入 2.4 亿元，支持超过 200 项示范推广效应明显、经济和社会效益显著的重点项目，带动投资近百亿。

同时，青海省两化融合还存在一些劣势，主要包括以下几方面：

一是基础薄弱。全省信息化底子薄、起步晚，本土信息产业企业规模小、数量少、核心竞争力弱，产业链条短、产品附加值低，信息化支撑服务能力与青海省经济社会发展水平不相适应。

二是重视不够。对信息化工作的重要性和紧迫性仍存在认识不清、重视不足的问题，需进一步加强互联网、大数据、人工智能与实体经济融合发展的再学习、再认识。

三是"重硬件建设、轻科学使用"的现象仍较为突出。信息化项目重复建设、信息和数据资源不能共建共享、信息"碎片化"和"信息孤岛"等问题亟待解决。

四是"统一、高效、合力"的工作机制还未形成。普遍存在信息化工作缺乏长远规划、各自为政的问题，建立纵向贯通、横向连接的顺畅工作机制任重道远。

四、相关建议

贯彻落实中共十九大精神，以改革创新为动力，以经济社会发展需求为导向，以信息产业发展为根本，加快推动新一代信息技术应用，加快推动信息化和工业化深度融合，加快推动信息技术成果惠及广大人民群众，为青海省"三区建设"和全面建成小康社会提供有力支撑。未来，青海省应重点做好以下四方面重点工作：

1. 加快推进相关规划的落地实施。按照《青海省信息产业"十三五"规划》和《青海省人民政府关于深化"互联网＋先进制造业"发展工业互联网的实施意见》（青政〔2018〕41号）确定的目标和重点工作，加快推进工业互联网平台、信息产业、大数据产业等的快速健康发展，使其成为全省经济增长的重要拉动力量，力争实现电子信息制造和软件服务业收入达到80亿元以上。

2. 推动制造企业通过业务云化迁移加快数字转型。一是积极推进百万企业上云工程。引导企业上云与促进企业发展战略和数字化转型相结合，通过上云提高企业信息化水平和数字化水平。二是加强工业云的推广应用。定期在全国范围内组织若干工业云现场对接会，及时总结推广典型模式和成功经验，深化企业对工业云的理解和认识，提高企业上云用云的积极性。三是狠抓工业互联网平台服务能力建设。通过组织实施大型工业云平台培育工程、工业APP培育工程以及构建基于工业云的产业生态等途径，着力提高企业的平台和数字化服务质量。四是加快完善标准规范的制定。工业云标准化是企业顺利上云的重要保障，结合制造企业对工业云的特定需求，加快相关标准制定，引导规范工业云平台建设、运营、管理和服务。

3. 稳步推进工业互联网平台建设。一是增强社会各界对工业互联网平台的认识。深入理解工业互联网平台的本质，依托工业互联网平台推动企业上云，促进两化融合工作的开展。二是组织实施工业互联网平台培育工程。支持行业骨干企业提升数据采集、边缘计算、设备连接、生态搭建等能力，建设一批国家级、行业级、企业级的工业互联网平台，面向全省提供制造资源泛在连接、弹性供给、高效配置的服务。三是加强工业网络改造升级。鼓励基础电信企业进一步加大宽带网络基础设施建设的支持力度，推进工业企业内网 IP 化、无线化、扁平化、柔性化技术改造，建立支撑制造业"双创"的高可靠、低时延、广覆盖的工业网络体系。

4. 积极培育两化融合新模式新业态。一是继续开展制造业与互联网融合试点示范，支持企业搭建基于互联网的按需制造平台，提升网络协同制造、个性化定制、分享制造能力，加快企业生产方式、制造范式和管理模式变革。二是落实《工业电子商务发展三年行动计划》，培育一批资源富集、功能多元、服务精细的工业电子商务平台，不断完善工业电子商务支撑服务体系。三是发展基于工业大数据的服务型制造，探索基于大数据的产品监测追溯、远程维护、产品全生命周期管理等在线增值服务模式，推动企业向价值链高端跃升。

第三十二章 宁夏回族自治区
两化融合发展水平分析

一、总体情况

（一）经济概况

2017 年，宁夏地区实现地区生产总值 3453.93 亿元，按可比价格计算，同比增长 7.8%，增速比全国水平高 0.9 个百分点。分产业看，第一产业增加值 261.07 亿元，同比增长 4.3%；第二产业增加值 1580.53 亿元，同比增长 7.0%；第三产业增加值 1612.33 亿元，同比增长 9.2%。全年全区规模以上工业同比增长 8.6%，增速比上年加快 1.1 个百分点，比全国水平高 2.0 个百分点。分轻重工业看，重工业增加值同比增长 9.9%，轻工业增加值同比增长 1.8%。分企业类型看，大中型工业增加值同比增长 7.8%，国有控股企业同比增长 8.7%，非公有工业同比增长 6.6%。分产业看，化工行业增加值同比增长 13.6%、电力行业同比增长 12.2%、冶金行业同比增长 9.7%、医药行业同比增长 9.0%、其他行业同比增长 8.0%、机械行业同比增长 7.3%、有色行业同比增长 6.7%、煤炭行业同比增长 2.8%、轻纺行业同比增长 0.4%、建材行业同比下降 0.1%。[①]

（二）两化融合主要进展

2017 年，宁夏回族自治区通过完善信息网络基础设施，不断优化产业发展的政策环境，大力推动工业领域创新创业，推动了软件和信息技术服务业的发展，经济规模持续扩大，产业整体竞争力得到明显的提升。

1. 软件和信息技术服务业快速发展

---

① 宁夏回族自治区统计局：《2017 年全区国民经济稳中向好》，2018 年 1 月。

随着两化融合发展的逐步深入，宁夏回族自治区的产业规模得以不断扩大。2017年全区软件服务业完成业务收入131942.2万元，连续七年年均增长15%。全区现有软件和信息技术服务企业230多家，其中通过CMMI国际认证5家，以软件和信息技术服务业为重点产业的聚集区已基本形成。银川iBi育成中心三创工场项目建成投用后，预计可新增入驻信息技术、生物科技、知识产权转化等企业300家，创造就业岗位5000个，实现主营业务收入24亿元，利润总额2亿元以上，上缴税收1亿元以上，孵化上市企业10家。

2. 信息产业协同发展。

云计算、大数据产业的整体布局、优势互补、错位发展和空间连通在全区不断推动发展，中卫—吴忠—银川—石嘴山云产业带逐步形成，中卫市积极申报列入国家大数据综合试验区（自治区发展改革委、信息化建设办负责）。聚焦云计算、大数据上下游产业，实施新一轮云计算、大数据产业链协同招商，吸引和培育上下游企业，初步形成了较为完善的产业生态体系。政务数据资源的开发利用机制逐步建立，有力推动释放数据红利，积极培育数据企业和新兴业态。

3. 云基地规模不断扩大

宁夏回族自治区依托西部云基地、银川滨河大数据中心等项目，着力构筑云制造、云应用、云服务产业集群，云创数据中心和滨投大数据中心被批准为首批国家绿色数据中心试点，西部云基地建设稳步推进。亚马逊AWS、云创公司、中兴通讯等数据中心规模进一步扩大，中国联通、中国移动等数据中心建成投运。

4. 两化深度融合工作取得新进展

自治区经信委通过大力推动"两化融合"，加速新型工业化进程，先后涌现出一批智能企业、智慧工厂、工业云服务等企业，对推进工业企业产业结构优化升级起到了引领作用，使"傻大黑粗"的共享铸造，通过智能制造称霸世界；通过两化融合发展向纵深推进，宁夏10个互联网融合创新发展项目建设进展顺利，共享装备被列为国家试点示范项目。神华宁煤、金世纪包装等18家企业被列为国家级两化融合贯标试点企业。吴忠仪表服务型制造等3个项目被列为国家"双创"平台试点示范项目。银川大数据中心一期建设进展顺利。西云数据已取得云计算业务牌照。智慧银川大数据基础服务平台等3

个大数据应用项目，被评为全国大数据优秀产品、服务和应用解决方案。

二、两化融合发展水平分析

（一）综合分析

2017 年，宁夏两化融合发展指数为 63.57，比 2016 年上升了 6.38 个点。其中，基础环境指数为 82.21，比 2016 年上升 16.77 个点。工业应用指数为 57.09，比 2016 年上升了 1.58 个点。应用效益指数为 57.9，比 2016 年上升了 5.6 个点。

表 32-1　2016—2017 年宁夏回族自治区两化融合指数情况

指标	2016 年指数	2017 年指数	变化情况
基础环境	65.44	82.21	↑16.77
工业应用	55.51	57.09	↑1.58
应用效益	52.30	57.9	↑5.6
发展指数	57.19	63.57	↑6.38

资料来源：赛迪智库整理，2017 年 12 月。

图 32-1　2016—2017 年宁夏两化融合指数情况

资料来源：赛迪智库整理，2017 年 12 月。

（二）具体分析

1. 基础环境指数

2017 年，宁夏基础环境指数为 82.21，比 2016 年上升 16.77 个点。在信息基础设施建设方面，城（省）域网出口带宽指数为 50.24，比 2016 年提升 11.38 个点；固定宽带普及率指数为 90.37，比 2016 年提高 8.68 个点；固定宽带端口平均速率指数为139.09，比2016年提高11.55个点；移动电话普及率指数为70.81，比2016年提高3.18个点。在互联网应用普及方面，互联网普及率指数66.74，比2016年提高1.21个点。在两化融合政策环境建设方面，2017年宁夏设立了两化融合专项引导资金；重点行业典型企业信息化专项规划指数为46.22，比2016年提高了3.5个点。

表 32－2　2016—2017年宁夏两化融合基础环境指数情况

指标	2016 年指数	2017 年指数	变化情况
城（省）域网出口带宽	38.86	50.24	↑11.38
固定宽带普及率	81.69	90.37	↑8.68
固定宽带端口平均速率	127.54	139.09	↑11.55
移动电话普及率	67.63	70.81	↑3.18
互联网普及率	65.53	66.74	↑1.21
两化融合专项引导资金	0	100	↑100
中小企业信息化服务平台数	33.15	66.1	↑32.95
重点行业典型企业信息化专项规划	42.72	46.22	↑3.5

资料来源：赛迪智库整理，2017 年 12 月。

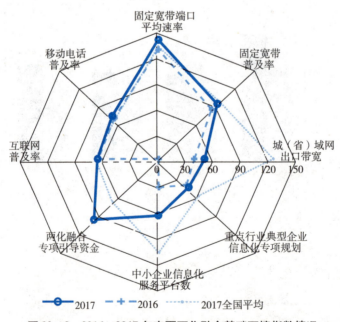

图 32－2　2016—2017年宁夏两化融合基础环境指数情况

资料来源：赛迪智库整理，2017 年 12 月。

2. 工业应用指数

2017 年，宁夏工业应用指数为 57.09，比 2016 年提升 1.58 个点。具体来看，宁夏重点行业典型企业 ERP 普及率指数为 58.49，比 2016 年上升 0.45 个点；重点行业典型企业 MES 普及率指数为 53.4，比 2016 年上升 8.86 个点；重点行业典型企业 PLM 普及率指数为 56.38，比 2016 年下降 8.1 个点；重点行业典型企业 SCM 普及率指数 61.63，比 2016 年上升 2.84 个点；重点行业典型企业采购环节电子商务应用普及率指数为 36.16，比 2016 年下降 17.31 个点；重点行业典型企业销售环节电子商务应用普及率指数 67.67，比 2016 年上升 3.58 个点；重点行业典型企业装备数控化率指数为 55.01，比 2016 年提升 4.89 个点；国家新型工业化产业示范基地两化融合发展水平指数为 66.69，比 2016 年提高 14.63 个点。

表 32-3 2016—2017 年宁夏两化融合工业应用指数情况

指标	2016 年指数	2017 年指数	变化情况
重点行业典型企业 ERP 普及率	58.04	58.49	↑0.45
重点行业典型企业 MES 普及率	44.54	53.4	↑8.86
重点行业典型企业 PLM 普及率	64.48	56.38	↓8.1
重点行业典型企业 SCM 普及率	58.79	61.63	↑2.84
重点行业典型企业采购环节电子商务应用	53.47	36.16	↓17.31
重点行业典型企业销售环节电子商务应用	64.09	67.67	↑3.58
重点行业典型企业装备数控化率	50.12	55.01	↑4.89
国家新型工业化产业示范基地两化融合发展水平	52.06	66.69	↑14.63

资料来源：赛迪智库整理，2017 年 12 月。

图 32 - 3 2016—2017 年宁夏两化融合工业应用指数情况

资料来源：赛迪智库整理，2017 年 12 月。

3. 应用效益指数

2017 年，宁夏应用效益指数为 57.9，比 2016 年上升了 5.6 个点。具体来看，2017 年宁夏工业增加值占 GDP 比重指数为 40.99，比 2016 年下降 0.35 个点；第二产业全员劳动生产率指数为 138.5，比 2016 年上升 8.62 个点；工业成本费用利润率指数为 31.88，比 2016 年上升 12.71 个点；单位工业增加值工业专利量指数为 100.65，比 2016 年上升 7.22 个点；单位地区生产总值能耗为 38.89，比 2016 年提高了 2.2 个点。在信息产业发展水平方面，电子信息制造业主营业务收入指数为 20.41，比 2016 年提升 6.22 个点；软件业务收入指数 7.18，比 2016 年略微提升 0.63 个点。

表 32 - 4 2016—2017 年宁夏两化融合应用效益指数情况

指标	2016 年指数	2017 年指数	变化情况
工业增加值占 GDP 比重	41.34	40.99	↓0.35
第二产业全员劳动生产率	129.88	138.5	↑8.62
工业成本费用利润率	19.17	31.88	↑12.71
单位工业增加值工业专利量	93.43	100.65	↑7.22

续表

指标	2016 年指数	2017 年指数	变化情况
单位地区生产总值能耗	36.69	38.89	↑2.2
电子信息制造业主营业务收入	14.19	20.41	↑6.22
软件业务收入	6.55	7.18	↑0.63

资料来源：赛迪智库整理，2017 年 12 月。

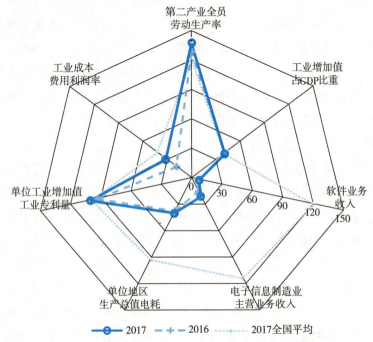

图 32－4　2016—2017 年宁夏两化融合应用效益指数情况

资料来源：赛迪智库整理，2017 年 12 月。

三、优劣势评价

宁夏回族自治区两化融合发展具有以下优势：

一是宁夏业已成为"一带一路"建设实施的重要节点。宁夏是国务院批复的内陆开放型经济试验区，是我国内陆地区向西开放的桥头堡，宁夏和阿拉伯国家、伊斯兰世界的合作有着得天独厚的优势，他们之间有着情感认同、信仰认同、习俗认同和文化认同，与中国其他省份相比，宁夏与阿拉伯国家开展公共外交和经贸文化交流合作的潜力十分巨大。

二是网络基础环境优势日益凸显。与东部地区相比，宁夏的信息基础设施支撑能力相对较弱，但与西部地区其他省份相比，宁夏的信息基础设施水平相对较高。2017 年底，宁夏基础环境指数为 82.21，比 2016 年上升 16.77 个点。其中城（省）域网出口带宽指数为 50.24，比 2016 年提升 11.38 个点；固定宽带端口平均速率指数为 139.09，比 2016 年提高 11.55 个点；在两化融合政策环境建设方面，2017 年宁夏设立了两化融合专项引导资金；中小企业信息化服务平台数指数从 2016 年的 33.15 提高到了 66.1，提升幅度接近一倍。信息基础设施对于两化深度融合的服务和支撑能力有了明显增强。

三是在电子商务、云计算和大数据等领域取得突破性进展。宁夏着重以"一网一库一平台"为抓手，开始建设"8＋N"朵云，信息化建设步入跨越式发展阶段。全国数据中国峰会信息应用指数宁夏排名第六。

同时，宁夏两化融合存在以下劣势：

一是基础环境仍然难以满足经济社会快速发展的需要。宁夏两化融合基础环境建设相对落后，绝大多数基础环境指标都处于全国中等偏下水平。2017 年，宁夏城（省）域网出口带宽、固定宽带普及率、中小企业信息化服务平台数、重点行业典型企业信息化专项规划指数等指数均显著低于全国平均水平。

二是中小企业两化融合应用水平和效益偏低。宁夏相当一部分企业是中小企业，受资金不足等因素的限制，其对信息化的重视程度不够，投入严重不足，应用水平和效益普遍偏低。2017 年，重点行业典型企业 ERP 普及率、MES 普及率、SCM 普及率、装备数控化率以及采购和销售环节电子商务应用等指数均低于全国平均水平。

三是缺乏本地区培育产生的互联网领先创新企业，信息技术行业人才匮乏。受制于宁夏区位因素和经济环境因素，宁夏本区还未能培育出互联网领域具有全国影响力的企业，两化融合所需要的复合型人才也比较缺乏。一些企业的信息技术水平有限，对两化融合中涉及的信息化基本知识、创新思维能力、技术掌握能力等存在不足，暂时还不能满足企业的需要。

四、相关建议

对宁夏回族自治区两化融合提出以下建议：

1. 加快两化融合复合型人才培养。一是进一步推进产学研用一体化，依托宁夏大学、区内信息技术龙头企业建设人才引进、培养高地。推动科研机构技术成果转化，促进产业创新发展。完善优化一批产业创新和应用体验展示平台，打造线上线下相结合的创新创业载体。

2. 以发展工业互联网推动两化融合。现阶段制造业数字化、网络化、智能化不断向前推进，两化融合面临着不断变化的环境和不断更新的需求，工业互联网推动企业数字化转型，鼓励工业企业设备上云，企业上工业互联网平台是促进两化融合的有力抓手。

3. 加强引进中央企业中 ICT 行业领军企业在自治区投资落地。积极接洽中国电科、中国电子、中国移动、中国联通、中国电信、中国信科集团等大型中央企业在宁夏投资，依托中央企业信息技术领域的投资项目带动全区两化融合水平的提高。通过打造宜业的政策环境，使信息技术企业在大工业电价、人才培养、土地价格、个人所得税等方面享受优惠政策，吸引企业投资落地。

4. 加强中央政策落实并结合自治区具体情况进行政策细化。一是贯彻落实自治区《关于加快"互联网＋先进制造业"发展工业互联网的实施意见》，以上云补贴券形式，支持小微企业使用公共云平台资源，降低企业数字化、智能化改造成本。二是以宁夏银川国家信息消费试点城市为契机，加强信息消费产业培育，扩大和升级信息消费供给端和消费端。三是落实工信部《促进新一代人工智能产业发展三年行动计划（2018—2020 年)》，积极研究制定落实政策，结合自治区相关产业资源禀赋，促进自治区人工智能产业健康快速发展。

第三十三章　新疆维吾尔自治区
两化融合发展水平分析

一、总体情况

（一）经济概况

2017 年，新疆维吾尔自治区地区生产总值（GDP）10920.09 亿元，比上年增长 7.6%。其中，第一产业增加值 1691.63 亿元，占地区生产总值的比重为 15.5%，比上年增长 5.6%；第二产业增加值 4291.95 亿元，占地区生产总值的比重为 39.3%，较上年增长 5.9%；第三产业增加值 4936.51 亿元，占地区生产总值的比重为 45.2%，较上年增长 9.8%，已成为拉动全区经济增长的第一动力。全年人均生产总值 45099 元，比上年增长 5.8%。全年全部工业增加值 3229.09 亿元，比上年增长 6.1%。规模以上工业增加值 3059.57 亿元，比上年增长 6.4%。在全区重点监测的十大产业中，石油工业增加值 1087.86 亿元，同比增长 5.5%；有色工业 285.67 亿元，同比增长 2.1%；电力工业 403.82 亿元，同比增长 19.7%；化学工业 318.36 亿元，同比增长 12.9%；钢铁工业 35.25 亿元，同比增长 22.6%；建材工业 147.82 亿元，同比增长 8.5%；煤炭工业 163.25 亿元，同比增长 7.0%；纺织工业 104.99 亿元，同比增长 19.8%；农副食品加工工业 96.69 亿元，同比下降 1.1%；装备制造工业 73.00 亿元，同比下降 20.0%。六大高耗能行业增加值增长 11.1%，占规模以上工业增加值的比重为 55.0%。全年规模以上工业企业产品销售率 98.6%，比上年提高 0.5 个百分点。完成工业品出口交货值 96.70 亿元，同比增长 39.2%①。

---

① 《新疆维吾尔自治区 2017 年国民经济和社会发展统计公报》，2018 年 4 月。

（二）两化融合主要进展

2017 年，新疆遵照国家、自治区对信息化工作的总体部署和要求，面向"数字丝绸之路核心区"建设，积极加快云计算、大数据、物联网、人工智能等与实体经济的融合发展，扎实推进全区两化融合、电子政务、行业信息化、智慧城市及"宽带新疆"建设，信息化对提升政府公共服务和社会治理水平、加快产业转型升级和供给侧结构性改革的引领促进作用日益增强。

1. 研究、制定和编撰信息化相关支持政策

2017 年，全区印发出台了《新疆维吾尔自治区经济和社会发展信息化"十三五"规划》及 11 个信息化子规划，提出"十三五"期间新疆信息化和软件服务业等领域的发展思路和重点任务。制定出台了《信息化和工业化深度融合专项行动计划（2013—2018 年）》和"丝绸之路经济带"核心区建设等各项政策，为自治区深入贯彻落实《2006—2020 年国家信息化发展战略》，加快推进信息化建设提供了重要依据和政策保障。陆续出台了《新疆维吾尔自治区信息化和工业化深度融合专项行动计划（2015—2018 年）实施方案》和《新疆维吾尔自治区深化制造业与互联网融合发展实施意见》，为推动自治区两化融合发展，深化制造业与互联网融合发展指明方向。陆续出台《自治区人民政府关于运用大数据加强对市场主体服务和监管实施方案》《关于自治区大力发展软件和信息服务业促进大数据与云计算应用若干政策》和编制完成《国家大数据（新疆——丝绸之路经济带核心区）综合试验区建设总体方案》，明确全区软件和信息服务业发展的方向和路径。此外，还有一些政策正在制定中，如《自治区信息产业投融资平台实施方案（送审稿）》《新疆维吾尔自治区关于进一步扩大和升级信息消费持续释放内需潜力的实施意见》《新疆维吾尔自治区深化"互联网＋先进制造业"发展工业互联网实施方案》。

2. 两化融合协同"中国制造 2025"联动推进

按照《新疆维吾尔自治区信息化和工业化深度融合专项行动计划（2015—2018 年）实施方案》加快推进工作进程，自治区两化融合发展水平达到 62.8，两化融合示范企业数达到 460 家，两化融合示范园区数达到 16家，被列入国家两化融合管理体系贯标体系试点企业数达到 21 家。随着"中国制造 2025"行动计划的进一步推进，全疆涌现出一批像新疆新特能源股份

公司、新疆特变电股份有限公司、新疆众和股份有限公司等互联网与工业融合创新试点示范企业。2017年，机电、汽车、光伏、风电等装备行业大型企业的数字化设计工具普及率超过52%，石油、煤炭、钢铁、建材、纺织等行业大型企业关键工艺流程数控化率超过58%，工业机器人、3D打印机等新装备、新技术的应用在新疆日渐普遍。

3. 信息产业带动数字经济稳步增长

信息技术带动了产业融合升级发展，2017年，信息产业主营业务收入达到605亿元。信息消费增长15%以上，数字经济（信息经济）在全区GDP的占比23%，对于提升政府社会治理水平、加快产业转型升级和供给侧结构性改革的引领促进作用日益凸显。电子商务发展迅速。全区实现网络零售交易额达到550亿元，农村电商发展带动创业就业2.28万人。软件和信息技术服务企业3000家，规模以上企业收入累计实现主营业务收入同比增长15%。电子信息产业逆势而上，主营业务收入同比增长15%，其中多晶硅、碳化硅、工业硅等硅电子产品产量均增长较快。

4. 信息技术应用广度和深度持续拓展

2017年，全区云计算、大数据、物联网、人工智能等新一代信息技术应用得到了持续拓展。先后建成克拉玛依云计算产业园区、乌鲁木齐云计算产业园区和位于昌吉的新疆信息产业园，各地机房已达20万平方米、5万机柜，规模处于全国前列。实现了电子政务、智慧社区、智慧医疗等一批云应用，"天山云谷"已初具规模。通过面向"丝绸之路经济带"核心区"五大中心"建设，加快云计算、大数据、物联网、人工智能等新一代信息技术的开发与应用，社会信息化应用深入普及，已成为构建和完善信息惠民体系的重要支撑手段，社保、工商、交通、旅游、水利、文化、体育、环境保护、质量监督、扶贫等各个公共服务领域的信息化建设稳步推进。

5. 信息基础设施建设加速推进

2017年，新疆信息基础设施建设取得长足进步。截至2017年底，全区固定电话用户达到472万户，移动电话用户达到2244万户，互联网宽带接入用户达到550万户，其中，50M以上的宽带接入用户占比近75%，全区行政村通宽带率达到75%，IPTV＋乐播TV用户500万户；教育管理公共服务平台已搭建完成，宽带网络"校校通"覆盖率达到55.15%，多媒体"班班通"

覆盖率达到75%。通过全面实施提速降费工作，"一带一路"沿线国家和热门、重点方向的长途直拨资费、漫游费得到全面下调，下调范围涉及70多个国家和地区，资费下调幅度最高超过90%。

6. 信息化发展氛围明显优化

为及时总结、推广先进地市、企业在信息化、"互联网＋"、物联网建设中取得的成绩和经验，自治区经信委先后联合地市经信委或相关企业召开各种"全疆信息化工作现场会""新疆物联网产业联盟大会暨新疆物联网产业联盟高峰论坛"和"新疆制造业与互联网融合发展高峰论坛"，为全区相关企业、专家学者交流、学习搭建了平台，促进产业融合发展、合作共赢。2017年，举办新疆首届APP创新创业大赛，为全区APP专业技术人才，搭建基于移动互联网的新技术、新产品、新模式的演示交流、投融资对接、项目孵化等方面的平台。

7. 加快国家大数据综合试验区建设

为加快和促进国家大数据综合试验区（新疆——丝绸之路经济带核心区）的推进步伐，充分借鉴国内先进省市在大数据综合试验区建设、应用等方面的先进理念、典型做法及成功经验，在2017年，经区信委牵头联合区发改委、区财政厅等相关政府部门赴广东、贵州考察调研国家大数据综合试验区及大数据发展应用，并完成了相关调研报告和推进国家大数据试验区建设建议，目前正在具体推进中。

二、两化融合发展水平分析

（一）综合分析

2017年，新疆两化融合发展指数为58，比2016年降低了0.36个点。基础环境指数为80.01，比2016年提升了2.96个点。工业应用指数为48.70，比2016年下降了3.83个点。应用效益指数为54.57，比2016年上升了3.25个点。

表33-1　2016—2017 年新疆维吾尔自治区两化融合指数情况

指标	2016 年指数	2017 年指数	变化情况
基础环境	77.05	80.01	↑2.96
工业应用	52.53	48.70	↓3.83
应用效益	51.32	54.57	↑3.25
发展指数	58.36	58.00	↓0.36

资料来源：赛迪智库整理，2017 年 12 月。

图33-1　2016—2017 年新疆两化融合指数情况

资料来源：赛迪智库整理，2017 年 12 月。

（二）具体分析

1. 基础环境指数

2017 年，新疆维吾尔自治区两化融合发展基础环境持续改善，基础环境指数为 80.01，比 2016 年提升了 2.96 个点。具体来看，城（省）域网出口带宽指数为 50.41，比 2016 年上升 11.34 个点；固定宽带普及率指数为 92.90，与 2016 年相比提高了 2.25 个点；固定宽带端口平均速率指数为 132.77，比 2016 年提升了 12.2 个点；移动电话普及率指数为 63.33，比 2016 年上升了 0.23 个点。在互联网应用普及方面，2017 年新疆互联网普及率指数为 70.26，与 2016 年持平。在两化融合政策环境建设方面，2017 年新疆仍然没有设两化融合专项引导资金；中小企业信息化服务平台数指数为 140.37，与 2016 年相同；重点行业典型企业信息化专项规划指数为 30.59，比 2016 年上升了 1.34 个点。

表 33 - 2　2016—2017 年新疆两化融合基础环境指数情况

指标	2016 年指数	2017 年指数	变化情况
城（省）域网出口带宽	39.07	50.41	↑11.34
固定宽带普及率	90.65	92.90	↑2.25
固定宽带端口平均速率	120.57	132.77	↑12.2
移动电话普及率	63.10	63.33	↑0.23
互联网普及率	70.26	70.26	—
两化融合专项引导资金	0	0	—
中小企业信息化服务平台数	140.37	140.37	—
重点行业典型企业信息化专项规划	29.25	30.59	↑1.34

资料来源：赛迪智库整理，2017 年 12 月。

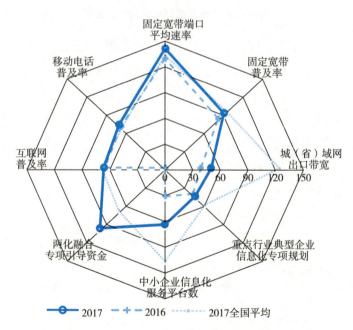

图 33 - 2　2016—2017 年新疆两化融合基础环境指数情况

资料来源：赛迪智库整理，2017 年 12 月。

2. 工业应用指数

2017 年，新疆维吾尔自治区工业应用指数为 48.70，比 2016 年下降了 3.83 个点。具体来看，重点行业典型企业 ERP 普及率指数为 45.32，比 2016 年下降了 0.09 个点；重点行业典型企业 MES 普及率指数为 53.69，比 2016 年下降了 0.96 个点；重点行业典型企业 PLM 普及率指数为 42.89，比 2016 年下降了 0.80 个点；重点行业典型企业 SCM 普及率指数为 46.17，比 2016 年上升了 1.56 个点；重点行业典型企业采购环节电子商务应用普及率指数为 37.42，比 2016 年上升了 5.45 个点；重点行业典型企业销售环节电子商务应用普及率指数为 46.77，比 2016 年下降了 0.62 个点；重点行业典型企业装备数控化率指数为 84.62，比 2016 年下降了 0.35 个点；国家新型工业化产业示范基地两化融合发展水平指数为 29.88，比 2016 年下降了 30.92 个点。

表 33 - 3　2016—2017 年新疆两化融合工业应用指数情况

指标	2016 年指数	2017 年指数	变化情况
重点行业典型企业 ERP 普及率	45.41	45.32	↓0.09
重点行业典型企业 MES 普及率	54.65	53.69	↓0.96
重点行业典型企业 PLM 普及率	43.69	42.89	↓0.80
重点行业典型企业 SCM 普及率	44.61	46.17	↑1.56
重点行业典型企业采购环节电子商务应用	31.97	37.42	↑5.45
重点行业典型企业销售环节电子商务应用	47.39	46.77	↓0.62
重点行业典型企业装备数控化率	84.97	84.62	↓0.35
国家新型工业化产业示范基地两化融合发展水平	60.80	29.88	↓30.92

资料来源：赛迪智库整理，2017 年 12 月。

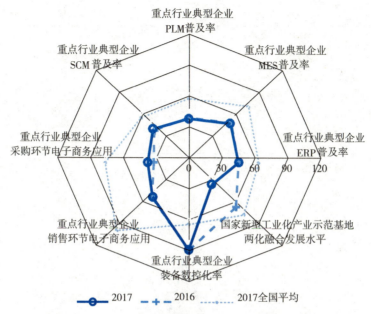

图 33 – 3　2016—2017 年新疆两化融合工业应用指数情况

资料来源：赛迪智库整理，2017 年 12 月。

3. 应用效益指数

2017 年，新疆两化融合应用效益有所提升，应用效益指数为 54.57，比 2016 年上升了 3.25 个点。在地区工业生产效益和水平方面，2017 年，新疆工业增加值占 GDP 比重指数为 35.61，比 2016 年下滑了 1.64 个点；第二产业全员劳动生产率指数为 121.21，比 2016 年上升了 2.02 个点；工业成本费用利润率指数为 37.80，比 2016 年上升了 6.80 个点；单位工业增加值工业专利量指数为 72.37，比 2016 年提升了 4.78 个点；单位地区生产总值能耗为 43.72，比 2016 年下降了 1.17 个点。在信息产业发展水平方面，电子信息制造业主营业务收入指数为 22.01，比 2016 年提升 1.68 个点；软件业务收入指数为 33.05，比 2016 年上升了 10.63 个点。

表 33 – 4　2016—2017 年新疆两化融合应用效益指数情况

指标	2016 年指数	2017 年指数	变化情况
工业增加值占 GDP 比重	37.25	35.61	↓1.64
第二产业全员劳动生产率	119.19	121.21	↑2.02

指标	2016 年指数	2017 年指数	变化情况
工业成本费用利润率	31.00	37.80	↑6.80
单位工业增加值工业专利量	67.59	72.37	↑4.78
单位地区生产总值能耗	44.89	43.72	↓1.17
电子信息制造业主营业务收入	20.33	22.01	↑1.68
软件业务收入	22.42	33.05	↑10.63

资料来源：赛迪智库整理，2017 年 12 月。

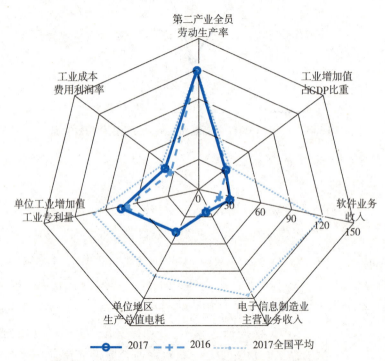

图 33-4 2016—2017 年新疆两化融合应用效益指数情况

资料来源：赛迪智库整理，2017 年 12 月。

三、优劣势评价

2017 年，新疆自治区两化融合发展具有以下优势：

一是地理位置和资源禀赋优势明显。新疆是"数字丝绸之路"建设的核心区，是向西开放的重要窗口，也是深化与中亚、南亚、西亚等国家间交流合作的重要桥梁和纽带，且新疆在旅游资源、矿产资源等方面具有非常大的优势，另外新疆的地域广袤，也是发展工业的最佳地理位置，使其在深化两化融合方面具有得天独厚的优势。

二是两化融合基础环境明显优化。2017 年，全区固定宽带普及率、固定宽带端口平均速率、移动电话普及率和互联网普及率等指数有了显著提升，尤其是固定宽带端口平均速率从 2016 年的 120.57 提高到了 2017 年的 132.77，全国排名从第 26 名上升了到了第 11 名。

三是两化融合效益显著提升。2017 年，全区工业企业两化融合应用效益得到显著提升，第二产业全员劳动生产率、工业成本费用利润率、单位工业增加值工业专利量、电子信息制造业主营业务收入、软件业务收入等指数有了明显增长，尤其是工业成本费用利润率、单位工业增加值工业专利量和软件业务收入增长幅度较大，分别从 2016 年的 31.00、67.59 和 22.42 增加到了 2017 年的 37.80、72.37 和 33.05。

同时，新疆自治区两化融合发展还存在以下劣势：

一是信息化建设与管理应用相对滞后。一是缺乏高效的信息管理体系。全区信息化管理没有统筹管理的专业机构，自治区办公厅、网信办、经信委和通信管理局等部门对信息化推进、信息基础设施建设、市场监管以及信息系统的建设和应用等存在部分职能交叉；二是信息化管理体制有待进一步完善。信息数据资源掌握在各级政府部门手里，跨地区、跨部门的信息共享难以实现，形成"信息孤岛"和"数据烟囱"，给企业和群众办事创业造成不便，制约了信息化发展；三是电子政务共享交换和网上办事进展缓慢。

二是信息产业规模小，人才瓶颈突出。一是信息产业规模较小，结构单一。全区信息产业结构比较单一，软件和信息技术服务企业、互联网企业、电子信息制造业总数 3500 家，规模相对偏小，信息企业数量少，规模小，龙头企业带动不足，与本地企业协同性不好，产业上下游配套能力发展不足，无法产生规模聚集效应。二是信息化人才短板突出。信息产业是技术和知识密集型产业，需要高素质、高技能的技术和管理人员。但全区人才资源结构性矛盾仍然突出，高端人才严重缺失，尤其缺乏既懂专业技能又懂信息技术的复合型人才，在一定程度上制约着新疆信息化的健康快速发展。

三是电子商务应用不够活跃，应用水平偏低。第三方电子商务服务企业是全区电子商务的主要推动者，较大规模的电商企业还没有发展起来。企业开展电子商务应用风险较大，推广能力弱，用户少，面临极大生存压力。个人电子商务应用较活跃，但规模和影响力均较小。物流产业基础设施和支撑体系仍然不能满足电子商务发展的需求，尚需进一步完善。

四、相关建议

未来，全区应积极贯彻落实党的十九大报告提出的"建设现代化经济体系"的要求，以习近平新时代中国特色社会主义思想为指引，着力推动信息网络技术和全区实体经济特别是制造业深度融合，改造提升传统产业、做优做强特色优势产业、积极培育发展云计算、大数据、物联网、人工智能等新兴产业，加快建设"战略性新兴产业引领、先进制造业支撑、生产性服务业协同"的现代化工业体系，保障全区工业信息安全。

1. 持续推进网络基础设施建设。一是推动"数字丝绸之路"核心区建设。围绕"一带一路"国际合作，继续推进中俄、中巴、中塔、中吉跨境光缆建设，启动中巴经济走廊数据中心项目。完善乌鲁木齐区域性国际通信业务出入口局互联网国际转接点功能，提升乌鲁木齐在国内通信网的地位，争取国家批准乌鲁木齐国际通信出入口局成为继北京、上海、广州之后全国第四大全业务国际局。完成120亿元投资以上，持续完善全区信息通信基础建设，推动"数字丝绸之路"核心区建设。二是加大贫困地区信息网络基础设施建设力度，补齐基础设施短板。配合自治区相关部门进一步深化电信普遍服务试点，推动国家加大投入资金解决全区贫困地区信息网络基础设施建设力度，促进信息扶贫。三是继续推动三网融合试点工作。在全疆范围内推广三网融合双向进入，积极深化多方合作，不断丰富节目内容，满足消费者多样化需求。

2. 推动互联网、大数据、人工智能与制造业深度融合，发展壮大数字经济。一是深入实施工业互联网创新发展战略，大力推进制造业数字化网络化智能化，加快数字经济发展。组建两化融合联盟，开展制造业与互联网融合试点示范，前瞻布局工业互联网发展；推进大型制造企业建设基于互联网的"双创"平台，加快推进制造业重点行业骨干中小企业互联网"双创"平台发展，推动万家企业上云工程。二是推动工业电子商务发展，制定自治区工业电商三年行动计划方案，在重点、骨干工业企业开展工业电商试点工作。三是继续抓好全区两化融合管理体系的贯标试点。四是继续实施 APP 大赛、信息化项目、产业对接等工作。

3. 推动实施信息消费扩大和升级工作。持续优化信息消费环境，推动信息消费热点产品及服务的创新研发，加快消费电子智能化转型，培育壮大信息消费增长点。一是在生活类领域，重点发展线上线下融合（O2O）服务、数字创意内容和服务、交通旅游服务等便民惠民新业态。推动跨境电子商务、农村电子商务、特色产品电子商务发展，培育 30 家有影响力的电子商务服务企业。二是在公共服务类领域，重点发展智慧健康养老、在线医疗、在线教育、在线旅游等。三是在行业类领域，大力发展面向行业信息消费全过程的网络支付、现代物流、供应链管理等支撑服务。四是在新型信息产品领域，大力推广中高端移动通信终端、可穿戴设备、健康监测设备、数字家庭等产品，创新发展虚拟现实、智能网联汽车、智能服务机器人等前沿产品。

4. 持续推进云计算大数据产业发展，支撑传统产业改造升级。持续推进克拉玛依云计算产业园、乌鲁木齐云计算产业基地、新疆信息产业园等园区建设，实施一批重大云应用项目，一是推进云计算大数据在工业、农业、物流等领域的应用示范，促进产业融合发展；二是持续推进云计算大数据在电子政务、电子商务、社会治理、医疗卫生等领域的应用示范，提升云计算大数据服务能力；三是启动并推进国家数据中心示范基地建设。

5. 加快推进国家大数据综合试验区创建步伐。推动大数据和自治区实体经济深度融合，以"国家大数据（新疆——丝绸之路经济带核心区）试验区"建设为抓手，开展全区大数据资源规划建设，推进政务、社会、工业、互联网等领域的大数据资源开发建设与应用，积极探索适应全区大数据创新发展的管理机制和发展模式。进一步加强与国家相关部门的沟通交流，争取尽早批复全区成为国家级大数据综合试验区。编制《国家大数据（新疆——丝绸之路经济带核心区）试验区实施方案》。指导乌鲁木齐经济技术开发区（头屯河区）、乌鲁木齐高新技术产业开发区（新市区）、克拉玛依市、喀什经济开发区、霍尔果斯经济开发区等大数据发展重点地区制定本地大数据发展实施方案、启动相关重点项目建设、发展大数据产业。

6. 加大软件和信息技术行业企业服务力度，促进产业发展。宣贯落实《自治区大力发展软件和信息服务业促进大数据与云计算应用若干政策》，进一步培育、壮大软件和信息技术企业队伍，加大对重点企业和园区联系工作力度，引导软件和信息技术企业积极向平台化、网络化、规范化、生态化等方向转型升级，推动工业软件发展。指导软件行业协会等单位，持续开展信息技术服务标准（ITSS）评估、计算机信息系统集成能力评估、软件企业和软件产品认定、云计算中心测评等第三方认证工作。

7. 深化电子政务发展，推进全区普惠便捷信息惠民体系建设。进一步完善自治区电子政务内外网建设，加快信息资源共享交换平台建设，建设完成覆盖全区的互联互通、资源共享的网络化协同公共服务平台体系。持续推动信息化在各行业各领域的应用和发展。一是利用信息化手段不断扩大优质教育资源覆盖面；二是深入推进社会保障一卡通工程，实现基本医疗保险异地就医直接结算、社会保险关系网上转移接续；三是推广在线医疗卫生新模式；四是推进就业、养老、教育、职业培训、技能人才评价、工伤、生育、法律服务等信息全国联网；五是推进交通一卡通互通，实现跨区（市）域、跨交通方式的互联互通。

8. 加强全区工业控制系统信息安全工作。一是建立自治区工控安全技术保障队伍，提高全区工业控制系统信息安全防护能力。制定和完善相关规章制度，利用"工业控制系统信息安全监测、验证、审查平台"等技术手段，实现对全区重点领域企业工控系统的日常监测工作。加强对连接互联网且存在漏洞隐患的工业控制系统使用单位技术支撑和安全管控。二是组织开展工业控制系统信息安全检查工作，做到以查促建、以查促改、以查促防，履行工业控制系统网络安全监管职责。三是推进国产密码在全区工业控制系统的应用示范工作。

第三十四章　相关建议

"十三五"时期是我国全面建成小康社会的决胜阶段，是适应把握引领经济发展新常态的关键时期，是抢占全球新一轮产业竞争制高点的战略机遇期。大力推进信息化和工业化深度融合，加快新旧发展动能和生产体系转换，提高供给体系的质量效率层次，对于推动我国制造业转型升级、重塑国际竞争新优势具有重大战略意义。为此，应着重从以下几方面着力创造和完善推动我国两化融合的制度和政策环境。

一、夯实两化融合基础支撑

加强信息基础设施建设，提升信息技术产业体系的支撑能力，不断夯实两化深度融合的基础。一是完善网络与信息基础设施。推进制造园区光纤网、移动通信网和无线局域网等的部署和建设，实现信息网络宽带升级，提高企业宽带接入能力。加快5G规模试验网建设和商用步伐。推动IPv6在物联网、移动互联网中的应用。持续加快骨干网建设，扩大内容分发网络覆盖范围，提升内容分发能力。二是加快工业互联网建设与应用。制定出台工业互联网发展战略，明确发展方向。开展工业互联网技术试验验证、标识解析系统建设、IPv6应用部署、管理支撑平台建设等工作，夯实工业互联网发展基础。鼓励产业链上下游各主体开展工业互联网试点示范，探索形成工业互联网应用的成功模式和宝贵经验。建立健全工业互联网网络安全保障体系，提升工业互联网安全发展能力。三是夯实自动控制与感知技术基础。加快工业控制系统中核心芯片、伺服电机等关键器件和技术发展和工艺过程控制、特殊控制模块等核心芯片产业化，不断提升自动控制与感知能力。四是提升工业云与大数据服务水平。围绕数据采集、网络连接等重点环节，突破关键技术，提升工业云平台系统解决方案供给能力。推动大数据在工业设计、生产制造、售后服务等工业各环节的应用，形成一批工业大数据解决方案。五是加快发展核心工业软硬件。突破工业软硬件关键核心技术瓶颈，强化系统软件研发与产业化能力，支持信息物理系统（CPS）关键技术、网络、平台、应用环境的兼容适配和互联互通，推动工业软硬件与工业大数据平台、工业互联网、工业信息安全系统和智能装备的集成应用。

二、推进制造业与互联网融合试点示范

一是依托国内先进制造业集聚区，围绕构建自主可控、开放有序、富有竞争力的智能制造产业生态系统，探索建立区域制造业与互联网融合体系化推进机制、创新性引导政策、平台化服务体系以及多元化的投融资环境，形成可复制、可推广的区域制造业与互联网融合模式。二是围绕解决制造业与互联网融合基础薄弱的问题，研究设立深化制造业与互联网融合发展基础能力创新示范专项，遴选和打造一批深化制造业与互联网融合发展基础能力创新示范基地，探索有利于自动控制与感知、工业软件、工业云与智能服务平台、工业互联网发展的成熟路径和先进模式。三是在制造企业"双创"平台、工业云平台、工业大数据服务、工业电子商务平台、行业系统解决方案、信息物理系统（CPS）等领域，选择若干应用基础好、前景广阔、示范带动作用强的项目开展试点示范，探索融合发展新路径。

三、优化制造业"双创"发展环境

一是深化机制体制改革。推动组织结构向扁平化、平台化、创新型组织转型，鼓励大企业引入有限合伙制度，创新科技评价、业绩考核机制，形成鼓励员工开发新技术、新产品、新业务的"双创"新环境。二是加大财政支出力度。利用中央财政现有资金渠道，研究设立大企业"双创"发展专项资金，鼓励地方设立融合发展专项资金，为符合条件的"双创"平台建设运营和应用试点示范项目提供支持。三是完善金融服务政策。鼓励金融机构利用"双创"平台提供结算、融资、理财、咨询等一站式系统化金融服务，进一步推广知识产权质押，创新担保方式，积极探索多样化的信贷风险分担机制。四是完善公共服务体系。整合工信、科技、教育、产业等优质资源，推动成

立制造企业"双创"发展联盟，促进制造业"双创"领域技术研发、标准制定、应用推广、人才培养和交流合作等，打造跨行业、跨领域新型产学研用专业性社团组织。推动研制制造业"双创"平台建设指南，构建面向区域、基地、平台等层面"双创"发展水平评估体系，组织开展"双创"成效及水平评估。

四、提高中小企业融合创新能力和水平

中小企业是推动新兴产业和新技术发展的主力军，在实体经济发展中发挥着重要作用，以提升中小企业两化融合能力为突破口，推进我国两化深度融合发展具有重要意义。一是创新中小企业组织管理模式。加快制定两化融合管理体系基础标准，加快推进两化融合管理体系在中小企业的普及和推广，加快构建开放式、扁平化、平台化的中小企业组织管理新模式，提升中小企业核心竞争力。二是加快推进中小企业两化融合评估诊断和对标引导。构建覆盖国家、地方地府和中小企业等多层次两化融合评估体系，优化评估指标和模型，围绕两化融合现状识别、效益分析、问题诊断、趋势预测等，开展企业两化融合自评估、自诊断、自对标。搭建评估数据平台，形成两化融合数据地图，为政府、机构和企业提供决策支持。三是完善面向中小企业的两化融合管理体系市场化服务体系。以"线上线下"协同为原则，以政策引导和资金支持为手段，以两化融合管理体系评定结果的市场化采信机制为保障，构建两化融合市场化服务体系，大幅提升中小企业两化融合能力。

五、建立制造业与互联网融合发展新机制

一是鼓励制造企业与互联网企业合资合作。围绕智能汽车、智能家电、智能机器人等领域，支持互联网与制造企业开展跨领域技术攻关和产业化合作。推动各类园区、基地内制造企业与互联网企业"牵手"，扶持一批异地协同企业。在制造企业与互联网企业、IT企业开展多种形式的合资合作过程中，鼓励培育新的企业。打破各种行业性、地区性、经营性壁垒，为制造企业与互联网企业间合作营造良好环境，建立适应融合发展的技术体系、标准规范、商业模式和竞争规则。二是推动中小企业制造资源与互联网平台全面对接。

加快普及推广面向制造环节的分享经济，推进研发设计、数据管理、工程服务等制造资源的开放共享，支持大型企业构建大规模一体化生产能力共享平台，开展面向广大中小企业的制造能力在线监测、统一调度、需求匹配、在线协同、交易等服务。三是支持制造企业与电子商务企业合作。支持制造企业与电子商务企业开展战略投资、品牌培育、网上销售、物流配送等领域合作，整合线上线下交易资源，拓展销售渠道，打造制造、营销、物流等高效协同的生产流通一体化新生态。

六、提升工业应用集成创新能力

工业应用集成创新能力是反映企业两化融合水平的重要指标。一是以大数据为核心，推动其在工业研发设计、生产制造、经营管理、市场营销、售后服务等环节的应用，分析感知用户需求。搭建工业大数据资源聚合和分析应用平台，促进大数据、物联网、云计算和3D打印技术、个性化定制等在制造业全产业链集成运用，推动制造模式变革和工业转型升级。二是鼓励应用模式和商业模式创新，积极发展互联网金融和移动金融等新业态，加快建立政产学研用联动、大中小企业协调发展的大数据产业体系。三是支持重点行业骨干企业建设工业云服务平台，鼓励制造企业建立工业大数据应用和智能服务平台，推广基于工业大数据的个性化定制、智能化生产、在线维护服务等新型制造模式。建设国家工业大数据中心，培育一批行业工业大数据服务平台和示范基地。支持制造、互联网和信息通信企业共同构建以工业云、工业大数据、工业操作系统和工业 APP 为核心的智能制造产业生态。四是深化工业电子商务应用。支持石化、冶金、汽车、电子等重点行业骨干企业建立在线采购、销售和服务平台，引导企业平台向行业电子商务交易平台转型。鼓励信息通信企业建立工业电子商务服务平台，形成一批集网上交易、加工配送、大数据分析等于一体的第三方工业电子商务综合服务平台。支持跨区域、跨行业的物流信息平台建设，推动制造业采购、生产、仓储、配送的数字化、可视化和智能化。

七、强化工业信息安全保障体系建设

一是建立信息安全、功能安全、本质安全和公众安全的工业信息系统安全标准体系，开展标准验证工作，从管理、技术、应用等方面支撑产业发展。二是开展重点领域工控系统信息安全检查和风险评估，研发信息安全检测工具，实现现场检测、评估能力，支撑我国工业系统安全防护工作。三是支持工控系统信息安全核心技术和产品研发和产业化，扶持国产技术和产品发展，从根本上解决工业系统的安全问题。四是建设工业信息系统安全实验室，支持建立能源、电力、石化、轨道交通等领域信息安全仿真测试平台和检测预警平台，对工业系统的在线风险开展监测工作。五是建立大数据风险关联分析平台，及时发现互联网工控软硬件安全风险，对企业、行业和国家的风险态势进行可视化感知、预警及应急处置，为国家工业系统网络安全审查、网络安全检查等重点工作提供技术保障。

后 记

大力推进信息化和工业化深度融合是推动我国制造业转型升级的重要转手，是重塑国际竞争新优势的重要途径。未来，在国家政策的强力支持下，我国两化融合将进入新理念引领的新阶段，制造业与互联网融合模式创新不断，制造业"双创"平台深化普及，领军企业加快工业互联网平台建设，工业大数据发展将进入快车道，工业企业将加快上云步伐。

为摸清我国区域"两化"融合发展现状，正确评价各地 2017 年"两化"融合发展水平，帮助政府部门准确把握发展趋势和规律，务实推进"两化"融合工作，赛迪智库信息化研究中心组织专门团队，历时 12 个月，经反复研讨、多次修订，最终形成《中国信息化与工业化融合发展水平评估蓝皮书（2017）》。

在本书编撰过程中，信息化领域专家、地方工业和信息化一线工作的许多同志提出了大量宝贵意见和建议。工业和信息化部软件和信息化服务业司谢少锋司长、王建伟处长对本研究报告的撰写给予了悉心指导。高新民、王安耕、漆永新、安筱鹏、陈玉龙、龚炳争、张新红、赵国俊、周剑等同志参与了指标体系讨论，为完善指标体系和计算方法提出许多宝贵意见。

参加本课题研究、数据调研及文稿撰写的人员有：中国电子信息产业发展研究院的杨春立、姚磊、边大成、高婴劢、李弘扬、鲁金萍、卢竹、李格、刘若霞、孙刚、宋颖昌、王伟玲、王婧、王刚、王蕤、王珂飞、许旭、徐靖、余坦、闫岩、叶乾霖、袁晓庆、张朔、赵争朝等。各省市人员主要包括：彭建雄、乔佑林、魏万江、薛利杰、昭日格图、余海龙、杨飞、岳欣、石伯明、金雷、顾绣敏、程光宏、林朝通、申甲林、孙志强、李洋、范雷、欧柳、高亚华、劳创志、梁启健、耿雯俊、胡巍、陈议、许建明、王涛、韩丽、郭俊宏、罗文贵、俞发军、赵文龙等同志，他们对数据收集工作给予了大力支持和帮助。本书的出版还得到了院软科学处的大力支持，在此一并表示诚挚感谢。

本书的内容和观点虽然经过广泛而深入的讨论，在编写过程中也经过多次修改和提炼，但由于涉及领域宽、研究难度大，有些实践还待时间考验，加之编者的理论水平、眼界和视野所限，难免存在不少缺点和不足，敬请广大读者批评指正。

赛迪智库
面向政府 服务决策

咨询翘楚在这里汇聚

信息化研究中心	工业化研究中心	规划研究所
电子信息产业研究所	工业经济研究所	产业政策研究所
软件产业研究所	工业科技研究所	军民结合研究所
网络空间研究所	装备工业研究所	中小企业研究所
无线电管理研究所	消费品工业研究所	政策法规研究所
互联网研究所	原材料工业研究所	世界工业研究所
集成电路研究所	工业节能与环保研究所	安全产业研究所

编 辑 部：工业和信息化赛迪研究院
通讯地址：北京市海淀区万寿路27号院8号楼12层
邮政编码：100846
联 系 人：王 乐
联系电话：010-68200552 13701083941
传　　真：010-68209616
网　　址：www.ccidwise.com
电子邮件：wangle@ccidgroup.com

思想，还是思想
才使我们与众不同

《赛迪专报》 《两化融合研究》 《财经研究》

《赛迪译丛》 《互联网研究》 《装备工业研究》

《赛迪智库·软科学》 《网络空间研究》 《消费品工业研究》

《赛迪智库·国际观察》 《电子信息产业研究》 《工业节能与环保研究》

《赛迪智库·前瞻》 《软件与信息服务研究》 《安全产业研究》

《赛迪智库·视点》 《工业和信息化研究》 《产业政策研究》

《赛迪智库·动向》 《工业经济研究》 《中小企业研究》

《赛迪智库·案例》 《工业科技研究》 《无线电管理研究》

《赛迪智库·数据》 《世界工业研究》 《集成电路研究》

《智说新论》 《原材料工业研究》 《政策法规研究》

《书说新语》   《军民结合研究》

编 辑 部：工业和信息化赛迪研究院
通讯地址：北京市海淀区万寿路27号院8号楼12层
邮政编码：100846
联 系 人：王 乐
联系电话：010-68200552 13701083941
传   真：010-68209616
网   址：www.ccidwise.com
电子邮件：wangle@ccidgroup.com